芯片力量

全球半导体征程与AI智造实录

李海俊　冯明宪　著

清华大学出版社

北京

内 容 简 介

本书的主要内容分成三个部分：第一篇（第1～3章）是机遇篇，阐述历史机遇与产业历程，包括半导体产业在过去一个世纪中带给全球经济发展的机遇，以及大国在半导体机遇中的竞合与博弈历程。第二篇（第4～7章）是技术篇，阐述交叉跨界技术创新，以及新一代信息技术在半导体产业正发挥的、愈发重要的作用，这涉及芯片设计、制造、封测，也包括芯片制造设备厂商的应用实践与重要成果。第三篇（第8、9章）是管理篇，展望未来产业发展，包括如何看待和理解半导体产业在21世纪的爆发式增长，以及从产业发展管理及企业管理的视角出发，阐述如何更好地实现智能制造的升级管理。

本书适合半导体产业的从业者阅读，也适合所有对该领域感兴趣的读者参考。

本书封面贴有清华大学出版社防伪标签，无标签者不得销售。

版权所有，侵权必究。举报：010-62782989，beiqinquan@tup.tsinghua.edu.cn。

图书在版编目 (CIP) 数据

芯片力量：全球半导体征程与 AI 智造实录 / 李海俊，冯明宪著 . —北京：清华大学出版社，2023.8（2025.4重印）

ISBN 978-7-302-64185-8

Ⅰ．①芯⋯　Ⅱ．①李⋯②冯⋯　Ⅲ．①芯片－电子工业－产业发展－世界　Ⅳ．① F407.63

中国国家版本馆 CIP 数据核字 (2023) 第 125491 号

责任编辑：杜　杨
封面设计：郭　鹏
版式设计：方加青
责任校对：徐俊伟
责任印制：杨　艳

出版发行：清华大学出版社
　　　　　网　　址：https://www.tup.com.cn, https://www.wqxuetang.com
　　　　　地　　址：北京清华大学学研大厦 A 座　　邮　编：100084
　　　　　社 总 机：010-83470000　　　　　　　　　邮　购：010-62786544
　　　　　投稿与读者服务：010-62776969，c-service@tup.tsinghua.edu.cn
　　　　　质 量 反 馈：010-62772015，zhiliang@tup.tsinghua.edu.cn
印 装 者：三河市东方印刷有限公司
经　　销：全国新华书店
开　　本：170mm×240mm　　印　张：18　　插　页：1　　字　数：362 千字
版　　次：2023 年 8 月第 1 版　　印　次：2025 年 4 月第 4 次印刷
定　　价：99.00 元

产品编号：101263-01

赞誉

人类文明史本质上是社会系统、经济系统和知识系统"三大系统"的变革史。作为知识系统变革的最具代表性的产物之一,芯片与"两弹一星"一样,都是"国之重器"。一个国家如果没有自己的芯片,腰杆子就很难挺得直。智能化时代催生的更高技术需求,正在推动芯片行业内部变革升级。在"后摩尔时代"众多颠覆性技术中,光子芯片是人工智能时代新的基础设施,正在成为全球信息产业新的"主战场"和大国竞争的"杀手锏",为我国在半导体领域实现超越提供了六十年一遇的重大机遇。本书叙事宏大,视野宽阔,不仅全面呈现了全球半导体产业发展的历史脉络,更敏锐地发现并提出以 AI 为核心的智造行业给半导体产业带来的新机遇,为我国半导体产业突破提供了一个极具战略性、前瞻性的思考视角,值得静下心来阅读。

——米磊

"硬科技"理念提出者、中科创星创始合伙人

半导体行业是当今信息社会的基石,高端芯片之争已经蔓延成一场没有硝烟的战争。本书作者聚焦人工智能和工业软件对于芯片生产的赋能作用,描绘了头部制造厂商如台积电和阿斯麦等公司的智造图鉴,并展望了未来工业 4.0 的创新之路。本书对于先进半导体工厂的核心竞争力环节明察秋毫,对于各家企业的智能解决方案信手拈来,是一部匠心独运的佳作。

——熊诗圣

复旦大学信息科学与工程学院教授、博士生导师,张江国家实验室领军专家

本书面世正值我国芯片产业在更多领域实现自主自强,努力突出重围之际,可谓恰逢其时。本书探索借助新力另辟蹊径,对于半导体集成电路和人工智能领域的从业者来说,都是一本值得关注的读物,将有助于强化协同理念、培养跨界人才、坚定开放创新。AI 融入半导体产业发展的力量已然显现,从我国发展芯片智造来看,本书既提供了历史发展的回顾,也提供了未来规划的借鉴,在目前我国半导体产业链基于工艺、设备、材料等方面力争突破的基础上,为工业智造发展蓝图贡献了新的智慧和力量。

——黄朝峰

上海交通大学国家战略研究院副院长

集成电路是现代信息社会的基石底座,是数字中国建设的关键核心。而芯片制造是现代工业皇冠上的明珠,具有技术门槛高、产业链条长、制造工序多、投资

大、风险高等特点，是我国从制造大国向制造强国迈进过程中亟待突破的重要领域。以 AI、大数据等为代表的数字技术将为芯片制造赋予"大脑"和"灵魂"，成为赋能我国集成电路产业实现弯道超车和高质量发展的重要手段。

本书深度剖析了集成电路与新一代信息技术交叉融合的智造机遇，举例说明了智造软件及相关技术在国际集成电路龙头企业的应用实践，为未来数智赋能我国集成电路半导体产业创新突破和提质发展提供了借鉴和启示。

——贺仁龙

科技部信息通信专家、上海市人大代表、九三学社中央科技委委员

本书全面、系统、详尽地阐述了我们面临的时代机遇、其他国家的创新体系、产业技术发展与管理的趋势及龙头企业的成功经验，提出在夯实材料、装备、制造等基础上，抓住以工业软件、AI 为核心的智造机遇，把握半导体未来发展的关键时刻。期待政府、产业、学术、金融界的有志之士共同关注并指导，建言献策，砥砺前行，华夏必将屹立于"芯林世界"！

——王静

中国管理科学学会大数据专委会副主任、上海建元投资基金合伙人

当前，新一轮科技革命和产业变革在各个领域逐渐开花结果，人工智能与实体经济融合愈发深刻。芯片作为数字经济时代产业发展的重要基石，关系着国家战略安全和产业发展安全。本书以全球视野，从技术发展、企业竞争、国力较量、未来科技等角度辅以真实案例，深度阐释了"晶体管"如何撬动世界。期待本书能给集成电路产业的政策制定者、管理者、创业者、投资者及相关领域的从业者以新的启迪，协力补全产业链条，助力我国数字经济实现高质量发展。

——宋海涛

华为昇腾 MVP 领军科学家、上海人工智能研究院执行院长

芯片是微观加工的产品代表，体现了现代智能制造技术的最高水准。芯片产业链中芯片设计、制造、封测各环节，以及生产需要的设备、材料、EDA、IP 等，都要相关工业软件的支撑。以 AI 赋能的智造，支持芯片产业从自动化向智能化推进，为芯片公司开发与制造产品提供了新的方法和手段。

本书以机遇、技术、管理三篇，介绍了 AI 赋能芯片智能生产的过程，以丰富的资料和案例，帮助芯片专业人士以及广大读者获得产业发展的知识、思路和灵感。

——王金桃

上海交通大学行业研究院半导体行业研究团队负责人

前　言

亲爱的读者朋友，您好！

非常幸运与您一起踏入半导体征程与 AI 智造新世界！无论您是半导体集成电路产业或工业软件行业的从业人员，还是政策的谏言者或制定者，或是企业高管与专业人士，以及正加入到这一产业的投资者，希望本书可以帮助您一窥产业全貌，做出正确的决策。事实上，从 2022 年开始，无论是政府、投资机构，还是从业者，对新一代信息技术如何赋能半导体集成电路的发展都给予了高度关注和厚望。

从全球大国的科技与贸易博弈来看，美国近年一系列新的半导体产业发展政策相继出台，正试图把美国拉回先进制造大国的行列。数字化时代先进制造的代表就是芯片，而美国发展这一产业的大量投资源头便是中国，因为在过去的五年（2017—2022 年），我国已成为世界最大的芯片消费国，为美国贡献了巨额的利润。制造与消费本是一对完美的上下游组合，但美国为了霸占科技鳌头并把持最为丰厚的产业利润，与其盟国在芯片领域持续打压中国，以遏制中国在科技领域不可逆转的崛起。芯片产业自主可控的战略意义不言而喻，国务院 2020 年发布的相关数据显示，我国芯片自给率在 2025 年要达到 70%，而 2019 年的自给率仅约 30%。近年我国芯片自给率不断提升的成果，从海关总署的数据中可见一斑：2022 年的前 7 个月，我国进口芯片数量为 3246.7 亿个，同比下降 11.8%，相当于减少了 434 亿个。

从发展历史来看，半导体集成电路产业最初是在 20 世纪 60 年代由军工需求带动而迅猛发展。根据 IC Insights 的统计，在近 30 年的时间里，半导体产业一直推动着全球 GDP 的增长。全球资本与产业智慧凝结于人类科技皇冠——"芯片"，它也成为全球科技战与贸易战的中心。芯片难，难于在全产业链进行资源的配置与协同，其中芯片制造更在产业链中处于投资规模最大、建设周期最长、尖端技术最密、良率[①] 要求最高的高价值环节。缺失了先进制造能力的芯片产业链就如"铁嘴豆腐脚"——在全球产业链竞争中容易被对手"卡脖子"，跑不出应有的速度。

---

① 良率（Yield）亦称"合格率"，是产品质量指标之一，指合格品占全部加工品的百分比。在半导体工艺中，生产线良率代表的是晶圆从下线到成功出厂的概率，晶圆良率代表的是一片晶圆上的芯片合格率。生产线良率乘以晶圆良率就是总良率。

从软硬件的组合来看，半导体集成电路是数字时代的硬件底座，而支持硬件智造与智能终端产品使用的软件大致可分为两类：操作系统的基础平台和各类应用程序。工业软件作为集成电路的灵魂，最初也是随着军工需求与硬件同步发展起来的。如今，毋庸置疑的是，以"数据科技（大数据）"和"计算科技（AI）"为代表的新一代信息技术[①]，正成为按下第四次工业革命快进键的新生力量。在芯片智造中，除了我们熟知的工艺、设备、材料等必备条件外，难以突破的还有工业软件。工艺研发离不开专属软件，先进机台设备都内嵌智控软件，材料研发也需要通过软件来分析、配比和升级。而打通这三类生产要素形成智能一体化的稳定生产环境，也同样离不开工业智造软件。随着芯片的工艺制程不断微缩并朝着原子级尺寸迈进[②]，无论是芯片的制造厂商，还是芯片的设备厂商，都在大量运用新一代信息技术助力前沿科研、产品的设计研发和制造。新型信息技术正发挥着至关重要且愈发重要的作用，这是一条已在国际先进制造业获得广泛验证、认同、推崇的必经之道，因此也被业界媒体称为神秘的"黑武器"。但"黑武器"并不容易掌握或获得，由于半导体及集成电路与国防军工密切相关，西方在产业背后建立了强固的政治贸易壁垒[③]；加上行业竞争异常激烈、技术垄断与霸权盛行，各厂商对核心技术研发和应用都是退藏于密；再就是专业领域知识的缄默性与抽象性提高了效仿和学习的门槛，使对手难以触及和掌握。试图打开这扇"芯片的新一代信息技术智造之门"正是本书的价值所在。

从新时代双循环的格局来看，要参与全球竞争，势必要先发挥自身优势建立内部的闭环。在我国半导体集成电路产业的闭环格局建设中，与国际对手正面的竞争是无法回避的，这是我国持续、坚定、大力支持发展工艺、设备、材料方面自主可控能力的原因。但我们也要看到正面战场的局限性与被动性。由于受《瓦森纳条约》、总体产业投资规模及目前国内尖端人才短缺等诸多方面的客观限制，在传统赛道的后发跟跑策略并不能令我们获得领先优势。所谓以正和、以奇胜，通过数据科技和计算科技进行赋能，则可以充分借力并发挥我国在新信息技术方面自主可控的优势，特别是近年已积累的海量数据及不断精进的深度学习 AI 算法，可以对芯片的制造特别是先进制造起到"四两拨千斤"的效果。

---

① "十二五"规划中明确了战略新兴产业是国家未来重点扶持的对象，其中信息技术被确立为七大战略性新兴产业之一，将被重点推进。新一代信息技术分为六个方面，分别是下一代通信网络、物联网、三网融合、新型平板显示、高性能集成电路和以云计算为代表的高端软件。
② 台积电预计于 2024 年量产 2 纳米芯片，力争 2030 年前进入埃米工艺时代。
③ 最具代表性的是巴黎统筹委员会及后来的《瓦森纳条约》，以及近年美国成立的多个排华的芯片新联盟。

从宏观来看，我国在芯片领域积极推广和应用"数据科技"和"计算科技"的智造能力，已有了良好的政策、产业、技术与资本的基础。

首先，2015年3月国务院首次提出"推行国家大数据战略"之后，大数据及AI政策频出，工业制造领域在利好形势的引导和支持下，开始重视并挖掘数据科技和计算科技的巨大应用价值，跨界创新应用层出不穷，开启了"数智化"时代。中国已成为全球AI强国之一，一贯严谨保守的半导体产业也参与了进来。之后在2018年12月，中央经济工作会议提出"新基建"，无疑将数字化转型提到了战略发展新高度。这并非只是一场技术革命，它与战略融合，已成为行业或企业顶层设计的重要部分。

其次，数字化转型在中国工业领域已走过数个年头，工业制造领域已打下了计算机/现代集成制造系统（Computer/Contemporary Integrated Manufacturing Systems，CIMS）的坚实基础。在2021年数字化转型发展高峰论坛上，信通院发布的数字化转型成果显示："十三五"期间，我国数字经济增速超过了16.6%。产业数字化需要依靠企业实现，产业数字化聚焦的是传统产业的核心生产场景，提高的是整个产业的竞争力和经济水平。

最后，国家大基金一、二期共撬动万亿元的地方及社会资金大举进入半导体产业，科创板等二级市场兴起也为优秀科创企业铺平了一条新的科研兴国之路。半导体软件领域的投资规模超前，速度惊人。虽然一、二级市场随着行业周期与中美博弈而出现震荡，但没有人否认半导体集成电路将成为未来最为重要的数字化基建，它将推动全球从"数字化"到"数智化"再到"元宇宙"的发展进程，新技术、新概念、新机遇将层出不穷。

数据科技、计算科技与产业应用场景的深度融合，即半导体集成电路的产业数字化，是集成电路半导体企业本身技术发展的诉求与投资方向。此外，对于前瞻性的、行业共性的攻坚难题，也可以纳入政府的专项中来，一方面可以立足于AI大数据等新信息技术专项，另一方面也可以立足于芯片先进智造专项。多年以来，半导体集成电路与AI是科技兴国战略发展的两条线，新信息技术在半导体集成电路产业的加速应用推动了两条战略路线的融合。在半导体产业，工业智造软件的投入与重型基础设施的投入比起来只是九牛一毛，而可能产出的价值却是巨大的。基础科研不仅可以在工艺、设备、材料方面发力，也可以将生产要素与数据科技、计算科技融合起来，从而有望开创出一条更能发挥软实力竞争优势的、因地制宜的、扬长避短的、事半功倍的，对企业、产业甚至国家产生更大协同价值和溢出价值的新技术路径。

工业智造软件归属于工业软件，但为了聚焦芯片智造技术的阐述并与国际产业界的统称接轨，本书将使用工业软件作为切入点，但更多会使用"智造软件"来展开本书的主要内容。工业软件作为一个应用广泛、包罗万象的集合，其中能转化成商用的部分只是冰山一角，更具核心价值的"专用技术"往往秘而不宣（例如，美国波音公司研制了8000多种工业软件，进行商业化向市场开放了不到1000种）。本书聚焦于庞大的芯片智造工业软件体系中更具核心价值的部分，期望掀开其神秘面纱。第四次工业革命已经到来，工业软件也迎来智能时代，传统工业软件是必备的生存之本，而智造软件才是发展的制胜之道。对于产业界来说，由于采取不同技术路线的试错成本太高，非头部厂商极少开辟自己独有的技术路线，一般做法就是沿袭头部厂商的成功做法并进行二次创新。因此，了解这一维度的发展历史、价值起源、应用现状与未来趋势对于我国的芯片制造厂商来说意义重大。

但是，智造软件仅作为一类新的技术，并不是产业发展的护身符。技术与产业的结合应用，归根到底还是靠企业来实施和推动。那些举足轻重的领军企业特别需要先试先行，它们一是有足够的资本和资源，二是可以起到产业链的带动作用。诚然，芯片产业整体上除了需要弥补工艺、设备、材料等硬件与智造软件方面的短板外，还需要提升企业经营管理的水平。核心技术的背后是核心人才，核心人才的背后是文化与价值观、圈子与利益，而跨文化管理又是国际化半导体公司的普遍挑战[①]。在半导体产业中，管理学流派似乎是被排斥在决策层之外的，因为需要依靠先进技术发挥竞争优势。那么，半导体产业的管理模式与经验真的与其他行业有天壤之别吗？事实上，全球半导体领军企业的实践证明并非如此。在全球大型半导体企业的CEO中，华人占据的比例越来越大。无论他们出生于何处，都有着共同的特质：既有工于科技、乐在坚毅的专业能力，又有敏锐的市场前瞻与商业洞察。懂科学可以搞科研，唯有懂经营才能做企业。这可能也是全球十大芯片设计厂商中有八家的掌门人为华人的重要原因吧。半导体是一个充分参与全球激烈市场竞争的产业，除了要有技术，更要有创新的商业思维。抛开地缘政治和自然资源因素，半导体产业发展有两大能力支柱：

---

① 中芯国际2021年频发的人事变动事件（周子学、吴金刚、蒋尚义辞职）引发了行业的普遍关注和担忧。

（1）戈登·摩尔[①]在其"摩尔定律"中体现的持续性技术创新。按 ITRS 在 2005 年白皮书中的定义，又分化为"后摩尔"（More Moore）和"超摩尔"（More than Moore）两大趋势。

（2）张忠谋[②]先生阐释台积电成功秘诀时谈及商业模式创新的重要性。他与台积电的成功给予了行业两大管理思想的贡献：其一是大家熟知的、始于 1987 年台积电创立之时的晶圆代工模式 Foundry，当然这一模式同时催生了 Fabless；其二则更为重要，就是台积电于 2008 年创立的开放式创新平台 OIP，以此发展出的台积电大联盟已成为全球半导体顶尖公司的"盟友圈"。如果说第一个商业模式创新是把晶圆代工从 IDM 中"分"出来，第二个则是通过联盟的形式又"合"进去，从而形成一个全球化协同的"虚拟 IDM"。30 多年来，台积电的成功就在这样一分一合的商业模式创新中塑造起来，通过弯道超车一步一步令对手望尘莫及。

在这里我们强调企业管理的价值，除了如上的原因外，更重要的是数字化智造意味着一场制造的变革，它涉及公司内部的倡议、先试先行的预算投入、人才与团队的配置、对跨界融合创新的鼓励以及对初始失败的包容等，它不仅是一个技术问题，更是一个战略问题。数字化赋能智造是一项战略任务，对芯片制造业来说是实现战略目标的重要支撑力量，决策层只有在这个方面达成共识，并由主要负责人挂帅，数字化智造变革才能成功，这并非只是 IT 部门的工作。

从宏观的产业链发展与全球市场竞争来看，中国的情况与美国不完全相同，硬拼传统赛道的工艺、设备、材料等技术也可能落入"追赶者陷阱"，因此需要发挥我国特有的制度优势、管理优势和新一代信息技术优势，在某种程度上甚至可以通过工业智造软件来弥补硬件的不足。换句话说，就是"把握机遇＋技术领先＋管理卓越"。除了产业机遇之外，我国的制度优势为产业发展创造了前所未有的机遇；而技术创新的源头是解放的思想，这包括本书倡议的数智化跨界创新；商业成败的源头是决策，正确的决策则需要卓越的管理。芯片制造业由于精细的分工，行政权力被约束在"尊重科学与客观数据、掌握关键信息并集体决策"的

[①] 戈登·摩尔（Gordon Moore），1929 年 1 月 3 日出生于旧金山佩斯卡迪诺，美国科学家、企业家，英特尔公司创始人之一。1965 年提出"摩尔定律"，1968 年创办英特尔公司，1987 年将 CEO 的位置交给安迪·葛洛夫，2001 年退休退出英特尔的董事会。他比张忠谋大两岁。

[②] 张忠谋（Morris Chang），1931 年 7 月出生于浙江宁波，获得哈佛大学学士学位、MIT 机械工程硕士学位，以及斯坦福大学电气工程博士学位。他曾在德州仪器（TI）工作 25 年（1958—1983），从工程师升至负责 TI 全球半导体业务的集团副总裁。他于 1985 年从美国回到中国台湾，担任台湾工研院院长，并于 1987 年创办台积电。2005 年，张忠谋卸任台积电董事长和 CEO 职务，由蔡力行接任 CEO。但他于 2009 年又重回公司担任 CEO，于 2018 年 6 月宣布正式退休，由刘德音与魏哲家分别任董事长及总裁。

框架内，更多的共识与协力是国际化团队特别需要加强的。因此，我们还是强调，在芯片智造的转型中，需要"把握机遇、技术领先、管理卓越"三者的结合。

所以，本书的主要内容也分成这三个部分：

第一篇是机遇篇，阐述历史机遇与产业历程，包括半导体产业在过去一个世纪中带给全球经济发展的机遇，以及大国在半导体机遇中的竞合与博弈历程。

第二篇是技术篇，阐述交叉跨界技术创新，以及新一代信息技术在半导体产业正发挥的、愈发重要的作用，这涉及芯片设计、制造、封测，也包括芯片制造设备厂商的应用实践与重要成果。

第三篇是管理篇，展望未来产业发展，包括如何看待和理解半导体芯片产业在 21 世纪的爆发式增长，以及从产业发展管理及企业管理的视角出发，阐述如何更好地实现智能制造的升级管理。

在资本与科技密集的半导体产业，技术通常是第一位的。但是在一个以领军企业为龙头的产业链竞争中，必须认清和把握时代机遇，顺势而为，同时充分提升现代科技企业的管理水平并优化治理结构，才能更好地培养和发挥技术优势，实现领先和超越。

我们正沿着 20 世纪工业化的步伐迈向 21 世纪的数字化、数智化和智人化，如果说我们在半导体过去 30 年的发展中忽略或错过了一些重要机遇，那么现在是我们树立远见卓识，更好地把握半导体未来 10 年辉煌发展的关键时刻。从第四次工业革命中提出的信息物理系统（Cyber-Physical System）到工业 4.0 的数字孪生（Digital Twins），再到元宇宙（Metaverse）……这一切都因芯片的发展成果而生，又推动芯片自身迈向更辉煌的未来。实现芯片强国梦是志在必得、砥砺奋进的征程。在半导体领域，从来少有投机取巧的一本万利，也鲜见文人骚客的闲情逸致，更无一厢情愿的天马行空，只能靠扎实的内功。

最后，由于半导体芯片产业涉及的知识纷繁复杂，本书作为在该领域的一次探索性尝试，必然存在错漏与不足之处，特别是由于地区差异造成的专有名词的不同叫法，容易翻译错误或引起误读。因此，您的任何批评、纠正和建议将是我们的宝贵财富！

本书最新配套视频内容，可在 B 站搜索"海俊频道"并访问"芯片力量"专栏查看。

谨以此书献给在半导体时代继续同行的我们！

李海俊

目录

第1篇 机遇篇：半导体芯片全球进程与智造机遇

第1章 集成电路推动全球 GDP 增长与工业革命 ··········· 2
1.1 集成电路推动全球 GDP 增长三十年与中国成就 ············ 2
- 1.1.1 半导体集成电路一直所处的战略领地 ············ 2
- 1.1.2 俄罗斯集成电路产业现状与未来电子战 ············ 18
- 1.1.3 我国软件与集成电路行业发展的三个十年 ············ 20

1.2 工业革命与不死摩尔定律 ············ 26
- 1.2.1 五次工业革命与半导体发展 ············ 26
- 1.2.2 不死摩尔定律正从纳米深入埃米 ············ 34
- 1.2.3 投资成本增势与产能预期 ············ 38

第2章 美国科技制裁与中国自主替代 ············ 43
2.1 美国科技长臂管辖 45 年 ············ 43
2.2 美国白宫科技智囊与半导体军工组织 ············ 46
- 2.2.1 政府：近 90 年白宫科技智囊及其盟国科技智囊 ············ 46
- 2.2.2 军工：DAPPA 引领科研 66 年 ············ 51

2.3 凭使命改宿命、靠替代对制裁 ············ 56
- 2.3.1 国家科技咨询委员会智囊团呼之欲出 ············ 56
- 2.3.2 政、经、金、产四位一体推动集成电路行业发展 ············ 58
- 2.3.3 《中国制造 2025》中的集成电路 ············ 63
- 2.3.4 中国行业巨头的跨界重塑 ············ 67

第3章 集成电路与新信息技术交叉融合的智造机遇 ············ 73
3.1 智造工业软件生逢其时 ············ 73
- 3.1.1 制造强国必强于工业软件 ············ 73
- 3.1.2 工业软件支撑起全球最强工业企业 ············ 77
- 3.1.3 智造工业软件是半导体发展的黑武器 ············ 83

3.2 智能^2——芯片与 AI 的交叉赋能 ············ 89
- 3.2.1 AI 芯片引燃半导体产业爆发 ············ 89

3.2.2　AI 是半导体智造的软核心 ··· 93
3.2.3　集成电路与 AI 的互促成就 ·· 97
3.3　AI 应用于集成电路的投资回报分析 ··· 100

第 2 篇　技术篇：集成电路与 New IT 的跨界融合与智造技术

第 4 章　智造软件持续加码全球半导体制造 ··· 106
4.1　开启先进半导体智造之窗 ··· 106
4.1.1　台湾的 AI 智造与竞争基础：工业 3.5 ································ 106
4.1.2　从生产自动化迈向工程自动化 ·· 111
4.2　半导体智造软件的极致力量 ··· 114
4.2.1　半导体制造三大极致挑战 ·· 114
4.2.2　工业互联数据汇聚的平台化 ·· 122
4.2.3　数据科技在半导体制造中崭露头角 ···································· 125
4.3　智能学习仓库与数字孪生 ··· 131
4.4　智造软件提升芯片制造的 KPI ·· 134
4.4.1　良率是晶圆生产的生命线与终极挑战 ·································· 134
4.4.2　数据科技应用于制程良率管理 ·· 135
4.4.3　AI 模糊神经网络赋能良率预测与生产排程 ····························· 139

第 5 章　智造软件为半导体产业提供全程价值 ··· 144
5.1　头部半导体厂商对 AI 应用的洞察 ··· 144
5.1.1　英伟达 ··· 145
5.1.2　科磊 ··· 146
5.1.3　泛林 ··· 147
5.1.4　欧洲微电子研究中心 ·· 148
5.1.5　迈康尼 ··· 150
5.2　半导体服务厂商的智造方案 ··· 151
5.2.1　DataProphet 的 AI 即服务方案 ······································· 151
5.2.2　Onto Innovation 的创新数据驱动解决方案 ···························· 152
5.2.3　D2S 的 GPU 加速方案 ·· 154

第6章 来自世界头部半导体制造厂商的智造验证 156

6.1 英特尔20年的AI智造之路 158
- 6.1.1 AI在英特尔整厂应用的方法论 158
- 6.1.2 优化AI应用排序以提升商业价值 159
- 6.1.3 英特尔实现AI智造的典型案例 161

6.2 台积电11年的AI智造与大联盟OIP 168
- 6.2.1 台积电的智造战略 169
- 6.2.2 台积电的智造案例 178
- 6.2.3 台积电向客户提供的虚拟晶圆厂 184
- 6.2.4 台积电大联盟的开放式创新平台 185

6.3 中芯国际的10年智造之路 193
- 6.3.1 2011年打造云端工厂的成果 194
- 6.3.2 2018年关于实施智能制造战略的成果 196
- 6.3.3 2020年打造中芯国际工业互联网平台 198

6.4 其他知名半导体厂商的智造实践 199
- 6.4.1 格芯 199
- 6.4.2 美光 200

第7章 来自世界头部半导体设备厂商的智造验证 202

7.1 阿斯麦是卓越的工业软件公司 202
- 7.1.1 智控软件是光刻三十年来的灵魂 203
- 7.1.2 阿斯麦拥有世界最大开放软件社区 204
- 7.1.3 智能软件应用场景及案例 205
- 7.1.4 EUV光刻机与F-35隐身战机 207

7.2 应材的软硬一体 209
- 7.2.1 AI赋能晶圆缺陷检测 210
- 7.2.2 AI赋能晶圆制造产能爬坡及良率提升 211
- 7.2.3 AI赋能晶圆制造走向无人化"自动驾驶" 213
- 7.2.4 应材的"全自动化半导体工厂"方案 215

7.3 泛林的设备智能 217
- 7.3.1 泛林设备智能 217
- 7.3.2 数字孪生/数字主线 217
- 7.3.3 虚拟工艺开发、智能工具与数字服务 218

第 3 篇　管理篇：未来科技与产业发展借鉴

第 8 章　未来科技与半导体智造 …………………………………………………… 222
8.1　超级人类与未来科技 …………………………………………………………… 222
8.1.1　从"增长的极限"到"超级人类" ………………………………………… 222
8.1.2　中国"十四五"规划的七大前沿科技 ……………………………………… 228
8.1.3　欧美未来科技预测及策略 …………………………………………………… 233
8.2　半导体智造的远景方略 ………………………………………………………… 235
8.2.1　半导体未来十年发展与挑战 ………………………………………………… 235
8.2.2　半导体智造方略 ……………………………………………………………… 237
8.2.3　面向未来的工业 4.0 晶圆工厂 ……………………………………………… 241
8.2.4　5G 在半导体领域的前瞻性应用 …………………………………………… 244

第 9 章　半导体产业展望及工业 4.0 创新 ………………………………………… 246
9.1　美国半导体行业组织管理借鉴 ………………………………………………… 246
9.1.1　SIA 推动美国半导体产业发展 ……………………………………………… 246
9.1.2　SEMATECH 推动美国半导体制造 ………………………………………… 247
9.2　半导体工业 4.0 转型中的关键管理 …………………………………………… 250
9.2.1　数字化冠军企业转型的战略定位 …………………………………………… 250
9.2.2　数字化冠军企业转型的变革管理 …………………………………………… 252
9.2.3　英特尔、台积电与三星的创新转型案例 …………………………………… 253
9.3　半导体产业工业 4.0 转型的框架应用 ………………………………………… 262
9.3.1　TÜV 工业 4.0 成熟度模型九宫格 ………………………………………… 262
9.3.2　EDB 工业智能成熟度指数 ………………………………………………… 264
9.3.3　IMPLUS 工业 4.0 成熟度自评 ……………………………………………… 267

结语 ………………………………………………………………………………………… 270

致谢 ………………………………………………………………………………………… 272

第1篇

机遇篇：
半导体芯片全球
进程与智造机遇

❖

第1章　集成电路推动全球 GDP 增长与工业革命

第2章　美国科技制裁与中国自主替代

第3章　集成电路与新信息技术交叉融合的智造机遇

❖

第 1 章
集成电路推动全球 GDP 增长与工业革命

1.1 集成电路推动全球 GDP 增长三十年与中国成就

1.1.1 半导体集成电路一直所处的战略领地

1）底层计算逻辑与其本质结构有关

所谓半导体，是指一种导电性能介于导体和绝缘体之间的材料，它的电阻比导体大得多，但又比绝缘体小得多，其电学性能可以人为加以改变。许多电气和电子设备有两种状态：关闭或开启（例如电灯开关），真空管和晶体管都是如此，以 0 和 1 来代表开关的断开和闭合。逻辑是数字电路的精髓，所有的功能归根结底都是逻辑功能，而逻辑的基本构成元素是逻辑 0 和逻辑 1。通过半导体材料制造出的晶体管恰好具备这种功能——通过电信号来控制自身开合，这使计算机可以理解两个数字：0 和 1，并在其中完成所有二进制模式的算术运算。二进制是机器语言，计算机使用它来处理、读取和写入数据，半导体这一属性奠定了整个数字时代的计算基础。

如图 1-1 所示，物质基本的结构属性在很大程度上决定了计算的规则，比如人类计数最为常见的十进制和计算机基于半导体属性的二进制。

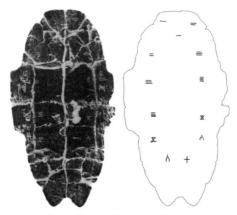

(a) 公元前 13 世纪人类基于十指的十进制计数

(b) 现代计算机基于半导体 0 与 1 结构的二进制计数

图 1-1　人类的十进制与计算机的二进制

资料来源：中国珠算博物馆

在人类的语言中，广泛使用 0～9 这 10 个数字符号进行记数，这也是我们日常生活中使用最多的进位制——十进制。在各个古文明中都有使用十进制记数的历史，例如，从我国古代公元前 13 世纪的甲骨文中，就找到了十进制的记数符号。为什么人类使用十进制而计算机语言使用二进制呢？这可能源于人类十指的生理结构特点，原始社会的人类学会使用简单工具进行捕猎获得生存，但还只会使用简单的语言交流，计数是交流中的重要内容（比如获得的猎物数量或剩余的食物数量等），那么辅以手指来计数是最自然的。计算机的二进制也跟"硅基生命"的"生理结构"有关，如上所述，是半导体的开关形成了 0 与 1 的特征，所以就有了二进制。二进制在半导体出现后成为计算机的底层计算语言并获得了广泛认知，但二进制在我国历史上同样历史久远，0 和 1 如同中国古代《易经》提出的阴和阳两种状态，通过阴和阳的两两组合，又形成了《易经》的六十四卦象。《易经》的这些符号，引起了数学家莱布尼茨的兴趣，他在 1703 年就发表了《论只使用符号 0 和 1 的二进制算术，兼论其用途及它赋予伏羲所使用的古老图形的意义》[①]，使用现代数学语言的方式阐述了二进制。随后又过了 200 年，在 1904 年，全球第一个基于二进制特征的电子管才在英国被发明出来。技术的进步是人类文明发展的根本动力，其发展的过程与突破都遵循一定的逻辑与规律，或许未来随着新材料结构的发现，人类可以发明出更低能耗、更小空间占用，却有更大规模和更高效率的新进制算法。

---

① 戈特弗里德·威廉·莱布尼茨（Gottfried Wilhelm Leibniz，1646—1716）的一篇关于二进制与中国伏羲八卦图的论文。原文于 1703 年完成，最初于 1705 年发表在巴黎出版的《1703 年皇家科学院年鉴》。

2)半导体的科学探索

半导体产业的发展经历了科学探索与技术发明这两个过程。表1-1阐述了半导体四个特征的发现过程。

表1-1 半导体四个特征的科学探索里程碑

序号	年份	发现过程
1	1833	英国科学家迈克尔·法拉第在测试硫化银的特性时,发现了硫化银的电阻随着温度的上升而降低的特异现象,这被称为电阻效应,是人类发现的半导体的第一个特征
2	1839	法国科学家埃德蒙·贝克雷尔发现半导体和电解质接触形成的结,在光照下会产生一个电压,这就是后来人们熟知的光生伏特效应,简称光伏效应。这是人类发现的半导体的第二个特征
3	1873	英国的威洛比·史密斯发现硒晶体材料在光照下电导增加的光电导效应,这是人类发现的半导体的第三个特征
4	1874	德国物理学家费迪南德·布劳恩观察到某些硫化物的电导与所加电场的方向有关。在它两端加一个正向电压,它是导电的;如果把电压极性反过来,它就不导电。这就是半导体的整流效应,这是人类发现的半导体的第四个特征。同年,出生在德国的英国物理学家亚瑟·舒斯特又发现了铜与氧化铜的整流效应

资料来源:基于半导体发展史整理

图1-2是发现半导体特征的四位科学家。

迈克尔·法拉第　　　埃德蒙·贝克雷尔　　威洛比·史密斯　　费迪南德·布劳恩
(1791—1867)　　　(1814—1862)　　　(1828—1891)　　　(1850—1918)

图1-2 发现半导体特征的四位科学家

资料来源:Wikipedia 半导体

3)半导体的技术发明与中国事件

当人类的科学探索达到一定的阶段,应用其成果进行技术发明就应运而生。为了有一个新的视角一览中西的发展进程,表1-2简单罗列了世界半导体技术发明的重大事件和当时中国重要事件的对照。这个对照告诉我们,科学探索与技术发明都有历史的脉络与进展,既需要勇于探索的精神,也需要坚韧的意志,当然还需要时间。很多半导体集成电路产业的专业人士也反复强调，发展芯片是一个长期的过程，容易发现的都被发现了，容易发明的也都被发明了，难以发现和发明的只会难上再难。

表1-2 半导体技术发展里程碑与中国重要事件对照

序号	年份	半导体技术发明里程碑	中国重要事件
1	1904	英国物理学家约翰·安布罗斯·弗莱明发明了世界上第一个电子管，它是一个真空二极管	上海成立光复会，蔡元培被推选为会长，后任北大校长
2	1906	美国工程师李·德·福雷斯特在弗莱明真空二极管的基础上又多加入了一个栅极，发明了真空三极管，使得电子管在检波和整流功能之外，还具有放大和振荡功能。真空三极管被认为是电子工业诞生的起点	● 京汉铁路全线正式通车 ● 上海理工大学的前身浸会神学院创办
3	1945—1953	● 1945年，二战结束，美国获得了大量先进技术 ● 1947年，美国贝尔实验室的肖克利、巴丁和布拉顿组成的研究小组，研制出一种点接触型的锗晶体管。晶体管发明是微电子技术发展历程中第一个里程碑。由于电子管具有体积大、耗电多、可靠性差的缺点，最终它被后来的晶体管所取代 ● 1950年，图灵①发表《计算机与智能》（Computing Machineray and Intelligence）论文，文中阐述了"模仿游戏"的设想和测试方式，也就是大家后来熟知的图灵测试。这篇文章是对机器模仿人类智能的深度思考和系统论述 ● 1953年，日本东京通信工业公司从美国西屋电气引进晶体管技术，生产出索尼第一款收音机	● 1949年，中华人民共和国成立后组建科学院，郭沫若为院长 ● 1950年，科学院第一批研究所成立 ● 1953年，自主开展抗生素研究工作
4	1955—1956	● 1955年，肖克利、巴丁、布拉顿三人，因发明晶体管同时荣获诺贝尔物理学奖。肖克利也被誉为晶体管之父。肖克利于1957年创立仙童半导体公司，成为美国半导体精英的摇篮，支撑起硅谷崛起的"神话" ● 1955年，麦卡锡、明斯基等科学家在美国达特茅斯学院研讨"如何用机器模拟人的智能"，会前提出的AI（Artificial Intelligence）概念形成共识，标志着AI学科的诞生，这一年也被称为AI元年	● 1955年，成立中国科学院学部，编制中国科学院15年发展远景计划 ● 1956年，成立中国科学院院章起草委员会 ● 1956年，《关于知识分子问题的报告》指出：为了实现社会主义工业化，必须依靠体力劳动和脑力劳动的密切合作，依靠工人、农民、知识分子的兄弟联盟。全国开始出现"向科学进军"的新气象

① 图灵（Alan Turing），英国计算机奇才、密码学家、逻辑学家、计算机与AI之父。

续表

序号	年份	半导体技术发明里程碑	中国重要事件
5	1958	● 美国仙童公司的罗伯特·诺顿·诺伊斯[①]与美国德州仪器公司的杰克·基尔比[②]间隔数月分别发明了集成电路，开创了世界微电子学的历史，基尔比因为发明集成电路而获得2000年的诺贝尔物理学奖 ● 诺伊斯在基尔比发明的基础上，发明了可商业生产的集成电路，使半导体产业由"发明时代"进入了"商用时代"	● 获得第一根硅单晶 ● 第一批锗高频晶体管问世 ● 研究性核反应堆和加速器建成 ● 提出早期的人造卫星研制计划 ● 成立中国科学技术大学 ● 各地纷纷建立中国科学院分院 ● 成立中国科学院原子核科学委员会 ● 光机所研制完成"八大件" ● 第一座电视台——北京电视台开播，它是中央电视台的前身
6	1961—1963	1962年，美国无线电公司（RCA）的史蒂文·霍夫施泰因与弗雷德里克·海曼研制出了可批量生产的金属氧化物半导体场效晶体管[③]，并采用实验性的16个MOS晶体管集成到一个芯片上，这是全球真正意义上的第一个MOS集成电路	● 1961年，中科院组织星际航行座谈会，裴丽生、钱三强赴东北安排与原子弹研制有关的任务。中国第一台红宝石激光器研制成功。承接高效能炸药研制任务 ● 1963年，中科院成立星际航行委员会。中国硅平面型晶体管诞生。研制成功一种高温黏合剂和一种空对空红外测向装置
7	1964	● 英特尔公司创始人之一的戈登·摩尔提出著名的摩尔定律，在到现在60多年的发展过程验证了这一预测基本还是准确的 ● 开始制造硅基新器件集成电路，由于其廉价可靠，快速推动了半导体行业的发展	
8	1997	半导体发展使AI取得突破性进展，每个芯片集成1500万个晶体的IBM深蓝超级计算机战胜了国际象棋世界冠军卡斯帕罗夫	国家科技领导小组第三次会议决定制定和实施《国家重点基础研究发展规划》。随后，国家重点基础研究发展计划（又称"九七三计划"）实施

资料来源：基于半导体发展史与中科院编年史编辑

---

① 罗伯特·诺顿·诺伊斯（Robert Norton Noyce，1927—1990），仙童半导体公司和英特尔的共同创始人之一，有"硅谷市长""硅谷之父"的绰号。诺伊斯也是电子器件集成电路的发明者之一。

② 杰克·基尔比（Jack Kilby，1923—2005），集成电路的两位发明者之一。1958年，他成功研制出世界上第一块集成电路。2000年，基尔比因集成电路的发明被授予诺贝尔物理学奖。这是一个迟来42年的诺贝尔物理学奖。迄今为止，正全面改造人类的个人计算机、移动电话等，皆源于他的发明。

③ 金属氧化物半导体场效晶体管（Metal-Oxide-Semiconductor Field-Effect Transistor，MOSFET）是一种可以广泛使用在模拟电路与数字电路的场效晶体管（Field-Effect Transistor）。

4）半导体、集成电路与芯片的关系

在业界，半导体、集成电路与芯片经常混用。老牌公司经常爱称自己为半导体公司，显然这是一个更为悠久而广泛的疆界；而新一代公司却乐于称自己是元宇宙公司，他们更愿意畅想未来无限的可能。半导体与集成电路有时候称为产业，有时候又称为行业，芯片又经常作为集成电路的统称。为了理清三者之间的关系，表1-3列出了半导体、集成电路与芯片的定义与关联。

表1-3 半导体、集成电路与芯片的定义与关联

	半导体（Semiconductor）定义：在室温下其导电性介于导体与绝缘体之间的一种材料，如硅、砷化镓与碳化硅	
	集成电路（Integrated Circle，IC）定义：使用半导体材料，通过集成工艺生产制造的、不可分割的微型电子器件或部件	
	芯片（Chip）定义：通过切割、测试、封装，提供给特定客户实现特定功能的元器件成品	
集成电路	模拟器件	信号链和电源管理两大类
	逻辑器件	可编程逻辑器件：PLD、PLA、PAL、FAL、CPLD、FPGA、ASIC
	微处理器	x86、ARM、RISC-V 架构
	存储器	DRAM、SRAM、EEPROM、NOR FLASH、NAND FLASH、EMMC、UFS
分立器件	二极管	几乎所有电子电路中都有二极管的存在
	三极管	具有电流放大作用，是电子电路的核心组件
	功率半导体器件	广泛于工业、汽车、轨道牵引、家电等各个领域
	电容/电阻/电感	电容、电阻和电感并称为三大被动组件
光电器件	光敏电阻、光电二极管、光电三极管、光电池、光电管、光电倍增管	
传感器	热敏组件、光敏组件、气敏组件、力敏组件、磁敏组件、湿敏组件、声敏组件、色敏组件、味敏组件、放射线敏感组件	

资料来源：作者根据网络数据编辑

半导体主要由四个部分构成：集成电路、分立器件、光电器件、传感器。由于集成电路又占了器件80%以上的份额，因此通常将半导体和集成电路等价。集成电路按照产品种类又主要分为四大类：模拟器件、逻辑器件、微处理器、存储器。通常我们统称它们为芯片，芯片是由晶体管组成的，严格意义上讲，晶体管泛指一切以半导体材料为基础的单一组件，包括各种半导体材料制成的二极管、三极管、场效应管、可控硅等。晶体管有时多指晶体三极管。图1-3展示了英特尔自发布全球第一款CPU后50年的性能巨变。

（a）英特尔于 1971 年发布世界上第一款 CPU 4004　（b）50 年后的 2021 年，英特尔发布 12 代酷睿 CPU，其晶体管数量约是前者的 5 万倍

图 1-3　英特尔自发布全球第一款 CPU 后 50 年的性能巨变
资料来源：英特尔官网

英特尔是集成电路发展史的代表，让我们来简单回顾一下：

- 1971 年，英特尔推出了它的第一款处理器：4004，它使用 10 微米制程，是一款 4 位的处理器，集成了 2250 个晶体管，每秒运算 6 万次，关键是成本得以控制在百美元之内。它虽然弱小，但意义重大。它被时任英特尔公司 CEO 的戈登·摩尔称为"人类历史上最具革新性的产品之一"，实现了从 0 到 1 的突破。
- 1978 年，英特尔推出了一款 16 位的处理器：8086。
- 1979 年，英特尔又推出了 8088，它是第一个成功应用于个人计算机的 CPU。
- 1982—1989 年，陆续推出了 80286、80386、80486 微处理器。
- 1993 年 3 月，英特尔正式发布了自己的第五代处理器 Pentium，并有一个响亮的中文名"奔腾"。这颗俗称 586 的处理器可以让用户更简单地处理语音、图像和手写任务。于是我们迎来了微软的 Windows 3.x 的视窗操作系统，从此行业里面有了 WinTel（Windows+Intel）联盟一说。
- 1995 年，"奔腾 Pro"发布，内置 550 万个晶体管，专为 32 位服务器和工作站应用设计，可以大大提速计算机辅助设计、机械工程和科学计算。
- 2005 年，酷睿走进大众的视野，酷睿 i3、i5、i7 成为个人计算机的主流。
- 从第一颗 CPU 算起，50 年后的 2021 年，英特尔最新的 12 代酷睿 CPU 采用 7 纳米工艺，集成了数十亿个晶体管，比 4004 提升了近五万倍。
- 2022 年，英特尔发布了英特尔 Core i9-12900KS 桌面异构微处理器，拥有 30MB 高速缓存，可提供 8 个性能核心和 8 个效率核心。性能核心（P-core）支持超线程，可同时处理 24 个线程。性能内核的频率最高可达 5.5 GHz（Turbo Boost Max 3.0）。

5）又长又宽的集成电路产业

集成电路作为半导体产业的核心，技术错综复杂，产业结构高度专业化。随着行业规模迅速扩张，产业竞争加剧，分工模式不断细化。半导体产业的整个价值链有着明显的区域专业化特征，也反映了各国在集成电路领域的竞争比较优势。

- 美国由于拥有顶尖的大学和大量优秀的工程人才，设立了很多研究机构并建立了完善的产业链生态，商业模式也非常健壮，有大量芯片设计软件公司、芯片设计公司。
- 东亚大部分地区拥有良好的基础设施、成本效率和熟练的工人，加上政府的补贴，可以在晶圆制造和材料生产上发力。
- 欧洲则在尖端的研发密集型领域发挥着重要作用（例如，荷兰的ASML公司处于世界领先地位，英国的ARM公司是芯片知识产权的核心），并有强大的基础研究（例如，比利时的IMEC[①]、法国的CEA-Leti、荷兰的TNO和德国的Fraunhofer等研究中心），还与大学建立了广泛的研发联盟。

由于半导体涉及的技术过于宽泛，其产业的专业化与资源能力分布的全球化明显，随着产能的不断攀升，其整个全球价值链上的公司之间的依赖性也越来越强。例如：ASML EUV 光刻机需要超过 10 万个零配件，而且很多还是定制的；美国的 F-35 隐形战机需要超过 20 万个零配件，整机拥有超过 3500 个集成电路和 200 种不同的芯片。

表1-4 为按类型和收入划分的全球主要半导体公司。

表1-4 按类型和收入划分的全球主要半导体公司

序号	地区	公 司 名 称	公 司 类 型	收入（单位：亿美元）
1	美国	英特尔（Intel）	IDM[②]	780
		应用材料（Applied Materials）	设备公司	230
		科磊（KLA）	设备公司	60
		格罗方德（Global-Foundries）	晶圆代工厂	50

---

① 微电子研究中心（Interuniversity Microelectronics Centre，IMEC）是一个科技研发中心，创办于1984 年，位于比利时。它拥有来自全球近 80 个国家的 4000 多名研究人员，是世界领先的纳米电子和数字技术领域研发和创新中心。作为全球知名的独立公共研发平台，IMEC 是半导体业界的指标性研发机构，拥有全球先进的芯片研发技术和工艺，与美国的 Intel 和 IBM 并称为全球微电子领域的"3I"，与英特尔、三星、TSMC、高通、ARM 等全球半导体产业链巨头有着广泛合作。
② 半导体芯片行业的三种运作模式，分别是 IDM（Integrated Device Manufacturer，垂直整合制造）、Fabless（没有芯片加工厂）和 Foundry（代工厂）模式。IDM 有 2C 的业务，而 Foundry 只有 2B 的业务。IDM 模式指从设计、制造、封装测试到销售自有品牌产品都一手包揽。

续表

序号	地区	公司名称	公司类型	收入（单位：亿美元）
1	美国	德州仪器（Texas Instruments）	IDM	150
		高通（Qualcomm）	无晶圆厂/设计公司	220
		超威（AMD）	无晶圆厂/设计公司	100
		科林（LAM Research）	设备公司	120
		英伟达（Nvidia）	无晶圆厂/设计公司	170
		美光（Micron）	IDM	210
		博通（Broadcom）	无晶圆厂/设计公司	240
		西部数据（Western Digital）	IDM	80
2	荷兰	阿斯麦（ASML）	设备公司	160
		先域（ASMI）	设备公司	20
		恩智浦（NXP）	IDM	90
3	瑞士	意法半导体（STMicron）	IDM	100
4	德国	英飞凌（Infineion）	IDM	100
5	中国	中芯国际（SMIC）	晶圆代工厂	40
		日月光（ASE）	封测公司	170
		联华电子（UMC）	晶圆代工厂	60
		联发科（Mediatek）	无晶圆厂/设计公司	110
		台积电（TSMC）	晶圆代工厂	460
6	日本	铠侠（Kioxia）	IDM	40
		瑞萨（Renesas）	IDM	60
		东京电子（Tokyo Electrion）	设备公司	100
7	韩国	SK海力士（SK Hynix）	IDM	270
		三星电子（Samsung Electronics）	IDM	580

注：公司名单以举例说明，并非详尽

资料来源：ING 基于研究对象公司报告①

集成电路最初发展的强驱力是满足军工的发展需求，特别是需要通过集成电路来制造精密、轻便、可靠的导弹电子导航系统。按照浙江大学吴汉明院士的提法，集成电路芯片的行业生态链"又长又宽"。集成电路大体上可分为设计、制造和封装测试。由于计算机从一开始就是集成电路的主要应用，因此数字集成电路已大行其道，从导弹的电子导航系统开始，我们看到，如今通过数字语言设计集成电路并实现其功能控制、同时与其他系统进行无缝通信的电子系统已是无处不在。

图 1-4 展示了"又长又宽"的集成电路全产业链。

---

① 所有收入均为 2020 年。三星收入数据为其半导体部门。西部数据的收入数据仅针对闪存部分。公司名单以举例说明，并非详尽无遗。

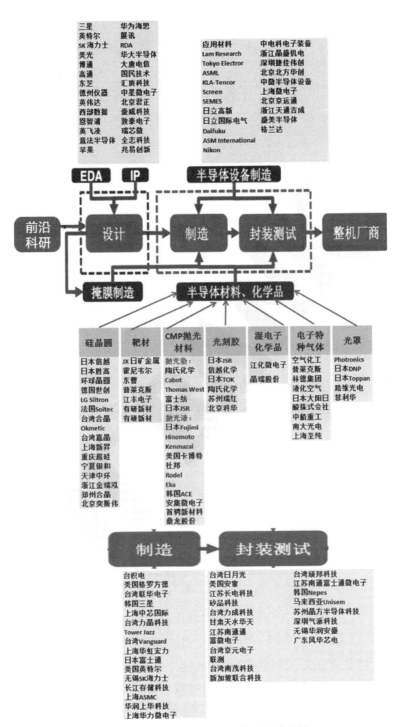

图1-4 "又长又宽"的集成电路全产业链

注：公司名单以举例说明，并非详尽

资料来源：根据 ITTBANK@ 芯语制图加工

集成电路芯片对全球经济增长的价值非常明显。从行业组织和咨询机构来看，根据美国半导体协会（SIA）发表的数据显示，全球在 2020 年制造了约 1 万亿颗芯片，在 2021 年售出了约 1.15 万亿颗芯片，按全球 2021 年人口约为 78 亿计，每人可以分到 147 颗芯片。如今，每个家庭都可能拥有了上千颗芯片。例如，2021 年生产一辆新能源汽车，由于电子化、智能化的需要，平均每辆车所需芯片数量已经达到了 1000 颗以上，而一部手机也需要有几百个电子组件。芯片的大量使用除了本身的市场价值外，其辐射效应十分明显。芯片普及进一步推动了全球经济的发展，据国际货币基金组织测算：1 元的集成电路（芯片）产值将带动 10 元左右的电子产品产值和 100 元左右的国民经济增长。

如表 1-5 所示，在 2017—2021 年，全球前四的半导体企业名单相差不大，英特尔与三星一直排在前二，台积电与 SK 海力士在第 3、第 4 的位置，美光、博通与高通的位置是在第 5、第 6、第 7，倒是英伟达在取代东芝的位置后持续攀升。与 CPU 相比，英伟达通过 GPU 很好地解决了深度学习所需要的庞大算力问题，为 AI 发展作出了巨大贡献。而联发科也在 2021 年第一季度取代了德国的英飞凌排到了全球第十位。

表 1-5　2017—2021 年全球前十半导体企业榜单

排名	2021（第一季度）	2020	2019	2018	2017
1	英特尔（美国）	英特尔（美国）	英特尔（美国）	三星（韩国）	三星（韩国）
2	三星（韩国）	三星（韩国）	三星（韩国）	英特尔（美国）	英特尔（美国）
3	台积电（中国）	台积电（中国）	台积电（中国）	SK海力士（韩国）	台积电（中国）
4	SK海力士（韩国）	SK海力士（韩国）	SK海力士（韩国）	台积电（中国）	SK海力士（韩国）
5	美光（美国）	美光（美国）	美光（美国）	美光（美国）	美光（美国）
6	博通（美国）	高通（美国）	博通（美国）	博通（美国）	博通（美国）
7	高通（美国）	博通（美国）	高通（美国）	高通（美国）	高通（美国）
8	英伟达（美国）	英伟达（美国）	德州仪器（美国）	东芝（日本）	德州仪器（美国）
9	德州仪器（美国）	德州仪器（美国）	东芝（日本）	德州仪器（美国）	东芝（日本）
10	联发科（中国）	英飞凌（德国）	英伟达（美国）	英伟达（美国）	英伟达（美国）

资料来源：IC Insight 前瞻产业研究院整理

6）集成电路在过去三十年推动全球 GPD 的增长

从半导体发展的历程来看，美国 SIA 和 BCG 在 2021 年 4 月发布的报告[①]表明，自 1958 年发明集成电路以来，每块硅片上的晶体管数量增加了约 1000 万个，使处理器的速度提高了 10 万倍，并且在同等性能下，每年的成本降低了 45% 以

---

① 《在不确定的时代加强全球半导体供应链》（*Strengthening the Global Semiconductor Chaininan Uncertain Era*）。

上。再加上工程上的创新，如先进的包装和材料技术，这使得电子器件的性能得到了提高。在1995—2015年，全球GDP中新增的3万亿美元与半导体创新直接相关，并产生了11万亿美元的影响。在过去三十年中，半导体行业经历了快速增长，并带来了巨大的经济影响。从1990—2020年，半导体市场以7.5%的复合年增长率增长，超过了在此期间全球GDP的5%的增长。半导体行业所带来的性能和成本的改善，使20世纪90年代从大型机到个人计算机的演变成为可能，21世纪推出支持互联网架构的大型服务器集群后，半导体行业继续推动2010年以来智能手机的快速发展，使之成为每人口袋里的计算机。

从行业代表性企业的角度来看，2022年3月，美国高盛发布数据推测2021年美国GDP的12%，即约2.76万亿美元与台积电相关，依据台积电2021年度营收为568.2亿美元计算，其杠杆比例达到约49倍。在2019年的第二届全球IC企业家大会暨第十七届中国国际半导体博览会上，时任中国半导体产业协会理事长、中芯国际董事长周子学表示：半导体产业是宏观经济的晴雨表，其发展水平与全球GDP增速呈正相关。自2018年来，受全球贸易摩擦等外部因素影响，半导体产业也受到一定波及。尽管全球贸易体系面临挑战的不确定性在增大，但全球半导体产业同仁也在积极行动，协同应对。同时，全球半导体技术仍在遵循摩尔定律加速演进，超摩尔定律也在蓬勃发展。在技术持续进步的驱动和5G、智能网联汽车、AI等新兴市场海量需求的带动下，预计全球半导体市场会呈不断上升的趋势。

从行业学术机构的视角来看，在2021年的一个半导体产业峰会上，清华大学教授魏少军表示：1987—2002年的16年里，全球GDP累计为445.5万亿美元，平均每年为27.84万亿美元。2003—2020年的18年里，全球GDP累计达到1221.4万亿美元，平均每年67.85万亿美元，是前面16年的2.44倍。2000年之后，以互联网技术、移动通信技术，尤其是二者的结合——以移动互联网技术为代表的信息技术产业的崛起，促进了全球经济的高速发展。

如图1-5所示：在最新2022年的McClean Report中，从全球GDP增速与半导体市场增速的对比来看，在这个三十年（1992—2021年）的整体起伏趋势中，集成电路市场的较大跌宕是从2019年开始的，全球新冠疫情暴发后，其跌幅为15%。随后的一年，全球GDP增速受到集成电路市场下行及疫情的影响，出现了历史最大跌幅–3.6%。随着2020年集成电路市场触底反弹，提前释放和复苏并出现了13%的增长，再一次推动了全球GDP的增速达到了2021年的历史最高5.4%，其中的一个主要原因是疫情之后，全球对数字经济有了更多的依赖，包括近年大热的元宇宙①概念。在可以预见的未来，尚不会出现能够替代集成电路的其他技术，所以这样的对比曲线在未来相当长的一段时间内都会延续。

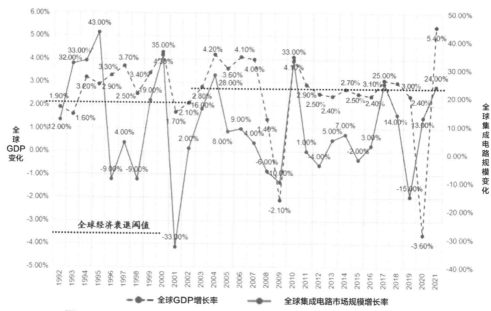

图 1-5　1992—2021 年全球集成电路市场增速与 GDP 增速呈现正相关

资料来源：The McClean Report 2022

集成电路行业推动了全球 GDP 的增长，那么是谁在推动集成电路行业的发展呢？集成电路的快速发展是过去三十年全球巨额投资和行业集体智慧推动发展的成果。集成电路产业应用的领跑者是美国。美国政府很早就意识到半导体产业的战略意义，它为先进的国防、通信、大数据和 AI 等行业提供了基础支持技术。

- 根据中国半导体行业协会援引 SIA 的报告②：2000—2020 年，美国半导体产业研发支出的年复合增长率约为 7.2%。2020 年，美国半导体产业研发投入合计 440 亿美元。
- 根据美国官方组织统计的美国上市公司数据，美国芯片上市公司 2019 年的研发投入和资本支出总计 717 亿美元。1999—2019 年，美国芯片上市公

---

① 元宇宙（Metaverse），或称为后设宇宙、形上宇宙、元界、魅他域、超感空间、虚空间，是一个聚焦于社交连接的三维虚拟世界网络。作为一个持久化和去中心化的在线三维虚拟环境，人们将可以通过虚拟现实眼镜、增强现实眼镜、手机、个人计算机和电子游戏机进入人造的虚拟世界。目前元宇宙的运用，主要受到与实时虚拟环境交互所需的硬件设备和传感器的技术限制。融入元宇宙的影视作品有很多，例如《黑客帝国》《头号玩家》《创战纪》。
② 中国半导体行业协会发布的《美国半导体研发占比达 18.6% 全球第一，美半协呼吁加强制造业投资》援引了美国半导体行业协会（SIA）发布的《2021 年美国半导体行业报告》。

司整体资金总投入将近9000亿美元。就研发占比（研发支出占销售额的百分比）而言，美国半导体产业达到18.6%，在美国仅次于制药和生物技术产业，超过了任何其他国家的半导体产业。高水平的研发再投资推动美国半导体创新行业发展，进而维持其全球销售市场份额的领先地位并创造就业机会。

从电子产业技术发路径来看，20世纪基于无线电技术发明了电报等技术，之后催生了真空电子管技术，而后军事技术革命催生了互联网产业革命，芯片技术的成熟又催生了个人计算机的技术革命。进入21世纪，技术革命的步伐越来越快，从移动互联网到物联网[①]，再到第四次工业革命中虚实结合的信息物理系统（CPS）、数字孪生（DT）、元宇宙（Metaverse）等。人类又再次迈向第五次工业革命，向超级人类的方向狂奔。以往每次的技术革命浪潮都是建立在上一代技术革命的基础上，可21世纪的技术革命特点有所不同，其在科学知识爆炸的背景下出现了大量的交叉科学，出现了多头并进的技术融合。例如，超级人类计划就是典型的代表之一，它至少包括人类在电子及生物两个维度最前沿的研究和混合应用，这两个方向也是美国研发比最高的两个领域。2020年12月，我国国务院学位委员会、教育部发出通知："交叉学科"成为我国第14个学科门类，并于该门类下设立"集成电路科学与工程"一级学科。这被认为是国家培养创新型人才，解决制约我国集成电路产业发展难题的有力举措。

7）集成电路发展的内在逻辑与全球竞争

1958年，美国德州仪器[②]展示的全球第一块集成电路板标志着世界进入集成电路时代。作为一个发展跨越六十多年的行业，集成电路每一次进步都有它的内在逻辑[③]，这个逻辑就是持续的科学探索与重要的技术发明，再加上由广泛的国际联盟支撑起的严谨的产业布局和全球的市场应用。

集成电路是一个高技术、高门槛、长周期和需要远规划、近投入的产业，纵观美国、日本、韩国这些半导体强国，大都经历过痛苦的鏖战。美国是全球集成电路产业发展的起源地，经过多年的发展涌现了一批如英特尔、高通、博通、德州仪器等优秀的集成电路生产企业，且这些企业普遍具有一定的实力不断研发集

---

① 1999年，物联网（IoT）的概念被初步提出。物联网通过传感器和小工具将物理世界中的一切连接到互联网。这些小工具具有唯一标识，并且能够在连接到互联网后自动发送和接收信息。
② 德州仪器（Texas Instruments，TI）是全球领先的半导体公司，为现实世界的信号处理提供创新的数字信号处理（DSP）及模拟器件技术。TI总部位于美国得克萨斯州，在多个国家设有制造、设计或销售机构。
③ 康斯坦丁，2021，《"芯片荒"会是中国制造的机会吗？》。

成电路技术。康斯坦丁对美国在半导体、集成电路行业的发展历程作了概括性的描述：美国在二战中大发战争财，二战以后就稳居半导体产业高地，而且能长期地、阔绰地把大量资金投入芯片行业。自1961年开始，美国的芯片研发费用占GDP的比重要远远高于欧洲、日韩等发达地区，且专注于底层架构、基础技术的研发。此外，美国长期着眼于全球布局，自20世纪70年代开始，美国向日本提供技术和设备支持，把一些繁杂试验放到国外，自己却把持着光刻机前五的企业以及芯片设计纠错软件领域。也正因如此，美国才能为本国企业创造更优越的竞争环境，从而保持其在产业链中高昂的利润收益。如果从二战结束开始计算，美国、日本已经积累60多年，三星芯片自20世纪70年代开始直到90年代才有所起色，亏了近20年的钱才一步一步发展到现在的规模。所以我国也要把集成电路当成一项长期、艰苦的战略任务来对待。

欧盟近年来认识到芯片的重要性，希望提高战略自主性。特别是新型冠状病毒感染暴发令欧盟进一步意识到，如果全球供应链受到严重破坏，欧洲一些工业部门将很快陷入芯片短缺，许多行业将因此陷入停滞。位于柏林的德国智库新责任基金会的科技政策专家克莱因汉斯（Jan-Peter Kleinhans）在接受彭博社采访时指出，占据了晶圆代工环节过半市场份额的中国台湾，已经成为"整个半导体产业链上最为致命的潜在单点故障[1]"。因此，欧盟从2020年就开始加强并不断巩固半导体产业的联合发展体系，回顾近年的重大进程如下：

- 2020年12月，欧盟22个成员国签署了关于欧洲处理器和半导体技术倡议的宣言[2]。他们注意到，欧洲在全球半导体市场的份额远低于其经济地位。他们同意"特别努力加强处理器和半导体生态系统，并扩大整个供应链的工业存在，以应对关键的技术、安全和社会挑战"。
- 2021年3月，欧盟委员会基于之前的共同宣言，发布"2030数字罗盘计划[3]"，即到2030年，"欧盟尖端和可持续发展的半导体产量至少占世界的20%"，旨在构筑一个以人为本、可持续发展的数字社会。该计划雄心勃勃，希望增强欧洲的数字竞争力，摆脱对美国和中国的依赖，使欧洲成为世界上最先进的数字经济地区之一。该计划的根本目标是落实欧盟委员会主席乌尔苏拉·冯德莱恩关于"增强欧洲数字主权"的要求。可见，"数

---

[1] 单点故障（Single Point of Failure，SPOF）指体系中某一个一旦失效就会令整个体系无法运转的环节。
[2] 芯东西，2022，《430亿欧元，能扶起欧洲芯片制造业吗？》。
[3] 2021年3月9日，欧盟委员会正式发布《2030数字罗盘：欧洲数字十年之路》（*2030 Digital Compass: The European Way for the Digital Decade*），为欧盟到2030年实现数字主权的愿景指出方向。

字"已不仅是技术革命或先进制造,而是主权!

- 2021年7月,欧盟委员会启动处理器和半导体产业联盟,明确欧盟当前在微芯片生产方面的差距。同年9月,欧盟委员会主席乌尔苏拉·冯德莱恩在"盟情咨文"中提及欧洲芯片战略愿景,表示将构建欧洲芯片生态系统。
- 2022年2月,欧盟委员会公布了备受关注的《芯片法案》,旨在确保欧盟在半导体技术和应用领域的竞争优势以及芯片供应安全,进而成为这一领域的领导力量。根据法案,到2030年,欧盟拟动用超过430亿欧元的公共和私有资金,支持芯片生产、试点项目和初创企业,并大力建设大型芯片制造厂。根据《芯片法案》,到2030年,欧盟计划将芯片产量占全球的份额从10%提高至20%,满足自身和世界市场需求。乌尔苏拉·冯德莱恩表示,该法案将提升欧盟的全球竞争力。在短期内,此举有助预判并避免芯片供应链中断,增强对未来危机的抵御能力;从长远来看,《芯片法案》应能实现"从实验室到晶圆工厂"的知识转移,并将欧盟定位为"创新下游市场的技术领导者"。

违背了科学基本规律与产业发展逻辑的大跃进是危险的。过去几年,我国先后出现了若干个以"总投资1280亿元的武汉弘芯半导体制造项目"为代表的、被业界称为"纸上谈兵"的集成电路烂尾项目。6起百亿级的重大芯片项目烂尾,引起了业界广泛的质疑与批评。事实上,创立于2000年的中芯国际才完成14纳米的量产,以此技术发展时间线来看,武汉弘芯2020年高调宣称的主攻14纳米每月3万片量产、紧接着拿下7纳米的目标根本不可能实现。据腾讯网报道:弘芯项目请到的芯片界传奇人物蒋尚义[①]也极有可能是被利用来为他们作秀,甚至事后发现弘芯最初的几个组局人全无半导体从业背景,甚至大多是大专学历。国家发改委新闻发言人孟玮曾在2020年10月举行的新闻发布会上表示:"一些没经验、没技术、没人才的'三无'企业投身集成电路行业,个别地方对集成电路发展的规律认识不够,盲目上项目"。对此,发改委将按照"谁支持、谁负责"原则,对造成重大损失或引发重大风险的地方予以通报问责。之后,发改委将会同有关部门强化顶层设计,狠抓产业规划布局,努力维护产业发展秩序。在2020年11月,

---

① 蒋尚义,1946年出生于中国台湾,比张忠谋小15岁。1974年获得斯坦福大学博士学位,之后任职于德州仪器和惠普。1997年返回中国台湾进入台积电担任研发副总裁,2006年7月首度退休,2009年被张忠谋返聘后担任首席运营官,2013年再度退休。2016年12月首次加入中芯国际,2019年6月加入武汉弘芯担任首席执行官,2020年12月重回中芯国际担任副董事长。2021年11月,蒋尚义辞去中芯国际公司副董事长、执行董事及董事会战略委员会成员职务。

武汉市政府正式接管武汉弘芯，由武汉东西湖区国有资产监督管理局 100% 持股的两家公司接手。新华网评论说：集成电路产业也要防止"一哄而上"，发展集成电路产业尤其是核心高端芯片并非易事，我国在这一领域本就起步较晚、与发达国家差距较大，不少企业和地方政府还对其产业特性和规律认识不足。发展集成电路产业应坚持"主体集中、区域集聚"原则，做好规划布局，避免"遍地开花"带来的重复建设、资源浪费和恶性竞争。

1.1.2 俄罗斯集成电路产业现状与未来电子战

1）俄罗斯的集成电路产业现状

俄罗斯在软件和高科技服务方面历来相当成功，但由于发展芯片产业需要的巨额投资（通常在万亿人民币规模以上）及专业技术全球化分布的属性，俄罗斯虽然拥有 Mikron 和 Angstrem 两大集成电路厂商[①]，但在先进芯片设计和制造方面非常落后，目前 90% 以上的电子元件和芯片均依赖进口。无人机、导弹、直升机、战斗机、坦克和电子战设备等军用武器都是芯片需求大户，在缺少先进半导体设计制造能力的情况下只能勉强为之。俄罗斯向印度出口的塔尔瓦级导弹护卫舰、自用的 11356R 型护卫舰上的指挥系统设备，尤其是计算机设备，都是美国 IBM 公司生产；T-90 坦克安装着法国泰利斯的凯瑟琳热成像仪；自用的苏-30SM 战机上原来安装法国泰利斯激光衍射平显和西格玛综合导航系统，在遭到西方制裁以后又换上了老式的平显和导航系统。2014 年，俄罗斯伊尔库特公司从印度斯坦航空公司购买了 34 台雷达火控计算机，用于苏-30SM 战机的 N011M "雪豹"R 相控阵雷达的火控系统，随后又陆续订购了 100 台。

俄罗斯作为一个军事强国，在现代军用方面势必会需要新兴科技，除了依赖进口和代工，还有自主研发。2014 年开始，俄罗斯为了政府机构与军事单位的独立自主与信息安全，大力发展自用的 CPU 以摆脱对美国 CPU 的依赖。例如，俄罗斯莫斯科中央科技公司（MCST）2014 年自主研发、并于 2015 年量产的军用芯片"厄尔布鲁士-8S"，只需要 28 纳米之前的技术，它抗辐射、抗碰撞。俄罗斯很早就将数字电路改造为模拟电路，在原有基础上自行研发出一款晶体振荡器，可以完全取代传统的军事芯片。而对于自己实在无力制造的芯片，如涉及国防工业信息安全的 Elbrus 系列以及 Baikal 系列两款重要芯片，则交给台积电为之代工

---

① Mikron 成立于 1964 年，总部位于泽列诺格勒，是俄罗斯最大的微电子制造商和出口商之一，占据了 54% 的出口业务，采用 180/90/65 纳米的工艺流程。Angstrem 则成立于 1963 年，是俄罗斯领先的全周期微电路和功率半导体器件生产企业，同时也是唯一一家能够提供工业级规模生产的电子元件制造商。

生产。而如今，因为俄乌冲突的原因，全球有能力设计、制造高端芯片的巨头，包括英特尔、AMD、英伟达、高通、ARM、台积电、三星、格芯[①]等大多已暂停对俄业务。

无论是 AI、量子运算、虚拟现实、增强现实还是高效能运算、先进武器系统，都离不开高端芯片的支持。另外，现代战争从某种程度上讲就是"芯"战，芯片是硬件基础，软件是计算大脑，AI 是决策脑核。芯片的需求实在是太大了，芯片产业本就薄弱的俄罗斯，如今还受到美国及其盟国的制裁，只有坚定地走一条自我复兴之路。2021 年 11 月，俄罗斯《独立报》表明：AI、高超声速导弹技术、激光武器、机器人技术正在成为军备计划的一个主要优先方向。有报告称，俄罗斯高度重视将电子战融入军事行动，并一直在这方面投入大量资金。例如，2019 年列装的 Tirada-2 系统就可对通信卫星实施干扰。

2）美军以 JADC2 开启未来虚拟战争演练与发展

作为未来数字战争的规划和设想，JADC2（Joint All-Domain Command and Control，全域联合指挥与控制）是最典型的案例。JADC2 是美国国防部提出的概念，它把所有军种——空军、陆军、海军陆战队、海军和太空部队连接成一个大网络。原来每个军种都开发了自己的战术网络，但与其他军种互不兼容。美国国防部官员认为，未来的军事冲突需要在几小时、几分钟甚至几秒钟内做出决策，而目前分析作战环境和发布命令的过程则需要数天，这导致现有的指挥和控制架构根本无法满足要求。JADC2 概念中，数字空间作为继空中、陆地、海上、太空后的第五空间，负责收集和整合所有的空间数据并将所有空间通过系统连接在一起，这个系统连接到战争决策中心，通过预测分析、机器学习和 AI 分析后采取军事行动。决策中心通过界面、架构与具体特征一边连接五大空间信息系统，一边通过人员、流程和具体特征连接战斗群，实现两者的实时互动。

美国国防部下属的高级研究计划局（DARPA）开发的异质电子系统的技术集成工具链（STITCHES）是支撑 JADC2 的纯软件工具链，用于在系统之间自动生成极低时延、高通量的中间件来快速集成跨任何域的异构系统，而无须升级硬件或破坏现有软件。STITCHES 可为战争指挥官在 JADC2 的战状下连接"所有传感器和士兵"。具体来说，它将来自空中、陆地、海上、太空和网络空间的行动和硬件数据连接起来，建立一个军事物联网，并将这些数据输送给指挥官和 AI 的机器，以便更好地快速决策。STITCHES 可以通过 AI 来自动编程，从而创建实时

---

① 格芯（Global Foundries）是一家总部位于美国的半导体晶圆代工公司，起初是从超微半导体的制造部分剥离而出，目前为世界第四大专业晶圆代工厂，仅次于台积电、三星电子及联华电子。

网络，在没有烦琐数据标准的情况下为终端提供数据链接，在运行中建立自己的数据链接和可互操作的网络。在 2021 年 9 月美国空军的大规模实验 on-ramp 中，STITCHES 连接了相隔数十年建造的不同平台，从而实现操作和数据共享。与此相关，2022 年 3 月，DARPA 宣布启动一个新项目，目的是在决策过程中引入 AI 技术，以帮助战争指挥官在复杂环境下快速做出正确的决策。

军事冲突越严重、市场竞争越激烈，芯片产业发展就越快。集成电路产业正处于强大的地缘政治利益、全球军备竞赛、数字主权维护和数字经济发展的中心。随着政治屏障高立、新式冷战开启，原来半导体技术具有领先地位的国家都在竭力确保其地位不被取代，甚至扩大领先优势；而其他国家也不甘于在数字化时代受他人掣肘，因此各国纷纷入局半导体以提升产业链的完整性和竞争优势。

预计到本世纪末，全球对芯片的需求将翻一番[1]。近年各国在半导体产业的大手笔竞争已然越来越激烈。可以预见的是，今后在半导体产业链的各个环节，甚至是上游相关的矿产资源、原材料购买、研发、生产和对人才的争揽，都将上演令人眼花缭乱的"芯"战故事。

1.1.3　我国软件与集成电路行业发展的三个十年

1）半导体的第三次转移走向中国

纵观全球半导体产业 60 多年的发展历程，其完成了两次明显的半导体产业转移：第一次是从美国转向日本，第二次是从日本转向韩国与中国台湾，目前明朗的是第三次转移，产业逐渐转向中国大陆[2]，我国迎来了产业发展的新机会。详细事件如表 1-6 所示。

表 1-6　半导体产业的三次转移

时　　期	转移轨迹	事　　件
20 世纪 70 年代	从美国到日本	IDM 厂商开始出现，东芝、NEC 和日立是代表厂商。日本半导体 1986 年 DRAM 市场占有率达 80%，反超美国成为世界半导体第一强国。英特尔被迫放弃存储器业务，转向微处理器研发
20 世纪 80 年代	从日本到韩国和中国台湾	PC 的普及成就了英特尔和三星等 IDM 厂商，韩国与中国台湾大约同时发展，抓住大型机到消费电子的转变期对新兴存储器与代工产生的需求。台积电开创的纯晶圆代工模式也成就了高通和英伟达等 Fabless 设计公司

---

[1] 联合新闻网，2022，《欧洲芯片法案宣示欧盟誓保半导体产业要角的决心》。
[2] 恒大研究院、连一席、谢嘉琪，2018，《全球半导体产业转移启示录》。

续表

时期	转移轨迹	事件
当前	从韩国和中国台湾到中国大陆	我国在过去的二十多年中,凭借低廉的劳动力成本,获取了部分国外半导体封装、制造等业务。通过长期引进外部技术,培养新型技术人才,承接低端组装和制造业务,我国完成了半导体产业的原始积累

如图1-6所示,半导体产业的这三次转移基本上经历了六个时代。首先是军工需求带动的时代,然后是军用时代带动了家电时代,军工与家用的结合产生了个人计算机,我们进入了个人计算机时代,计算机进一步微缩使我们进入手机时代,手机的普及产生的大量数据、庞大的市场又推动各种传感器的和应用产生,于是万物互联的时代开启了。庞大的电子消费推动半导体产业的发展,在功耗和价格不断下降的前提下算力逐渐提升,智能时代来临了。

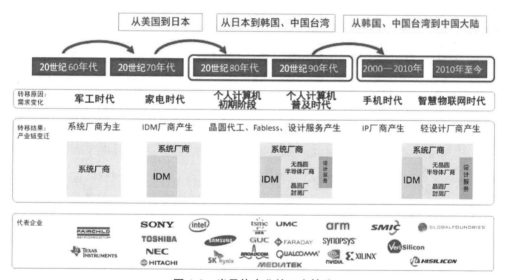

图1-6 半导体产业的三大转移

资料来源:EDN电子技术设计、全球半导体转移启示录

半导体产业第三次转移的时代背景是智能手机和AIoT[①]的发展,由于技术复杂性进一步提高以及全球不同区域优势的差异化,开始细分为更多的赛道,其中芯片设计就是最为典型的细分市场。这使我国开始思考在半导体产业越发细分的今天,如何进行有利于局势发展的规划。从过去几年来看,中兴和华为事件的刺

---

① AIoT=AI+IoT(物联网)。AIoT融合AI技术和IoT技术,通过物联网产生、收集来自不同维度的、海量的数据存储于云端、边缘端,再通过大数据分析,以及更高形式的AI,实现万物数据化、万物智联化。

激加速了中国大陆本土晶圆制造和 IC 设计产业的发展，源自大学的 RISC-V 开源微处理器架构（ISA）在国内也开始流行起来。

集成电路作为电子信息产业的核心，是支撑国家经济社会发展的战略性、基础性、先导性产业。数字时代对通信容量及算力的需求几乎是无穷无尽的。随着 5G 的发展，这种趋势更是如此。虽然大众消费品手机的更换频繁已经下降，但半导体将要更好地满足万物互联和高性能计算的需求，这都是工业革命 4.0 重要的基础架构。

如图 1-7 所示，我国集成电路的产业发展大致可分为三个阶段。2013—2018 年，我国集成电路产量逐年增大。据国家统计局数据显示，2018 年我国集成电路产量达 1717 亿块，同比增长 9.7%。同时集成电路行业核心技术也取得了突破，芯片设计水平提升了 2 代，制造工艺提升 1.5 代，像 32 纳米、28 纳米的工艺都实现了规模化的量产。

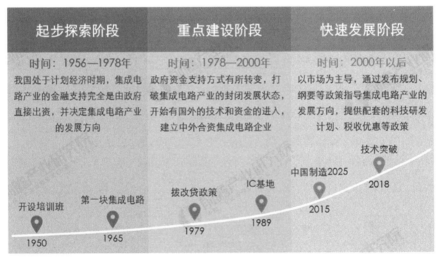

图 1-7　中国集成电路行业发展历程

资料来源：前瞻产业研究院

2）鼓励软件与集成电路产业发展的"三个十年"规划

我国高度重视集成电路行业的发展，出台了多项政策。回顾发展历程，我国从国家宏观政策层面推动软件及集成电路行业融合发展已有"三个十年"的战略部署。第一个十年是从 2000 年开始，国务院印发了《鼓励软件产业和集成电路产业发展若干政策的通知》，明确软件产业和集成电路行业作为信息产业的核心和国民经济信息化的基础，越来越受到世界各国的高度重视。我国拥有发展软件产业和集成电路行业最重要的人力、智力资源，面对加入世界贸易组织的形势下，通过制定鼓励政策,加快软件产业和集成电路产业发展,是一项紧迫而长期的任务,意义十分重大。

第二个十年是从 2011 年开始,《国务院关于印发进一步鼓励软件产业和集成电路产业发展若干政策的通知》发布,再次重申这两个产业的重要性,明确软件和集成电路产业是国家战略性新兴产业,是国民经济和社会信息化的重要基础。虽然发展快速,产业规模迅速扩大,技术水平显著提升,有力推动了国家信息化建设,但与国际先进水平相比,我国软件和集成电路产业还存在发展基础较为薄弱、企业科技创新和自我发展能力不强、应用开发水平亟待提高、产业链有待完善等问题。因此,需要进一步优化软件和集成电路产业发展环境,提高发展质量和水平,培育一批有实力和影响力的行业领先企业。随后,2014 年《国家集成电路行业发展推进纲要》出台,国家集成电路行业投资基金(简称"国家大基金")成立。

第三个十年是从 2020 年开始,国务院印发《新时期促进集成电路产业和软件产业高质量发展若干政策的通知》(后文简称《若干政策》),提出探索构建社会主义市场经济条件下关键核心技术攻关新型举国体制,开创我国集成电路行业发展新时期。《若干政策》指出:我国集成电路和软件产业快速发展,有力支撑了国家信息化建设,促进了国民经济和社会持续健康发展。为进一步优化集成电路和软件产业发展环境,深化产业国际合作,提升产业创新能力和发展质量,中国芯片自给率要在 2025 年达到 70%。从 2000 年的 "18 号文",到 2011 年的 "4 号文",再到 2020 年的 "8 号文",政策的产业聚焦是一脉相承的。产业发展的政策环境有了长期性和延续性,就允许企业的发展有一个持续积累和厚积薄发的过程。与此同时,《若干政策》也作了与时俱进的更新,以集成电路领域的制造工艺为例,国家将对集成电路线宽小于 28 纳米(含),且经营期在 15 年以上的集成电路生产企业或项目,给予企业所得税等方面的优惠,这体现了紧贴时代发展的科学态度。《若干政策》还涉及集成电路全产业链,材料、装备、封测等环节在 "4 号文"和"18 号文"几乎没有涉及。

这三个十年呈现的态势非常清晰:第一个十年是认识到集成电路和软件产业的重要性、紧迫性和长期性;第二个十年是认清自身不足并明确需要通过科技创新来弥补短板,缩短与国际的差距;第三个十年是深化国际合作并提升质量。

2020 年 11 月,中国共产党第十九届中央委员会第五次全体会议通过了《中共中央关于制定国民经济和社会发展第十四个五年规划和二〇三五年远景目标的建议》,正式将集成电路写进中国"十四五"规划,旨在健全我国社会主义条件下新型举国体制，打好关键核心技术攻坚战，突破我国在集成电路领域的关键技术难关。

2021年3月12日，《中华人民共和国国民经济和社会发展第十四个五年规划和二〇三五年远景目标纲要》（以下简称《纲要》）发布，集成电路位列7大科技前沿领域攻关的第3位。《纲要》特别指明集成电路攻关方向包括：集成电路设计工具，重点装备和高纯靶材等关键材料研发，集成电路先进工艺和IGBT[①]、MEMS[②]等特色工艺突破，先进存储技术升级，碳化硅、氮化镓等宽禁带半导体发展。《纲要》在第八章第三节推动制造业优化升级中提出：培育先进制造业集群，推动集成电路、航空航天、船舶与海洋工程装备、机器人、先进轨道交通装备、先进电力装备、工程机械、高端数控机床、医药及医疗设备等产业创新发展。《纲要》在第十五章第一节提出：聚焦高端芯片、操作系统、AI关键算法、传感器等关键领域，加快推进基础理论、基础算法、装备材料等研发突破与迭代应用。加强通用处理器、云计算系统和软件核心技术一体化研发。加快布局量子计算、量子通信、神经芯片、DNA存储等前沿技术，加强信息科学与生命科学、材料等基础学科的交叉创新，支持数字技术开源社区等创新联合体发展，完善开源知识产权和法律体系，鼓励企业开放软件源代码、硬件设计和应用服务。

2021年5月14日，国家科技体制改革和创新体系建设领导小组第十八次会议在北京召开。本次会议专题讨论了"面向后摩尔时代的集成电路潜在颠覆性技术"。近年随着芯片工艺不断演进，硅工艺发展趋近于其物理极限，晶体管尺寸缩减的技术要求和研发投入越发高昂，目前手机已普及，消费电子移动通信对算力增长要求有限，后期主要是靠5G和AI所需要的海量云算力需求来拉动。越来越多的人认为摩尔定律放缓，因此超摩尔或后摩尔时代概念随之而出，而后摩尔时代的潜在颠覆性技术，可以理解为绕过现有主流技术推演的新技术路径，对这个路径的普遍理解是不再跟随以晶体管制造工艺节点（即多少纳米）为对标的技术路线。事实上，截至2022年年中，不仅是我国，全球除了台积电和三星没有第三家芯片厂商可以量产5纳米芯片。

2000—2022年的二十多年间，国家针对集成电路行业出台的政策主要内容请扫码查看。

---

① IGBT（Insulated Gate Bipolar Transistor，绝缘栅双极型晶体管），兼有MOSFET的高输入阻抗和GTR的低导通压降两方面的优点。

② MEMS（Microelectromechanical Systems，微机电系统），微机电系统是将微电子技术与机械工程融合到一起的一种工业技术，它的操作范围在微米尺度内。

3）二级市场资本发展迅速

智研咨询公布的 2021 年 11 月中国半导体及元件行业上市企业股票市值排名榜显示，在 A 股市场共有 128 家半导体及元件上市公司，包括 51 家集成电路企业、35 家印制电路板企业、19 家半导体企业、12 家被动元件企业和 11 家分立器件企业，总市值高达 4.28 万亿元。自 2019 年 7 月 22 日科创板开板运行以来，半导体公司纷纷在科创板开启上市征程。中国 A 股半导体及元件行业上市公司十强如表 1-7 所示。

表 1-7 中国 A 股半导体及元件行业上市公司十强

排名	公司名称	截至 2021 年 11 月的市值（单位：亿元）	业务领域
1	中芯国际	4288.56	半导体集成电路芯片制造、针测及测试
2	韦尔股份	2367.27	集成电路、计算机软硬件的设计、开发、销售
3	北方华创	2034.23	半导体装备、真空装备、新能源锂电装备及精密元器件业务
4	紫光国微	1401.08	集成电路设计
5	卓胜微	1250.19	集成电路研发、设计、销售
6	兆易创新	1004.77	各类存储器、控制器及周边产品的设计研发
7	中微公司	986.18	半导体干法刻蚀（等离子体刻蚀）设备
8	华润微	944.92	芯片设计、晶圆制造、封装测试
9	鹏鼎科技	934.16	各类印制电路板的设计、研发、制造
10	澜起科技	930.95	高性能处理器和全互连芯片设计

注：业务准确介绍请参见其公司官网；资料来源：智研咨询

另据不完全统计，截至 2021 年年底，整个半导体产业约有 52 家公司在科创板上市，占科创板上市公司总量的 17%，占同期各市场板块国内半导体企业 IPO 总数的 70% 以上。

2022 年 2 月 28 日，国新办举行促进工业和信息化平稳运行和提质升级发布会，工业和信息化部总工程师、新闻发言人田玉龙在会上表示：

- "十三五"中国集成电路产业发展总体是非常骄人的，产业规模不断增长。据测算，2020 年我国集成电路销售收入达 8848 亿元，平均增长率达 20%，为同期全球集成电路产业增速的 3 倍。
- 技术创新上也不断取得突破，制造工艺、封装技术、关键设备材料都有明显大幅提升。企业实力稳定提高，在设计、制造、封测等产业链上涌现出一批新的龙头企业。
- 我国高度重视芯片产业、集成电路产业，发布了促进集成电路产业和软件产业高质量发展的政策，全面优化完善高质量发展芯片和集成电路产业的有关环境政策。
- 从未来看，集成电路仍然是高度的全球化产业，也凸显了加强全球产业链、供应链合作的重要性。各国产业界加强分工协作，只有这样才能推动集成电路技术的不断进步、市场规模的不断扩大。我国是全球规模最大、增速最快的集成电路市场，为全球企业发展提供了广阔的市场机会。同时也是集成电路重要的生产国和提供者，一直为全球的集成电路产业作出贡献。因此，保证产业链、供应链的稳定，不仅是为中国的自给自足提供支持，同时也是为全球的发展提供资源。我们继续欢迎全球集成电路产业加大在华的投资，开展多种形式的合作，共同为稳定全球集成电路产业链、供应链作出贡献。我们也要继续为国内外的集成电路企业提供良好的政策、市场环境，平等对待各类市场主体，依法给予内外资同等待遇，特别是加强知识产权保护，共同推动集成电路产业的创新发展，维护全球集成电路产业链、供应链的稳定。

1.2 工业革命与不死摩尔定律

1.2.1 五次工业革命与半导体发展

1）五次工业革命历程

工业革命是制造业的革命，更是人类文明和自身的革命，每次革命都进一步地将人类从原来相对低级的劳动中解脱出来，而正在发生的第五次工业革命（工业革命5.0）中的超级人类主题尤其引人注目：蜘蛛侠不再是传奇，它的部分超级功能已经实现；意念控制也不再是科幻，猴子可以用意念玩乒乓游戏。人类正成为一切智能的创造者。在人与自然的深度融合方面，可以连接的版图不断扩大，以实现更广泛的连接与操控，包括物理世界，也包括虚拟空间。而人的永生也成为第五次工业革命中的热门话题。表1-8列出了四次工业革命过程及第五次工业革命推演。

表1-8 四次工业革命过程及第五次工业革命推演

名　　称	开始时间	特　　点
前工业革命	农耕文明	● 生物体的能量 ● 人力或从自然界中获得能量（风车、马车）

续表

名　　称	开始时间	特　　点
第一次工业革命	18世纪60年代	● 煤的能量 ● 织布机问世、蒸汽机发明 ● 借助水和蒸汽引入机械生产 ● 城市化
第二次工业革命	19世纪90年代	● 电力与石油的能量 ● 电气化、内燃机应用 ● 电能引发分工和大规模生产，进入电气化时代 ● 交通与通信改善，更好的就业机会
第三次工业革命	20世纪60年代	● 信息的能量 ● 计算机、互联网和卫星的应用 ● 可编辑逻辑控制器（PLC）问世，自动化产品和IT系统的引入，又被称为信息技术革命，半导体、电子集成电路和计算机的发展加速了信息时代的来临 ● 网络通信、自动化系统以及互联网得到了大规模普及，进一步拉近了消费者和生产者以及信息提供者的距离 ● 航天技术也得到重大发展，首次发射了人造地球卫星 ● 办公与生产自动化
第四次工业革命	21世纪前期（约2010年）	● 数据与计算智能的能量 ● 以AI、物联网、区块链、生命科学、量子物理、新能源、新材料、虚拟现实等一系列创新技术引领的范式变革。这场革命正将数字技术、物理技术、生物技术三者有机融合，而相比前三次工业革命，它的发展速度将更快、影响范围将更广、程度将更深 ● 以信息物理系统（CPS）为核心，以三项集成（纵向集成、端对端集成、横向集成）为手段，是一种高度自动化、高度数字化、高度网络化的智能制造模式，从而实现高效、敏捷、智能的生产，在效率、成本、质量、个性化方面都得到质的飞跃 ● 第六代互联网协议（IPv6）问世
第五次工业革命	21世纪前期（约2020年）	● 人机合一的能量 ● 由于科学探索与技术进步，人类在过去的一万年里经历了语言/沟通革命、农业革命、工业革命、数字革命——第四次工业革命的过程 ● 具有量子计算潜力：人工智能、生物电子、碳中和、星联网、完全自主车辆、认知计算、网络人机、3D打印等 ● 如果说数字革命标志着数字时代的开始，那么第五次工业革命是人机世界新时代的开始

资料来源：根据世界经济论坛及超人类主义资料整理

第一、二、三次工业革命的驱动因素分别是蒸汽、电力、计算机技术。第四次工业革命（工业革命4.0）的实现通常称为"智能制造"。工业革命4.0的主要特点包括制造系统的垂直整合。在工厂中，具有网络连接的生产系统称为信息物理生产系统（CPPS）[1]。在工业革命4.0中，CPPS将信息垂直整合和连接，以便使环境和价值链中的任何变化都能反映到制造过程中。特点是将制造设备与合作伙伴、供应商、分包商等一起水平整合到价值链中，通过云、大数据、移动和AI等新一代技术实现加速整合。

第四次工业革命的核心是信息物理系统（CPS）[2]，它通过3C[3]技术的有机融合与深度协作，实现大型工程系统的实时感知、动态控制和信息服务。CPS实现了计算、通信与物理系统的一体化设计，可使系统更加可靠、高效，实时协同，具有重要而广泛的应用前景。从产业角度看，CPS涵盖了小到智能家庭网络、大到工业控制系统乃至智能交通系统等国家级甚至世界级的应用。更为重要的是，这种涵盖并不仅仅是将现有的家电简单连在一起，而是要催生出众多具有计算、通信、控制、协同和自治性能的设备。图1-8是信息物理系统的一个示意图，物理世界的所有信息通过传感器到达云端的数字中心，经过智能大脑创造基于物理现象的多维度价值，包括分析与预测、计划与优化等。

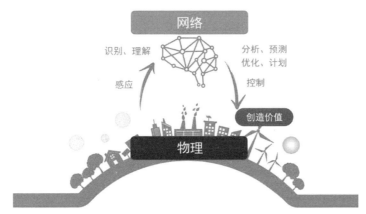

图 1-8　信息物理系统平台

资料来源：东芝官网

---

[1] 信息物理生产系统（Cyber Physical Production System，CPPS）是信息物理系统在生产领域中的一个应用，它是一个多维智能制造技术体系。CPPS以大数据、网络和云计算为基础，采用智能感知、分析预测、优化协同等技术手段，将计算、通信、控制三者有机地结合起来，结合获得的各种信息和对象的物理性能特征，形成虚拟空间与实体空间的深度融合，具有实时交互、相互耦合、及时更新等特性，实现生产系统的智能化和网络化，包括自感知、自记忆、自认知、自决策、自重构运算与分析等。

[2] 信息物理系统（Cyber Physics System，CPS）从2006年开始出现，是可以快速、有效开发以计算机信息为中心的物理和工程系统的科学技术，目标是引导新一代互联、高效、高性能的"全球虚拟和局部物理"工程系统。

[3] 3C是指计算（Computation）、通信（Communication）、控制（Control）。

数字化转型的加速使半导体在工作与生活中触手可及，由于技术的整合和快速商品化，半导体公司之间的竞争继续加剧，创新日益重要。公司必须设法克服前所未有的半导体设计挑战并不断创新，才能生存和繁荣。在向工业革命4.0的核心CPS转型的浪潮中，拥有150年历史的东芝是典型代表。东芝于1980年研发出全球第一款闪存芯片，于2018年成立东芝内存株式会社，其NAND闪存固态硬盘收入约占全球市场的五分之一。后来品牌被命名为铠侠（KIOXIA），成为全球第二大NAND内存厂商。同样是在2018年，东芝公布了未来五年发展规划——"东芝Next计划"，明确指出东芝的未来发展目标是"成为世界上首屈一指的CPS技术企业"，并通过在制造领域长年积累的实践经验，以及产业数字化领域积累的物联网和AI等技术融合的方式，提高各事业领域的附加价值，创造出新活力。这个目标也源于东芝的"三好"理念，即基于对买卖双方和整个社会都有利的经营模式打造企业。在具体应用上，东芝在能源管理领域和精准医疗领域的两个案例都非常有特色：

- **能源管理领域**：东芝可以部署虚拟发电厂（VPP）来协调分布式能源，如太阳能、风能和氢能发电站，可充电电池和电动汽车。这些资源都可以实现虚拟控制，就好像它们是单一的发电厂一样。
- **精准医疗领域**：重粒子束癌症治疗设备将碳离子的重粒子束加速到光速的70%左右，以照射癌细胞。同时使用图像识别技术，通过与患者呼吸运动同步的电子束来精确识别肿瘤位置。这两种技术都有望显著减轻患者的压力。

东芝再次进行转型，着重发展新能源、物联网、AI等业务，逐渐从一家传统制造业企业，转型为一家以技术为导向的多元数字化公司。东芝目前在全球拥有约13万员工，年销售额在3000亿元左右。东芝希望每一位员工都能清楚地认识到：不实施数字化战略，东芝将无法存活！2022年2月7日，东芝发布声明称，将最早于两年内将公司整体按业务拆分为两家公司，分别是包含发电、公共基础设施、IT解决方案、铠侠控股股权管理等基础设施的服务型公司，以及包含功率半导体、HDD、半导体制造设备相关的组件公司。

目前东芝的半导体业务主要包括功率、通用逻辑IC、射频器件、存储等。全球范围内，东芝在功率半导体领域具备较强竞争力，2020年在Discrete IGBTs领域东芝占有全球5.5%的市场份额，在MOSFETs领域东芝占有全球7.7%的市场份额。随着全球环境气候问题的日趋严峻，下游应用市场更加注重节能减排，对功率半导体的需求将持续上升。东芝在2022财年投资约8.3亿美元用于扩大石川县工厂功率半导体的制造能力，这比 2021 财年所预期的 5.7 亿美元增加了约 45%，这使东芝使用碳化硅或氮化镓的新一代功率半导体的产能增加，其目标是将功率半导体的整体产能提升 2.5 倍，如图 1-9 所示。此外，东芝正在研发将存储容量提高至目前的 1.7 倍、达到 30TB 以上的技术。2022 年 2 月，东芝表示计划投资约 10.9 亿美元，将电源管理半导体的产量提高一倍以上，旨在追赶英飞凌等电源芯片巨头。

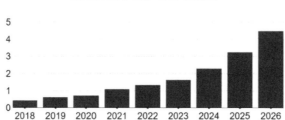

（a）预测到 2026 年，碳化硅功率芯片市场将比 2020 年增长六倍，达到 44.8 亿美元

（b）东芝将在加贺东芝电子占地内建设新厂房

图 1-9 碳化硅功率芯片市场增长与东芝扩产

资料来源：法国市场研究公司 Yole Development & 日经中文网

让我们回到工业革命 4.0 与半导体的关系。从半导体产业来看，并不严格区分第四次工业革命与第五次工业革命。第四次工业革命的计算机时代是半导体产业推动的，之后集成电路产品"进入寻常百姓家"又推动了全球 GDP 的快速增长，在 2010 年之后又快速推动人类进入第五次工业革命。因此对于半导体产业来说，这是一个连续、完整的过程。台积电的定义代表了一种新视角，即半导体产业的发展模式经历了四个阶段：IDM、ASIC、Fabless 和开放式创新 OIP（即基于产业链各专业分工，形成一个紧密协同的虚拟大 IDM 的利益共同体）。总的来说，半导体从第四次工业革命到第五次工业革命的连续发展过程体现了人类开始从宏观科学走向微观科学，即原子的领地。芯片制程也开始向埃米级挺进。

从技术应用上看，一方面，工业革命 4.0 已经远远超出了最初的概念，在制造中融入了越来越多的基于智能的控制技术，并为制造增加了更多的前瞻性、一致性和敏捷性。另一方面，半导体远在工业革命 4.0 这个概念出现之前就在朝着这个方向努力。20 世纪 70 年代，半导体产业就制定了 SECS/GEM[①] 半导体设备通信协议的两个标准，如图 1-10 所示。这两个标准保障了机械化的设备可以基于一样的语言进行通信。

- SECS 包括了三个主要的文件 SECS-I（E04）、SECS-II（E05）、SECS-HSMS（E37），其中 E04 是基于 RS232（串口），E37 是针对 TCP/IP（网口）。而 E05 则定义了 SECS 传输的内容规范。
- GEM 则定义了设备的模型和所提供的功能。

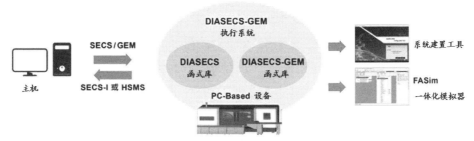

图 1-10　SECS/GEM 是半导体产业中用于设备到主机数据通信的设备接口协议

资料来源：Delta Electronics

2）半导体视角的新工业革命说

如图 1-11 所示，1947 年贝尔实验室的研究人员肖克利、巴丁、布拉顿三人发明了第一个晶体管，这个器件具有扩展电子设备实用性的巨大潜力。

图 1-11　全球第一个晶体管和发明它的肖克利、巴丁、布拉顿

资料来源：ENCYCLOPEDIA

---

① SECS（Semiconductor Equipment Communication Standard，半导体设备通信标准），GEM（Generic Equipment Model，通用设备型号）。

早期的晶体管是用锗作为材料，在20世纪50年代后期的研究中，成功地生产出适用于半导体器件的硅材料，并且从大约1960年开始制造出由硅制成的新器件。硅比锗丰富得多，价格便宜，很快成为首选原材料。硅基允许通过光刻工艺形成的掩膜图案也创建了微型晶体管和其他电子组件。1960年，真空管迅速被晶体管取代，因为后者体积小、抗高温、更耐用、更可靠。这一特点很快就被军工行业看中，晶体管满足了导弹电子制导系统的紧凑、轻便与可靠的需求，从而促成了集成电路的发明。早期的集成电路在3毫米（0.12英寸）见方的硅芯片上包含大约10个单独的组件；到1970年，相同尺寸的芯片上的组件数量达到1000个；到20世纪80年代中期，廉价的微处理器刺激了种类繁多的消费产品的计算机化，常见的例子包括可编程微波炉和恒温器、洗衣机和烘干机、自调谐电视机和自聚焦相机、录像机和视频游戏、电话和答录机、乐器、手表和安全系统。微电子也在商业、工业、政府和其他领域脱颖而出。基于微处理器的设备激增，如零售店的自动取款机（ATM）和销售点终端，以及自动化工厂组装系统和办公工作站。

从历史的进程来说，上面的这个过程显然包括在第三次工业革命之中，可是，从另外一个视角（也就是从宏观走向微观）来说，半导体可能开启了一个全新的工业革命时代。所以对工业革命的断代，半导体人也有独到的理解和洞察。2019年，中微半导体董事长尹志尧博士[①]在世界人工智能大会（WAIC）做了题为《从微观加工为基础的数码时代展望第三代工业革命的到来》演讲，如图1-12所示。

图 1-12 尹志尧博士分享他的工业革命观
资料来源：世界人工智能大会（WAIC）官网

---

① 尹志尧，1944年出生，美籍华人。中国科学技术大学学士，加州大学洛杉矶分校博士。1984—1986年，就职于英特尔中心技术开发部，担任工艺工程师；1986—1991年，就职于泛林半导体，历任研发部资深工程师、研发部资深经理；1991—2004年，就职于应用材料，历任等离子体刻蚀设备产品总部首席技术官、总公司副总裁及等离子体刻蚀事业群总经理、亚洲总部首席技术官；2004年至今，担任中微公司董事长及总经理。2012年，尹志尧获得上海市"白玉兰纪念奖"。2020年8月，尹志尧位列"2020福布斯中国最佳CEO榜"第30位。

他的"半导体工业革命说"是当代我国半导体人在中美集成电路与芯片博弈下，对历史的总结及对未来的深刻思考。很多专家把蒸汽机和电的发明算作两代工业革命，他认为关于工业革命的断代应该做不同的解释，具体如表1-9所示。更详细的阐释请扫码查看。

表1-9 尹志尧博士的工业革命观

名 称	开始时间	特 点
第一次工业革命	18世纪60年代	● 本质是发展以宏观加工为核心的传统工业，首先要有宏观的材料：钢铁、化工、陶瓷、纤维、塑料等。有了材料以后要用机器把它加工成型，如车床、铣床、刨床、镗床、钻床、磨床等，现在叫五轴联动加工中心，甚至六轴联动加工中心。有了机器，还需要有宏观能源的推动，包括蒸汽机、内燃机、电动机等，这样就形成了一个以宏观加工为核心的传统工业，这段时期称为机械化时代 ● 机械化时代的特点是把东西越做越大，现在盖楼可以盖到600米、800米，甚至上千米。跨海长桥、高铁、大飞机，这就是这一代工业革命的标志性产品
第二次工业革命	20世纪60年代	● 从美国硅谷开始，催生了数码时代，也有人叫智能化时代。这个时代的特点是从机械化到智能化，造出计算机来代替人脑，造出很多不同的微观器件 ● 微观加工成为核心产业，它的特点是越做越小。它也需要基本产业的组合：第一是微观材料。第二是要有微观加工的母机，包括光刻机、等离子刻蚀机等，在很小的尺度上精雕细刻，做出微观结构。伴随着这一代的工业革命，产生了能源的变革，包括核能、太阳能和氢能等。我们现在正处于此次工业革命的高潮，微观器件的产品层出不穷，特别是集成电路正在处于大发展时期
第三次工业革命	现在到未来	● 由生物工程和电子技术集成的电子生物工业革命 ● 前两次工业革命是人类改造世界的阶段，目前人类开始进入的第三次工业革命——人类改造自己，而AI是人类从数码时代到第三次工业革命的重要催化剂。这场新的革命已经悄悄开始，我们应当进一步认识这场革命的机会和风险，积极参与这场革命，积极引导这场革命向健康的方向发展

资料来源：尹志尧博士演讲

在时隔三年后的一次访谈中，他表示：我国在集成电路的发展中晚了30年，后面的科技发展将迎来"超级人类时代"，我国不能再晚了，因为这是未来的科技战场。面向未来的第三次工业革命是令人兴奋的，我们将进入超级人类时代，得以基于原生人和智能器件的合体来改造自身，使人类可以更健康、更智慧、更美丽。尹博士这样来解释他们的工作难度：最杰出的米粒微雕艺术家在一颗米粒上雕刻200个汉字已经达到极限，而中微半导体公司研发的等离子刻蚀机的加工工艺相当于在一颗米粒上雕刻 10 亿个汉字。这似乎让我们想起了电影《阿丽塔：战斗天使》，其中的角色大部分都是半人半机械的合体，在未来，加工超级人类就如同制造一台计算机那样简单。

尹博士是一位把技术和管理完美结合的半导体行业领导人。中微半导体实现了全员持股制度，因为高科技企业和低端生产力为主的企业不同，没有员工的断层结构，是一个阶梯式的渐进结构，不能只允许高管持有公司的股票。从具体的技术细分来看，半导体制造业中影响品质的"魔鬼"都藏在细微之中，需要每个人都有担当。公司除了提供处于核心地位的、在业界领先的刻蚀机之外，尹博士更着眼于长远的未来。在 2020 年的一次会议中，他在回顾了中微半导体公司发展历史之后，提出了一个问题：如何发明中国每个家庭都需要的下一代智能设备？这个下一代智能设备当然不是智能音箱，应该是他所关注的科技下一站——超级人类时代的智能设备。

1.2.2　不死摩尔定律正从纳米深入埃米

就像芯片中的开关一样，晶体管由源极、漏极和栅极组成。我们可以将晶体管理解为一种类似于"水龙头"的电子器件，主要用于控制电流（水流）的大小。由于晶体管对电流的控制是通过对栅极施加一个电压，从而在通道内部产生一个电场，以此来调节源极和漏极之间电流的大小，所以它的全称是场效应晶体管（Field Effect Transistor，FET）。在操作中，电子从源极流向漏极，并受栅极控制。如图 1-13 所示，鳍式 FET（FinFET）在 22 纳米节点的首次商业化为晶体管——芯片的微型开关——带来了颠覆性变革。与此前的平面晶体管相比，与栅极三面接触的"鳍"所形成的通道更容易控制。但是，随着 3 纳米和 5 纳米技术节点面临的难题不断累积，FinFET 的效用已经趋于极限，进一步减小 FinFET 的尺寸会限制驱动电流和静电控制能力。此外，虽然"鳍"的三面均受栅极控制，但仍有一面是不受控的，随着栅极长度的缩短，短沟道效应就会更明显，也会有更多电流通过器件底部无接触的部分泄漏，更小尺寸的器件就会无法满足功耗和性能要求。环绕栅极 FET（GAAFET）是一种经过改良的晶体管结构，其中通道的所有面都与栅极接触，这样就可以实现连续缩放。

在半导体与集成电路的发展历程中，硅基出现之后，在成本不变的情况下实现了晶体管数量的不断增加，这是集成电路行业发展过程中的一个客观现象。几十年来，集成电路行业一直试图跟上并持续这种现象，即保持摩尔定律的步伐，每 18～24 个月将芯片中的晶体管密度翻一番。事实上，芯片厂商确实也会以

18～24个月的节奏推出具有更高晶体管密度的新工艺技术，从而降低每个晶体管的成本。在每个技术节点，设备厂商可以通过缩小晶体管的方法来降低器件面积、成本和功耗并实现性能提升，这种方式也称为 PPAY[①] 缩放。

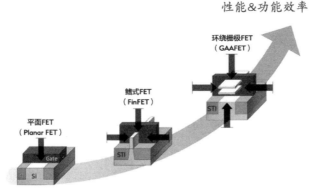

图 1-13　越发先进的三代晶体管结构

资料来源：三星官网

多年前，节点名称是基于一个关键的晶体管指标，即栅极长度。例如，7 纳米技术节点生产了一个栅极长度为 7 纳米的晶体管。一段时间以来，节点编号已成为单纯的营销名称。例如，5 纳米是当今最先进的工艺，但没有达成一致的 5 纳米规范。3 纳米、2 纳米等也是如此。当供应商对节点使用不同的定义时，情况会更加混乱。英特尔正在出货基于其 10 纳米工艺的芯片，这大致相当于台积电和三星的 7 纳米工艺产品。

纳米阶段的竞争还没有结束，世界领先的厂商已开始了埃米级[②] 制程计划。据悉，半导体制程将于 2024 年进入埃米时代。2021 年 7 月，英特尔继在 3 月宣布 IDM 2.0 计划之后，又公布了最新的半导体制程和先进封装的路线图。英特尔计划在 2024 年用 Intel 20A 制程将半导体行业带入埃米时代。英特尔的 CEO 帕特·基辛格表示：" 对于未来十年走向超越 1 纳米节点的创新，英特尔有着一条清晰的路径。在穷尽元素周期表之前，摩尔定律都不会失效，英特尔将持续利用硅的神奇力量不断推进创新。" 台积电 2 纳米 Fab 20 超大型晶圆工厂已选定建厂地点为新竹宝山，2 纳米之后的更先进制程已进入埃米时代，预期台积电将推进到 18 埃米（1.8 纳米）。台积电超大型晶圆工厂布局如表 1-10 所示。

---

① PPAY（即功率、性能、面积、良率：Power、Performance、Area、Yield）或 PPAC（即功率、性能、面积、成本：Power、Performance、Area、Cost）一直是所有芯片产品开发避不开的关键要素。

② 埃米（Angstorm）是晶体学、原子物理、超显微结构等常用的长度单位，其尺寸是纳米的十分之一。

表 1-13　台积电超大型晶圆工厂布局

晶圆厂区	Fab 12	Fab 14	Fab 15	Fab 18	Fab 20
建厂地点	新竹	台南	台中	台南	新竹
最新制程布局	7 纳米	16 纳米	7 纳米	5 纳米	2 纳米
	6 纳米	12 纳米	6 纳米	4 纳米	
	5 纳米		Fab 15 旁的新厂可能为 2 纳米	3 纳米	

资料来源：业界公告与法人预估

当然，摩尔定律并不是一成不变的。1965 年，戈登·摩尔在行业杂志《电子学》35 周年特刊上发表的一篇文章指出：单一硅芯片上的组件数量每年大约翻一番，他预计这一趋势将继续下去，这是他的一个观点或者说是一个猜想，而这个猜想在十年中得到了验证。十年后，摩尔将他的预计从一年改为两年，因为微观制造越发艰难。就如同往地下打桩，桩打得越深，下面的情况越不可见，操作环境越复杂、人为的有效控制越难、对技术要求越高。近年来，尽管制造技术的不断突破和芯片设计的不断创新保持着这种势头，但摩尔定律的发展依旧受到了质疑。所以在后摩尔时代，有两种不完全相同的技术路线（由 ITRS 于 2005 年在第一份白皮书提到）：

（1）"More Moore"：继续延续摩尔定律的精髓，以缩小数字集成电路的尺寸为目的，同时器件优化重心兼顾性能及功耗。

（2）"More than Moore"：芯片性能的提升不再靠单纯的堆叠晶体管，而更多地靠电路设计以及系统算法优化；同时，借助于先进封装技术，实现异构集成[①]，即把依靠先进工艺实现的数字芯片模块和依靠成熟工艺实现的模拟 / 射频等集成到一起以提升芯片性能。

Google 首席工程师雷·库兹韦尔的一项研究表明，历史上计算机处理能力和技术创新会出现指数式增长。在这些过程中，每个阶段的速度基于前阶段知识的积累得以加速发展。换句话说，在进化过程中，前一个阶段产生的更好的方法与算力，一定会顺延到下一阶段，这样一旦发生重大的技术革新，进化的速度就会加快。技术增长将变得无法控制，人类文明也会发生巨大变化。

基于这样的发展逻辑，半导体产业的投资大战正持续进行。加上周期性与地缘政治等因素带来的芯片短缺，芯片的制造难度无论是在制程工艺上，还是在

---

① 异构集成（Heterogeneous Integration）是指在封装层面，通过先进封装技术将不同工艺节点、不同材质的芯片集成在一起，如将 Si、GaN、SiC、InP 生产加工的芯片封装到一起，形成不同材料的半导体协同工作的场景。基于异构集成的异构计算可以充分利用各种计算资源的并行和分布计算技术，能够将不同制程和架构、不同指令集、不同功能的硬件进行组合，已经成为解决算力瓶颈的重要方式。

大规模量产产能上都在持续升级和放大。如今，2～3纳米的芯片有望于2022—2025年间量产。全球最大的芯片代工企业台积电已拥有6座12英寸超大晶圆工厂、6座8英寸晶圆工厂、1座6英寸晶圆工厂和4家后端封测厂，2021年又推出高达280亿美元的设备投资计划。

根据市场研究机构集邦咨询的数据，台积电控制着全球芯片55%的市场份额，其次是三星，占有17%的市场份额。台积电于2020年披露了在美国亚利桑那州建造一座价值120亿美元的芯片工厂的计划，预计将于2024年投产。2021年，三星宣布了一项170亿美元的投资计划，以在美国建造一座代工厂，根据其2030年愿景，三星计划投资总额达到133万亿韩元（约合1160亿美元），届时将成为全球最大的代工企业。台积电与三星之间的竞争正值美国试图提高其国内芯片产量以对抗中国日益增长的影响力之际，英特尔也宣布了一项200亿美元起步，最终规模可达1000亿美元的投资计划，以建立两个新的芯片制造工厂并涉足代工业务。新工厂的建设于2022年就开始了，计划2025年实现量产。英特尔凭借其先进的技术进军代工市场，将对三星造成打击，而三星正在努力缩小与台积电的差距。

台积电的3纳米技术（N3）将是基于5纳米技术（N5）的又一全新节点。与N5技术相比，N3技术将提供高达70%的逻辑密度增益、高达15%的速度提升以及相同速度下高达30%的功耗降低。据IBS称，开发主流3纳米芯片设计的成本高达5.9亿美元，而开发5纳米器件的成本为4.16亿美元，7纳米的成本约为2.17亿美元，28纳米的成本只有4000万美元。此外，无论是IBM、三星还是台积电，采用2纳米芯片制造技术都需要ASML的全新一代EUV光刻机做辅助，该光刻机预计在2023年交付厂商研发测试、2024年量产。ASML的全新一代EUV光刻机的售价超过3亿美元，这意味着2纳米芯片的成本也将上涨。由于纳米的尺寸是难以想象的，因此用图1-14给出比较示例。

 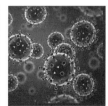 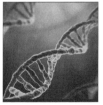 

针眼　　　　　　病毒　　　　　　DNA链　　　　台积电量产工艺于2022
200万纳米　　　100纳米　　　　2纳米　　　　　年达3纳米（晶体管间的
　　　　　　　　（平均直径）　　（宽度）　　　　距离，也称栅极长度）

图1-14　纳米的尺寸概念

资料来源：根据示例改编①

---

① Jacob George，2021，*Challenges In Adopting ML In Manufacturing*。

相关报道称，台积电决定于 2022 年 8 月率先量产第二版 3 纳米制程芯片，正式以 FinFET 架构，对决三星的 GAAFET 架构，3 纳米工厂的月晶圆产量估计为 3000～5000 片。随着 3 纳米晶圆量产，苹果公司预计在 2023 年发布首批采用台积电制造的 3 纳米芯片的设备，包括采用 M3 芯片的 Mac 和采用 A17 芯片的 iPhone 15 机型。像往常一样，转向更先进的工艺会带来性能和电源效率的提高，这将使未来的 Mac 和 iPhone 拥有更快的速度和更长的电池寿命。The Information 的 Wayne Ma 报道称，一些 M3 芯片将有多达四个模具，他说这可能允许 40 核 CPU。相比之下，M1 芯片有 8 核 CPU，M1 Pro 和 M1 Max 芯片有 10 核 CPU。M1 Mac 已经提供了行业领先的性能，而 iPhone 13 中的 A15 芯片是智能手机中最快的处理器，因此在几年内转向 3 纳米工艺应该会加强苹果公司在该领域的领先地位。

在 2 纳米芯片上，各大芯片厂商将采用不同的制造工艺。2021 年 5 月，IBM 已经发布了全球首个 2 纳米芯片制造技术，该技术比主流的 7 纳米工艺芯片性能提升 45%，能效提升 75%。2 纳米芯片的潜在优势包括：手机电池寿命翻两番，用户只需每四天为其设备充电；削减占全球能源使用量 1% 的数据中心的碳排放；大大提升笔记本电脑的性能；加快自动驾驶汽车的物体检测和反应时间。

台积电的 Fab 20 将是其 2 纳米工艺的主要站点。位于新竹科学园区的 Fab 20 预计于 2024 年下半年开始量产，和以往一样，台积电的 2 纳米工艺将首先应用于苹果的新 iPhone 系列智能手机。台积电预计投入将达到 360 亿美元，是亚利桑那州 5 纳米工厂投资的 3 倍，占地近 100 万平方米。台积电位于台湾中部科学园区的工厂也将托管其超过 2 纳米的工艺节点。如果一切顺利，一些半导体设备厂商的 1.8 纳米（18 埃米）芯片将在 2026—2027 年进入量产阶段。

1.2.3　投资成本增势与产能预期

芯片如此重要，造成芯片荒的根本原因是供需不平衡，即数字化进程发展太快，需求过于旺盛，设计能力够而制造能力却不足。那么制造能力为何不足呢？从产业链条上看，我国除芯片设计能力外，在生产设备、芯片原材料和设计软件等方面还存在较大差距，特别是在高性能芯片领域，国内企业的全球竞争力很弱。而芯片制造并非靠"集中力量办大事"就能一蹴而就。例如芯片材料的纯度配方，需要经过几十年的不断试验，在失败中积累经验。一款新的芯片从构想，到量产问世需要十年以上的时间，其中，制造芯片的设备需要五年的研发周期，而芯片厂商从建厂到量产又需要五年。先进制程生产的芯片由于对工艺、设备、材料等方面的要求更高，因此需要的时间更长。2022 年，欧盟委员会公布的《芯片法案》

中计划投资约 500 亿美元以新建 2～4 家超级芯片工厂,包括带动的其他公共与私人投资预计达到 1500 亿欧元,但预计到 2030 年也只能将欧盟的芯片产能从目前占全球 10% 的份额提高到 20%,可见芯片的制造实属不易。大量的自动化工具使得芯片设计过程变得更顺利,设计芯片比以往任何时候都更容易,而制造芯片却从未如此艰难。

在晶圆代工市场规模方面,IC Insights 预估,排除三星及英特尔等 IDM 之外的纯晶圆代工市场,2019 年的规模减少了 1%,但 2020 年增长了 19%,增长幅度创下近年新高。

如图 1-15 所示,纯晶圆代工市场规模在 2014—2019 年的年复合成长率(CAGR)达 6.0%,2019—2024 年的 CAGR 将增加 3.8 个百分点达 9.8%。

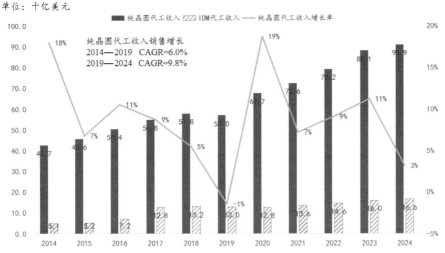

图 1-15　2014—2024 年芯片代工厂销售预期
资料来源:IC Insights

汽车行业是"芯片荒"的重灾区,调研机构 IHS Markit 表示,2021 年一季度因芯片短缺导致的汽车减产数量达 67.2 万辆,二季度减产约 130 万辆。目前看来这一短缺难以提到快速缓解,根据 2021 年中国银行研究院的报告,全球晶圆工厂在 2015—2019 年扩产不足,尤其是 8 英寸等成熟制程。全球芯片制造龙头台积电通常采取较为激进的折旧策略,设备折旧完成后即对成熟制程降价以打击竞争对手,导致 8 英寸晶圆等成熟制程利润有限,晶圆产能整体呈现出由 8 英寸向 12 英寸转移的趋势。根据 IC Insights 统计,2009—2019 年,全球共关闭了 100 座晶圆代工厂,其中,8 英寸晶圆工厂为 24 座,占比 24%,6 英寸晶圆工厂为 42 座,占比 42%。目前 8 英寸设备主要来自二手市场,数量较少且价格昂贵,设备的稀缺钳制着 8 英寸晶圆产能的释放。8 英寸晶圆通常对应 90 纳米以上制程，在这些制程下生产的功率器件、CIS、PMIC、RF、指纹芯片及 NORflash 等产品的产能被明显限制。

根据 SIA 发布的数据显示，2021 年全球半导体市场销售额总计 5559 亿美元，同比增长 26.2%，创下历史新高。同期，中国以 1925 亿美元的半导体销售额成为全球规模最大的区域市场，占比 34.6%，同比涨幅为 27.1%，全球第三，位于美国（27.4%）和欧洲（27.3%）市场之后。

近几年，集成电路已成为"科技战"的关键战场。多重因素驱动下，中国集成电路市场规模逐年增长，产业整体实力迅速提升，产业结构不断优化，产业区域聚集度也不断提高。2022 年 3 月，中国半导体产业协会（CSIA）发布统计数据表示：2021 年是中国"十四五"开局之年，在国内宏观经济运行良好的驱动下，国内集成电路行业继续保持快速、平稳增长态势，2021 年中国集成电路行业首次突破万亿元。2021 年中国集成电路行业销售额为 10458.3 亿元，同比增长 18.2%。其中，设计业销售额为 4519 亿元，同比增长 19.6%；制造业销售额为 3176.3 亿元，同比增长 24.1%；封装测试业销售额为 2763 亿元，同比增长 10.1%。2015—2021 年我国集成电路行业销售收入及增长情况如图 1-16 所示。

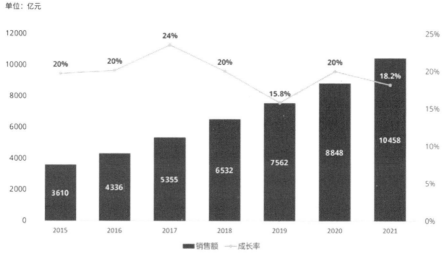

图 1-16　2015—2021 年我国集成电路行业销售收入及增长情况
资料来源：Colliers 高力国际官网

即使我国集成电路销售收入不断增长，但相对更为旺盛的需求而言，中国本土的产能还是严重不足的。

造成这一现象的原因是中国本土芯片产业的研发能力与制造能力严重不匹配。

而高端芯片研发人才和制造人才资源短缺，使这一问题雪上加霜。中芯国际联席CEO赵海军在2021年红杉数字科技全球领袖峰会上表示，如果本地制造能够实现对于三成本土需求的支撑，那么国内的半导体制造业至少还要增长五倍的产能。IC Insights 预测，以中国本土为基地的集成电路制造业在2025年将上升到432亿美元，只占预测的2025年全球集成电路市场总额5779亿美元的7.5%。即使对一些中国本土生产商的集成电路销售加价，中国本土的集成电路生产仍可能只占2025年全球集成电路市场的10%左右。由此可见，我国已是集成电路大国，拥有比较完整的集成电路产业链和产品体系，但还不是集成电路强国，主要短板体现在集成电路制造上。供应链分析公司Supplyframe首席营销官巴奈特表示，芯片短缺将持续到2023年，未来将会"一波接一波"冲击市场，那么对于中国本土芯片行业来说，突围之路的第一步就是扩产。

全球高科技产业研究机构集邦咨询统计，2022年以后全球将新增12座完整的晶圆代工厂。中国本土的半导体制造业也在迅速扩大产能，以中芯国际为例，2021年2月，中芯国际在北京亦庄投资的中芯京城一期项目开始建设，该项目投资总额约为497亿元，预计于2024年完工。2021年3月，中芯国际宣布斥资88.7亿美元新建上海临港厂房，规划建设新的晶圆代工生产线项目，聚焦于28纳米及以上技术节点（属于成熟制程，是目前全球多个产业迫切需要的芯片类型），产能达到每月10万片12英寸晶圆的规模。2021年10月，深圳市坪山区投资推广服务署公示了中芯深圳12英寸晶圆代工生产线配套厂房项目遴选方案，中芯国际斥资23.5亿美元建立深圳坪山厂房，全力推动12英寸生产线建设。中芯国际在北京、上海、深圳的扩产项目均属于公司12英寸成熟制程，投资金额总计超1200亿元。同时我们关注到，随着全球先进芯片制程迈入5纳米工艺节点，每座单一晶圆厂的投资规模也普遍达到千亿元人民币的规模。

如图1-17所示，随着工艺节点不断微缩，虽然芯片的设计成本也有所增加，但这种增长即使到了5纳米节点也可以控制在5亿美元左右，而制造成本则达到了设计成本的近十倍，是7纳米的两倍，从最初在65纳米的4亿美元左右达到60亿美元左右。未来先进制程芯片的工厂投资如此巨大，导致建立这样先进工厂的机会越来越少。目前几个巨头之间的竞争也会白热化，而其他腰部和尾部的半导体厂商无论是资本实力，还是技术储备都难以进入这些领域。

如图1-18所示，在130纳米量产时代，全球有18家芯片厂商；到了14纳米节点，全球只有4家，包括中国的中芯国际；到了10纳米只剩下3家；7纳米厂商则只有台积电和三星。

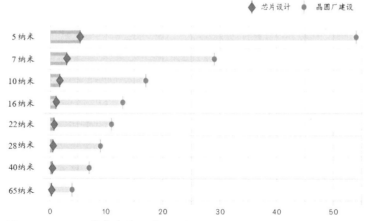

图 1-17　不同工艺节点的芯片设计与晶圆厂建设成本（单位：亿美元）

注：按节点尺寸递增

资料来源：IBS、麦肯锡报告[1]

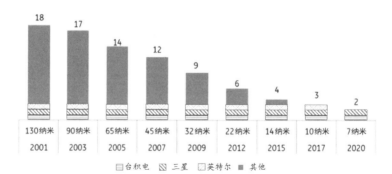

图 1-18　芯片厂商随着先进制程节点推进而递减

注：顶部数字表示厂商数量

资料来源：德意志银行、ING 研究

即使未来的总体产能可以满足需求，但由于人们对于算力和体验有着无尽的追求，包括元宇宙的兴起，最为先进的芯片供给始终不会宽裕。换句话说，无论是先进芯片制造的设备还是厂商，其规划的产能都是被提前预订的，就如同先进芯片制造厂商在抢 ASML 最先进的光刻机，终端产品厂商都在抢台积电最先进的芯片一样。在这样的情况下，大量腰部与尾部的芯片厂商即使不进入先进制程领域，而是在相对成熟的制造发力，也同样面临与先进厂商的产品竞争。在设备、工艺、材料相对固定的情况下，必须通过智造软件不断提升良率和产能，同时降低成本，才能占领市场的一席之地。

---

[1] McKinsey & Company, 2021, *Scaling AI in the Sector that Enables it: lessons for Semiconductor-Device Makers*。

第 2 章
美国科技制裁与中国自主替代

2.1　美国科技长臂管辖 45 年

除了芯片本身，我国在半导体产业供应链的诸多环节都依赖进口：技术和软件主要来自于美国，生产设备主要来自于欧洲和日本。早在 2015 年 5 月，在国务院发布的《中国制造 2025》中，即明确芯片国产化是"中国制造 2025"的核心攻关项目，但过去几年，我国进口的芯片依然呈现出上升的趋势，其主要原因是数字化消费市场不断地膨胀。也正是在 2015 年，美国通过惯用的"科技长臂管辖"开始对中国芯片产业实施精准的经济和贸易制裁，制裁的主要形式是"三单一令"，即以三个清单和总统行政令来叠加式制裁。三个清单分别是实体清单、军事最终用户清单以及所谓"共产党中国军队公司清单"[1]。这三个清单主要限制中国企业的供应链和融资，总统行政令则限制中国企业在美国开展业务。

美国对于他们认为可能崛起、对美国产生利益威胁的国家进行打压是一项长期战略。1996 年，33 个国家代表在荷兰的瓦森纳签署了《瓦森纳条约》[2]，它旨在控制常规武器和高新技术贸易的多边出口管制制度[3]，时至今日已有 42 个国家参与。美国作为《瓦森纳条约》的主导国，通过运用联盟内的话语权以及规定的协商机制，可以对参与国向中国的技术出口进行干预与阻止。

随着信息化产业蓬勃发展、数字化智能时代加速推进，其硬件底座——芯片成了《瓦森纳条约》管控体系的封锁关键。在所有高端民用科技当中，芯片是市场最大、流通性最强、对经济发展影响最深刻的产品。半导体产业已经成为国家发展的引擎，一切信息技术、互联网、通信、高端制造、产业数字化都无法离开半导体这一根基。而中国已经成为全球最大的芯片消费市场，以及规模最大的芯片加工和使用国。

---

[1]　中央纪委国家监委网站，管筱璞、李云舒，美国黑名单瞄准中国超算，"卡脖子"只会加速中国科技进步。
[2]　《瓦森纳条约》的全称是《关于常规武器和两用物品及技术出口控制的瓦森纳条约》(The Wassenaar Arrangement on Export Controls for Conventional ARMs and Dual-Use Good and Technologies)。
[3]　多边出口管制制度（Multilateral Export Control Regimes，MECR）。

由于《瓦森纳条约》的限制，中国半导体产业无法引入先进的半导体制造技术、制造设备以及检验封装工艺，已经有不少中国半导体企业在国际市场采购中遭遇了条约的直接阻挠，这直接导致中国的半导体制造技术依旧落后国际领先工艺2～3代。

以中芯国际为例，在2011年无法采购到最核心的生产设备——光刻机，原因是当时的全球半导体前十五大设备供应商全受《瓦森纳条约》限制而出口受阻，于是中芯只能采取"曲线救国"的策略，和比利时微电子研究中心（IMEC）合作。先由IMEC从阿斯麦、应材公司买设备，在IMEC用完5年符合《瓦森纳条约》要求后再转卖给中芯国际。再如，2015年，英特尔、三星、台积电都能买到阿斯麦的10纳米光刻机，而中芯国际只能买到阿斯麦于2010年生产的32纳米光刻机，5年的时间对于半导体来说，就落后2～3代了。

2018年5月，中芯国际就向阿斯麦订购了一台最新型的EUV光刻机，当时价值高达1.5亿美元，原计划在2019年初交付。但是由于美国方面的阻挠，阿斯麦一直未能收到荷兰政府颁发的许可证，这也导致了阿斯麦一直无法向中芯国际交付EUV光刻机。阿斯麦在2022年将新一代EUV光刻机交给台积电、三星等厂商进行测试、生产，并计划在2023年实现NA EUV光刻机出货安装。当全新一代NA EUV光刻机开始交付后，EUV光刻机才能向全球自由出货，那么中芯国际要拿到EUV光刻机最乐观的时间是在2023年，又是比原定的时间差不多晚了5年，同样存在2～3代的技术落差。这也给我们一个重要的警示：要想在核心的工艺、设备、材料方面缩短差距是非常困难的，而且缺一样都做不成。这也是本书致力于解释、倡导和呼吁我国在芯片行业加速发展软实力——智造的初心所在。

2017年1月，美国总统科技顾问委员会[1]发布《确保美国半导体的领先地位》[2]报告，明确了集成电路是美国战略性、基础性、先导性的产业，美国应在人才、投资、税收等方面为集成电路的发展营造一个良好的产业环境。同时报告中提到，中国半导体的崛起，对美国已经构成了"威胁"，委员会建议政府对中国产业加以限制。报告精心制定并推荐了三个重点策略：①抑制中国半导体产业的创新；②改善美国本土半导体企业的业务环境；③推动半导体接下来几十年的创新转移。此番举动意在打压中国，保障美国在半导体集成电路方面的全球领先地位。

2018年，特朗普发起更为激烈的中美贸易战，双方摩擦的战略制高点——"芯"战愈演愈烈。主要事件包括2016年中兴被美国列入贸易黑名单，2019年华为芯片被断供，直到2020年12月中芯国际也被美国纳入实体清单。2021年1月，

---

[1] 总统科技顾问委员会（President's Council of Advisors on Science and Technology，PCAST）。
[2] PCAST发布的《确保美国半导体的领先地位》（*Ensuring Long-Term U.S. Leadership in Semiconductors*）。

美国国防部将小米、芯片厂商高云公司、半导体加工机器厂商中微公司等10家中国高科技公司列入制裁清单；2022年2月，美国再次将33家中国企业列入清单，其中还包括中国光刻机龙头企业上海微电子。这三年里，美国将中国企业不断列入"黑名单"，其中包括美国商务部发起的实体清单（Entity List）以及所谓的"中国军工复合体企业"（NS－CMIC List）。到完稿为止，已经有611家中国公司被美国列入实体清单。

2019年12月，《瓦森纳条约》进行最新一轮修订，在"电子产品"类别中，新增对计算光刻软件和大硅片切磨抛技术的管控。随后，基于此次修订，美国工业安全局对其《出口管制条例》及《商务部控制清单》进行修改，于2021年3月29日正式生效。《瓦森纳条约》还不是美国进行科技长臂管辖、实现对中国科技封锁的唯一途径。上述中芯国际无法购买阿斯麦先进光刻机不仅受其约束，另一个理由是光刻机中有美国的核心装置和专利技术。

2021年5月，美国拉动欧洲、日本、韩国、中国台湾等地区，共64家半导体公司组成了半导体联盟。从规模上看，这是现阶段美国拉动起来的最大的半导体圈子。2021年6月，美国参议院表决通过了《美国创新与竞争法案》，法案最引人关注的内容就是授权拨款520亿美元，支持芯片企业在美国国内开展生产活动。行业报告估计，这些投资将使美国能够在未来10年内建设19个工厂，并让芯片制造能力翻倍。2022年3月，美国众议院审议通过《2022年美国创造制造业机会和技术卓越与经济实力法案》（又称《2022年美国竞争法案》）。该法案在对半导体芯片产业领域的支持和补贴上更进一步，不仅包括如上法案中提及的芯片产业拨款520亿美元，还包含大量涉华内容，意图继续在台湾、新疆等议题上干涉中国内政。随着法案的通过，美国半导体产业界开始拉拢韩国、日本以及中国台湾地区一起推动组建新的半导体产业联盟——Chip 4联盟。联盟于2022年3月成立，目的是建立全新的半导体供应链，并遏制正在迅速崛起的中国大陆半导体产业。2022年8月，美国总统拜登正式签署《2022芯片与科学法案》。该法案整体涉及金额约2800亿美元，包括向半导体行业提供约527亿美元的资金支持，为企业提供价值240亿美元的投资税抵免，鼓励企业在美国研发和制造芯片，并在未来几年提供约2000亿美元的科研经费支持等。尤其值得关注的是，该法案限制美国企业支持中国等国家的半导体研发和生产。

此外，2022年俄乌冲突以来，美国等西方国家急速对俄施加多重制裁，同时，美国商务部于2022年3月宣称，若中国企业违反对俄罗斯出售芯片的禁令，美国将切断它们生产其产品所需的美国设备和软件的供应，更明确表示可以"实质上关闭"芯片厂商中芯国际。虽然随后美国商务部也补充说明，目前并没有掌握中芯国际在对俄出口芯片上有规避制裁的证据，但也引起了我们的警觉，因为这是一个国家对中国一家公司进行的威胁和恐吓。另外这一次给出了与以往不同的信息，就是有可能切断软件供应。我们知道，限制新设备的出口会影响到未来的扩产，而切断软件供应就影响到目前的生产和经营了，智能制造业界的人士都清楚，驱动先进设备运转全靠软件。

2.2　美国白宫科技智囊与半导体军工组织

2.2.1　政府：近90年白宫科技智囊及其盟国科技智囊

总统科技顾问委员会（PCAST）是对美国科技政策产生直接影响的最为核心的科技决策咨询机构，它与白宫科技政策办公室（OSTP）和国家科学技术委员会（NSTC）一起，堪称美国联邦政府科技决策的"三驾马车"。这"三驾马车"当中，总统科技顾问委员会作为联邦科技决策咨询的核心，行使咨询职责，直接向总统汇报工作，提供决策咨询和政策建议。

美国拥有较为完善的国家科技决策咨询制度，其产生要追溯到二战时期。二战期间，科学技术显示出巨大威力，对于赢得战争发挥了重要作用。也正因为如此，科学技术开始引起美国政府的重视，战时及战后初期成为科技政策机制形成的关键期。在这期间，美国科学家范内瓦·布什[①]认识到民用技术科学家与军队科研人员之间缺乏合作和协调已经成为一个严重问题，于是向时任总统罗斯福提出成立一个专门的国防研究委员会的设想。范内瓦·布什按罗斯福的要求，于1945年提交了题为《科学：无尽的前沿》（*Science: The Endless Frontier*）的报告，被认为是美国科技发展史上的一个里程碑，是美国科学家为政府提供的首份国家科技政策咨询报告。这本书的中文版直到2021年才由中信出版集团出版，华为创始人任正非、硅谷投资人吴军及著名经济学家向松祚均做了推荐，如图2-1所示。

---

① 范内瓦·布什（Vannevar Bush，1890—1974），供职于麻省理工学院，是"微分分析机"的发明者。这是一种模拟计算机，当时仅能解微分方程。当模拟计算机的发展遇到瓶颈，他派了一位年轻人去改进计算机，这个年轻人因此发明了数字电路，其有关数字电路的硕士论文被誉为20世纪最重要的硕士论文之一，这个人就是后来提出信息论的香农。范内瓦的另一个学生特纳，后来担任了斯坦福大学的教务长，建立了斯坦福工业园，被誉为"硅谷之父"。特纳的两个学生，分别是共同创办了惠普公司的休利特和帕卡德。范内瓦作为美国伟大的科学家和工程师，是"曼哈顿计划"的提出者和执行人。他还指导了第一颗原子弹试验和日本原子弹投射。他又被尊称为"信息时代的教父"。正是从那时起，美国科技决策咨询制度开始逐渐建立和发展起来。

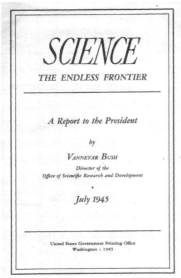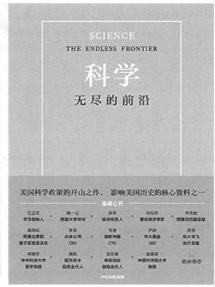

图 2-1　1945 年美国版的 Science: The Endless Frontier 与 2021 年出版的中文版《科学：无尽的前沿》

资料来源：Google 搜索

《科学：无尽的前沿》报告于 1945 年被提交给继任的杜鲁门总统。这份报告作为美国第一份国家科技政策咨询报告，对于美国国家科研体系的建立起到了重要作用。该报告强调了基础研究的重要性，建议政府加大投入支持科学研究，协调研究活动，培养科技人才。特别是报告建议由政府出资建立完全由科学家管理的国家研究基金会，这在很大程度上促成了后来国家科学基金会的成立。几十年来，美国联邦科技管理部门的设置和调整与联邦科技顾问机制密切相关。例如，国家航空航天局（NASA）是由先前的国家航空咨询委员会演变而来；商务部国家标准技术研究院（NIST）下的先进制造国家计划办公室是根据总统科技顾问委员会建议设立的。

PCAST 是美国对抗我国在科技领域竞争的最高级别智囊之一。现任美国总统拜登在交给这个天师团的研究课题中，将中国视为美国在技术和产业领域唯一的、强有力的竞争对手，需要研究在竞争中如何确保美国绝对的领导地位。拜登政府的 PCAST 由 30 名成员组成，包括 20 名国家科学院、工程院和医学院的当选成员，4 名麦克阿瑟"天才"研究员，2 名前内阁秘书和 2 名诺贝尔奖得主。其成员包括天体物理学、农业、生物化学、计算机工程、生态学、免疫学、纳米技术、神经科学、国家安全、社会科学和网络安全等方面的专家。拜登政府的 PCAST 拥有两名女性联合主席，移民占 PCAST 成员的三分之一以上。它的多样性为理事会带来广泛的视角，以应对国家最紧迫的机遇和挑战，从而使科学、技术和工程造福所有美国人。分析 PCAST 成员的组成，半导体芯片及软件背景是重中之重。

在现任美国总统拜登的 PCAST 成员中，与半导体有关的顾问如下：

- AMD 总裁兼 CEO——苏姿丰（Lisa T. Su）博士（中国台湾）；
- 英伟达首席科学家兼研究高级副总裁——William Dally 博士；
- 曾任美国第 25 任国防部长的物理学家和技术专家——Ashton Carter 博士；
- 普林斯顿大学工程与应用科学学院院长——Andrea Goldsmith 博士。

在现任 PCAST 成员中，与软件和互联网有关的顾问成员包括：

- 微软首席科学官——Eric Horvitz 博士；
- 德克萨斯大学奥斯汀分校计算机科学与综合生物学教授——William Press 博士；
- Google Cloud 首席信息安全官——Phil Venables 硕士；
- 加州大学伯克利分校伯克利数据科技研究所所长、劳伦斯伯克利国家实验室高级科学家——Saul Perlmutter 博士。

PCAST 的成员由总统任命，他们无偿任职，仅根据政府规定报销旅行、膳食和住宿费用。PCAST 传统上由总统的科学顾问和 1～2 名外部联合主席共同主持。现任美国总统拜登对 PCAST 的寄语是这样的："我们知道，科学是发现而不是虚构。它也是关于希望……而这就是美国。它在这个国家的 DNA 中[①]"。他交给 PCAST 的课题包括：

- 从流行病中了解什么是可能的，或者什么应该是可能的？以解决与公共健康有关的最广泛的需求；
- 科学和技术方面的突破如何能够创造出强大的解决方案来应对气候变化？以推动市场驱动的变革，带动经济增长、改善健康、增加就业，包括被遗忘的社区；
- 在与中国的竞争中，美国如何确保其在对经济繁荣和国家安全至关重要的未来技术和产业方面处于世界领先地位？
- 如何保证科学技术的成果在全美得到充分共享？
- 如何才能确保美国科学技术的长期健康发展？

2021 年 1 月，PCAST 还提出了一个革命性的多部门协作新范式——未来产业

---

① 美国总统拜登对 PCAST 寄语的英文原文：They are the ones asking the most American of questions: What next? How can we make the impossible possible? They are asking these questions as a call to action, to inspire, to help us imagine the future and to figure out how to make it real and improve the lives of the American people and people around the world.

研究院，这是 PCAST 继奥巴马政府时期提出的"先进制造业战略"和国家制造业创新网络①之后的新杰作，被誉为是美国版的"新型研究机构"。成立未来产业研究院的一个重要原因是美国在科技发展方面，同样面临着来自其内部的行政烦琐和管理障碍等挑战，这阻碍和削弱了其科技创新生态系统内各主体（产业界、学术界、非营利组织和政府）有效互动的能力。例如，尽管联邦实验室在许多科学发现方面处于领先地位，但他们的任务并不总是推动其研究产生大规模的经济影响。而在产业界和国家实验室之间建立伙伴关系是技术转让的一个关键手段，但行政手续烦琐导致技术转让的过程漫长，可能会推迟成果的产生，阻碍不同主体之间的合作②。

PCAST 的未来产业研究院用于解决当今时代一些最严重的社会问题，并确保未来几十年里美国能保持科技领导地位。未来产业研究院推动在两个或多个未来产业的交叉点开展研发，不仅能推动单个产业的知识进步，还能在多个产业的交叉点发现新的科研问题和研究领域。未来产业研究院将美国研发生态系统内的多个学科和所有部门均纳入同一个敏捷开发的组织框架中，可以将研发范围从科学研究扩展到大规模开发新产品和新服务。灵活的知识产权条款能激励所有部门参与，减少行政和监管时间，提高研究人员的创造力和生产力，同时还要保持适当的安全性、透明度，保障科研诚信和落实问责制。未来产业研究院还可以为以下活动提供试验场所：组织结构和职能的创新；扩大参与范围；培养劳动力；科学、技术、工程和数学（STEM③）教育等。最终，未来产业研究院的成果将帮助美国保持在科技领域的全球领导地位，改善生活质量，帮助美国确保未来的国家安全和经济安全。

在"未来五大产业"（AI、量子信息科学、先进制造、先进通信网络和生物技术）中，报告④特别关注了量子信息科学和 AI。报告指出，特朗普政府已经提出，到 2022 年，联邦政府每年在量子信息科学研发方面的支出将增加到 8.6 亿美

---

① 未来产业研究院（Industries of the Future Institutes，IotFI），先进制造业战略（Advance Manufacturing Strategy，AMS），国家制造业创新网络（National Network for Manufacturing Innovation，NNMI，现为 Manufacturing USA）。
② 中国科学院创新发展研究中心，马双，《未来产业研究院：加强美国科技领导地位的新模式》。
③ STEM 是科学（Science）、技术（Technology）、工程（Engineering）、数学（Mathematics）四门学科英文首字母的缩写，其中科学在于认识世界、解释自然界的客观规律；技术和工程则是在尊重自然规律的基础上改造世界、实现对自然界的控制和利用、解决社会发展过程中遇到的难题；数学则作为技术与工程学科的基础工具。由此可见，生活中发生的大多数问题需要应用多种学科的知识来共同解决。
④ PCAST，2020 年 1 月，*Crecommendations For Strengthening American Leadership In Industries Of The Future*。

元左右，据估计，未来 5 年美国工业界将在量子计算方面投入 20 亿美元。该报告建议联邦政府提供 5 亿美元，在未来 5 年内，建立"国家量子计算用户设施"，其功能类似于能源部和国家科学基金会支持的高性能计算设施。新设施将致力于快速启动量子算法和应用开发以及量子计算机科学，为美国国家实验室和大学的科学家提供重要的科学和计算资源，加速美国软硬件的产业发展。其中包括资助若干研究所，这些研究所将在 15～20 年的时间内针对关键问题进行研究。例如，美国国家科学基金会设立的量子跃迁挑战研究所和美国国家标准与技术研究所，发起的量子经济发展联盟即是与这一目标相一致的两项活动。为了培养 PCAST 所谓的"量子一代"，发展计划应该跨越学术界、工业界和国家实验室，以提供量子信息科学所需的跨学科技能。

图 2-2 大致描述了几个研发机构在创新领域的研究重点。说明资金来源的纵轴分为三个部分：纯公共（即政府）资金、公共和私人资金组合以及纯私人资金。而横轴表示创新的各个阶段，这些阶段是该组织的核心任务，由该组织本身（而不是由合作伙伴或第三方）进行。每个组织还有一个图标，代表其不同部门的合作伙伴的参与性质；这些图标并不反映合作伙伴角色的所有细微差别，而是要说明"核心合作伙伴"（那些持续管理、开展或监督该组织研发业务的合作伙伴，没有他们，该组织就不会存在）和"其他合作伙伴"（那些间歇性或仅通过财务或实物捐助为该组织做出贡献的合作伙伴）代表的部门。未来产业研究院旨在通过拥有来自各部门的核心伙伴和开展跨越整个创新领域的活动而成为独特的组织。另外，横轴并不意味着创新是一个线性过程。由于国家实验室的管理和活动各不相同，无法用一个具体的图表来反映所有情况。从图上可知，在 1996 年之前是 SEMATECH[①] 在进行主导，其参与方主要是政府和行业引领，学术界参考；在 1996 年之后，是通过市场驱动，行业作为主要的推动者，由学术界共同参与。而未来将采取由政府、学术界、行业和非营利机构共同驱动的混合模式。

对于 AI，PCAST 的报告称，未来五年内，美国每年在该领域的工业研发支出将超过 1000 亿美元。相应地，这样的资金增加将能够扩大对关键问题的研究，如"使 AI 从小数据中学习、开发因果推断 AI、创造值得信赖的 AI、开发 AI 工程方法、使 AI 应用的规模更大，以及开发后图形处理时代 AI 硬件的新方法"等。这些资源还应该支持 AI 安全和脆弱性、连接和通信、数据规划和治理、隐私和伦理等领域的基础研究。报告建议美国科学基金会在五年内花费 10 亿美元，在已经通

---

① SEMATECH（Semiconductor Manufacturing Technology），一个美国主导的半导体行业技术联盟，目前已解散。

过的计划建立的 6 个研究所的基础上,在每个州至少建立一个 AI 研究所。报告提出,这些研究所应该联网组成"国家 AI 联合体",促进最佳实践、数据和计算资源的共享。

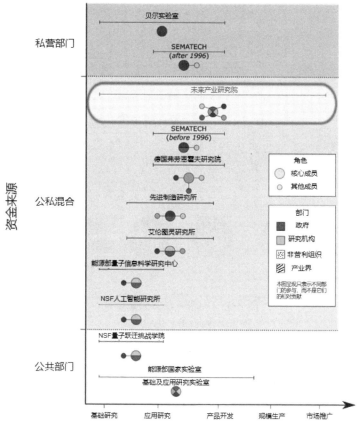

图 2-2　美国著名研究所不同阶段的角色构成及任务重点[①]

资料来源:PCAST 官网

2.2.2　军工:DAPPA 引领科研 66 年

美国国防高级研究计划局(Defense Advanced Research Projects Agency,DARPA)于 1958 年由时任美国总统艾森豪威尔要求成立,而这一年中,美国仙童公司的罗伯特·诺伊斯与美国德州仪器公司的杰克·基尔比间隔数月分别发明了集成电路。DARPA 作为美国国防部属下的一个行政机构,负责研发用于军事用途的高新科技,其使命是在防止美国遭受科技突破的同时也针对敌人创造科技突破,被称为

---

① PCAST,2021 年 1 月,*Industries Of The Future Institutes: A New Model For American Science And Technology Leadership*。

美国"五角大楼之脑"[①]、美军的"硅谷",渗透力和影响力甚至在兰德公司之上。

DARPA 对于 AI 技术应用非常重视。多年来,DARPA 促进了基于规则和基于统计学习的 AI 技术的进步和应用,并继续引领 AI 研究的创新,资助了从基础研究到先进技术开发的广泛的研发项目组合。DARPA 认为,通过生成的上下文和解释模型获取新知识的能力,将在"第三波"AI 技术的开发和应用中实现。

DARPA 的工作人员多为各学科的一流专家、学者。机构采用精干的管理方式,管理层精练,分为局长、业务处长和项目主任三层。拥有六个办公室,分别致力于生物技术、国防科学、信息创新、微系统技术、战略技术和战术技术,如图 2-3 所示。DARPA 通过从事其他部门不愿意触碰的高难度、跨军种、与国家安全关系重大的项目,最终确立了业务定位与自身地位。DARPA 打破自身的利益屏障,不断改善与军队、工业界、科学界之间关系,适时改进管理,造就了 DARPA 打破各种束缚之墙的能力,包括利益之墙、学科之墙、学派之墙、选才之墙、成败之墙。

图 2-3　DARPA 的办公室设置

资料来源:DARPA 官网

DARPA 大部分办公室的职能都与半导体和软件系统相关。例如,微系统技术办公室(MTO)的核心任务是开发高性能智能微系统和下一代组件,以确保美国在指挥、控制、通信、计算、情报、监视和侦察等电子战领域的主导地位和定向能量。这些系统的有效性、生存能力和杀伤力在很大程度上取决于内部包含的微系统。战略技术办公室(STO)专注于使战斗成为一个网络以提高军事效率和适应性。信息创新办公室(I2O)探索信息科学和软件领域改变游戏规则的技术,以应对国家安全格局的快速变化。冲突可能发生在陆地、海洋、空中和太空等传统领域,也可能发生在网络和其他类型的非常规领域。I2O 的研究组合专注于预测这些新兴领域的新战争模式,开发必要的概念和工具,为美国及其盟国提供决定性优势。

事实上,半导体材料的进步、大规模集成和精密制造,也都是在 DARPA 的支持和推动下得以实现的。全球定位系统、鼠标和计算机图形用户界面等许多基

---

① 参见中信出版社 2017 年出版的由安妮·雅各布森撰写的《五角大楼之脑:DARPA 不为人知的秘密》一书。

本计算组件以及互联网事物也都起源于 DARPA 项目。值得注意的是，DARPA 的任务是研究高新科技，是"预先性"的，可直译为"国防预研局"，所以它的工作是面向未来的、前瞻性的。它的这种前瞻性与未来感是来自过去几十年不断探索和闯出来特定道路。目前全世界有很多机构希望效仿它，却也认为 DARPA 是无法复制的传奇。

2017 年 6 月，DARPA 推出了电子复兴计划[①]，计划宣布未来五年投入超过 20 亿美元，以下一代电子革命为目标，联合工业界、商业界、大学研究机构、国家实验室和其他创新孵化器开展一系列的前瞻性合作项目，是美国在电子领域花重金打造的又一具有国家战略的科研计划。根据说明，该计划将专注于开发用于电子设备的新材料、开发将电子设备集成到复杂电路中的新体系结构，以及进行软硬件设计上的创新。在计划的六大合作项目中，第四项是软件定义硬件（Software Defined Hardware，SDH），该项目的背景是在现代战争中，决策是由所获取的数据信息来驱动的，例如由成千上万个传感器提供的情报、监视和侦察数据、后勤物流/供应链数据和人员绩效评估指标数据等，而对这些数据的有效利用依赖于可进行大规模计算的有效算法，如图 2-4 所示。项目的目标是构建可重构软硬件设计和制造的辅助决策基础。这些可重构软硬件需要具备运行数据密集型算法的能力（具备该能力是实现未来机器学习和自治的基础）和与目前专用集成电路相当的性能。目前 DARPA 开发的异质电子系统的系统技术集成工具链（STITCHES）是支撑美国未来全域指挥和控制作战的纯软件工具链，它通过 AI 自动编程构建网络，在相差数十年的来自海、陆、空、太空及网络空间的所有军事设备及系统之间建立通信，在不需要建立统一的数据标准和接口的情况下，就能够实现低时延和高通量的数据共享与传输，从而帮助战争指挥官在第一时间根据最精准的数据分析做出正确的决策。

图 2-4　2019 年 3 月，DARPA 的软件工程师在某基地进行配对编程
资料来源：FEDSCOOP

---

① 电子复兴计划（Electronics Resurgence Initiative，ERI）。

2018年1月，DARPA宣布启动"联合大学微电子学项目"（JUMP），以加快庞大而复杂的微电子领域前端技术的发展，解决微电子技术中的新兴和现有挑战。该项目预计为期5年，资助金额约2亿美元，其中DARPA承担约40%的费用，其余60%由以半导体研究公司（SRC）为首的联盟的合作伙伴共同承担，这些合作伙伴包括IBM、英特尔、洛克希德·马丁等公司。JUMP项目是DARPA电子复兴计划的一部分，其任务是推动新一轮基础研究，为国防部和国家安全提供2025—2030年所需的颠覆性微电子技术。该合作共设立6个研究中心，其中4个以"纵向"应用为主，位居4个应用之首的是脑启发计算，以实现自主智能中心（C-BRIC）。这是由美国普渡大学Kaushik Roy领导的希望在认知计算领域取得重大进展的项目，目标是研制新一代自主智能系统，具体任务是探索神经启发算法、理论、硬件结构和应用驱动，为未来的AI硬件奠定基础。

2018年9月，DARPA宣布了一项多年投资超过20亿美元的项目，称为AI Next。该项目包括国防部关键业务流程的自动化，例如：安全许可审查或认证软件系统以进行操作部署；提高AI系统的稳健性和可靠性；增强机器学习和AI技术的安全性和弹性；降低功耗、数据和性能低效；开创下一代AI算法和应用（如"可解释性"和常识推理）。AI Next建立在DARPA五个十年的AI技术创造基础之上，能够为电子复兴的所有项目提供应用支持，其展示的AI模拟算法的功效是最先进的数字处理器的1000倍。DARPA设想，机器不仅仅是执行人类编程规则或从人类策划的数据集中进行概括的工具，相反，DARPA的机器更像是同事而不是工具。为此，DARPA在人机共生方面设定了与机器合作的目标。以这种方式启用计算系统至关重要，因为传感器、信息和通信系统将以人类可以识别、理解和行动的速度生成数据。将这些技术纳入与作战人员协作的军事系统，将有助于在复杂、时间紧迫的战场环境中做出更好的决策；能够基于大量的、不完整和相互矛盾的信息达成共识；赋予无人系统以安全和高度自治执行关键任务的能力。DARPA正在将投资重点放在第三波AI上。

2018年11月，DARPA公布了电子复兴计划第二阶段的内容。计划第一阶段关注新型电路材料、新体系架构和软硬件设计创新，下一阶段则侧重于国防企业的技术需求和能力与电子行业的商业和制造现实的结合。计划第二阶段致力于解决三个关键问题：支持国内制造业针对差异化需求开发相应能力；投资芯片安全研发；在电子复兴计划项目之间创建新联系，并在国防应用中展示最终的技术。

2019年11月，DARPA通过"超维数据驱动的神经网络"（HyDDENN）计划寻求新的数据驱动神经网络架构，以打破对基于乘积累加（MAC）的大型深度神经网络（Deep Neural Networks，DNN）的依赖。HyDDENN 将在高效、非 MAC、数字计算基元的基础上，探索和开发具有浅层神经网络（Neural Networks，NN）架构的创新数据表示，为国防部边缘系统实现高精度和高能效的 AI。在此之前，传统的 DDN 正在变得更广泛和更深入，其复杂性从数百万个参数增加到数亿个参数。在 DNN 中执行训练和推理功能的基本计算原理是 MAC 操作。随着 DNN 参数数量的增加，面向服务的体系架构（Service Oriented Architecture，SOA）网络需要数百亿次 MAC 操作才能进行一次推理。这意味着 DNN 的准确性从根本上受到可用 MAC 资源的限制，这种计算范式无法满足许多国防部应用程序，国防部应用程序需要极低时延、高精度的 AI，无论是尺寸、重量和功耗都需要严格限制。借助 HyDDENN 则有望摆脱对基于 MAC 的大型 DDN 的依赖，其目的是将参数至少减少为之前的十分之一，同时与类似的基于 MAC 的 DNN 解决方案相比保持准确性。借助高效的数字计算硬件，与 SOA 的 DNN 方法相比，设计并演示超维计算架构，其准确度和效率比现有技术水平高 100 倍。

2020 年 8 月，ARM 在其官方网站宣布，已与 DARPA 签订了为期三年的合作协议。根据合作关系，ARM 公司的所有商业芯片设计架构和知识产权都可用于 DARPA 项目，同时协助美国减少对于海外制造半导体产品的依赖。这份协议也是电子复兴计划的一部分。双方基于近零功率射频（N-Zero）专门研发军用传感器，这种传感器能够在低功耗状态下检测光线、声音和运动并长期保持休眠状态。

2021 年，DARPA 启动了自动实现应用程序的结构化阵列硬件（SAHARA）计划，以扩大在美国国内定制国防系统所需要的半导体的制造能力。英特尔、佛罗里达大学、马里兰大学和得克萨斯农工大学的研究人员一起加入了这一计划。目前美国军方严重依赖 FPGA，但是结构化 ASIC 可以提供更低的功耗和更高的性能。但是，目前将 FPGA 手动转换为结构化 ASIC 的过程非常费力且昂贵，出于安全考虑，美国国防部认为这种转换必须在美国完成。DARPA 的目标就是将一手转换过程自动化。英特尔将扩大其国内芯片制造能力，在其 10 纳米工艺上开发结构化 ASIC。项目有望通过自动执行 FPGA 到结构化 ASIC 的转换，将设计时间减少 60%，工程成本减少为之前的 10%，功耗减少 50%，最终为国防部节省大量成本和资源，同时使领先的微电子产品可以在众多应用中使用。SAHARA 开发的结构化 ASIC 平台和方法，以及在 SHIP 开发的先进封装技术，将使美国国防部更快、更经济地开发和部署对国防部现代化至关重要的先进微电子系统。

一系列在科幻或现代战争中出现的场景，似乎都可以在 DARPA 的研究中找到原型：可以改变方向的自导子弹、高能激光武器、机器人驮畜（图 2-5）、类似变形金刚的飞行卡车、可以恢复记忆的人脑植入器件、价格只有目前基于体热传感光学器件的十分之一的高分辨率夜视摄像机、可以帮助士兵实现垂直攀爬的蜘蛛侠套件 Z-Man、人体负重行走动力支持系统 Warrior Web、比 Google 更好的支持实时通话的翻译系统、5 倍声速的导弹、无人反潜船与无人潜艇、从海底发射的无人机，等等。而这一切的实现需要电子复兴，更需要软件支撑。

图 2-5　LS3 是一种半自主四足机器人，在战场上充当负重的驮畜
资料来源：INSIDER

2.3　凭使命改宿命、靠替代对制裁

2.3.1　国家科技咨询委员会智囊团呼之欲出

近年来，美国主导的芯片事件不断提醒我们，中国必须拥有自己的芯片及关键环节自主可控的产业链体系。从芯片应用到制造被全面封锁，也验证了我国立足自主可控，加速国有化替代的战略前瞻性与坚定性。中国的芯片制造不能受制于人，或许这也是《中国制造 2025》制定明确的芯片国产化率的原因之一。

我国也非常重视科技创新决策咨询制度的建设。相对于美国的 PCAST 提出的未来研究机构，我国近年也筹备并成立了国家科技决策咨询委员会。建立国家科技决策咨询委员会是科技改革取得的突出成绩，是中国科学技术发展的客观需求。多年以来，科学界对此展开广泛而深入的讨论，认为其必要性在于可以改变现行的专家咨询系统服从和依附行政管理部门的机制，建立全局性的、直接对国家决策层负责的专家咨询系统。科技咨询系统、政府科技管理部门与财政资助部门相互协调支持、相互制约的决策支持体系，可以在重大科学技术问题和方向的选择、确立和布局等方面发挥实质作用。设立一个权威的机构，摆脱各部门狭隘的视野和利益，从国家社会发展需求和世界科技发展趋势出发，提出国家科技发展的总体战略、方向、框架和优先发展领域。回顾发展过程，其脉络是清晰而明确的：

- 2015年1月，中共中央办公厅、国务院办公厅印发的《关于加强中国特色新型智库建设的意见》强调"决策咨询制度是我国社会主义民主政治建设的重要内容，中国特色新型智库是国家治理体系和治理能力现代化的重要内容，也是国家软实力的重要组成部分"。
- 2015年9月，中共中央办公厅、国务院办公厅印发了《深化科技体制改革实施方案》，要求"建立国家科技创新决策咨询机制，发挥好科技界和智库对创新决策的支撑作用，成立国家科技创新咨询委员会"。
- 2016年5月30日，习近平总书记在《为建设世界科技强国而奋斗》的重要讲话中强调，"要加快建立科技咨询支撑行政决策的科技决策机制，加强科技决策咨询系统，建设高水平科技智库。要加快推进重大科技决策制度化"。
- 2017年2月，中央全面深化改革领导小组审议通过的《国家科技决策咨询制度建设方案》明确了国家科学技术咨询委员会的职责。中国科学院科技战略咨询研究院副研究员万劲波介绍说："《国家科技决策咨询制度建设方案》主要包括两个方面，一个是重大科技决策的咨询，主要是面向世界科技前沿，加强科技的预测预判；另一个是跟科技有关的重大决策，主要是面向国家重大需求，从全球科技创新视角为国家经济社会发展、保障和改善民生、国防建设等方面的重大科技决策提供咨询建议。"万劲波指出，要更多地听科学家的意见，以前靠"跟踪"我们肯定是能做成的，现在要"引领"，特别是在前沿领域有很大风险，那就首先要咨询科学家看是否行得通。那么，国家科技决策咨询委员会将如何组成呢？万劲波表示，参照国际上的做法，委员会成员将横跨各领域，既控制人数，又突出其代表性。除了科学界，产业界、教育界等各界的精英代表都要有成员参加，成员规模控制在十几名到二十几名。
- 2018年5月，科学技术部党组发布了《中共科学技术部党组关于坚持以习近平新时代中国特色社会主义思想为指导推进科技创新重大任务落实深化机构改革加快建设创新型国家的意见》，表明要落实国家重大科技决策咨询制度，组建国家科技咨询委员会，注重吸引外国人才参与国家重大规划、科研项目、重大工程等咨询论证和国家标准制定等工作。

国家科技决策咨询委员会的设立，不仅在国家最高决策层面建立了新的科技咨询制度、组织和机制，也会对现有科技决策咨询机构和组织产生影响和改变。从方案确立到实施并发挥应有的作用，还需经历一个过程，在实践中探索和调整。

根据国际发展经验，国家科技决策咨询委员会需要明确其地位、使命和组织设置，直接为国家最高决策层服务，而不是通过科技管理部门。要建立咨询方与决策方对接的机制，同时明确国家科技决策咨询委员会与中国科学院、中国工程学院和中国科协之间的关系。委员会的成员应该由独立的科技专家和管理专家组成，建立国家科技咨询委员会的支撑机制。

2.3.2 政、经、金、产四位一体推动集成电路行业发展

我国在半导体集成电路发展上，需要通过政策引导与扶持、区域经济发展布局、国家资本引领民营资本共同进入、完善产业链形成四位一体的合力来推动。如图2-6所示，IBS预计到2030年，中国的半导体消费市场将达到5385亿美元，而彼时中国的半导体公司将占近40%的比例，这要比2022年仅20%的比例增长近一倍。

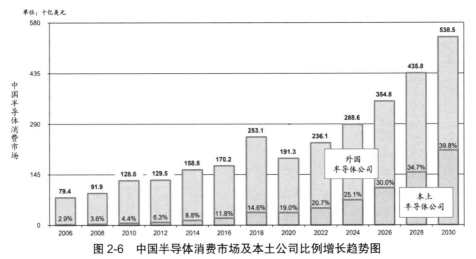

图2-6 中国半导体消费市场及本土公司比例增长趋势图
资料来源：International Business Strategies

从国家宏观政策指导来看，2021年5月，国家科技体制改革和创新体系建设领导小组第十八次会议在北京召开。国家科技体制改革和创新体系建设领导小组组长刘鹤主持会议并讲话。本次会议还专题讨论了面向后摩尔时代的集成电路潜在颠覆性技术。颠覆性技术包括新材料、新架构、先进封装与特色工艺。就摩尔定律所描述的制造节点而言，从28纳米推进到20纳米节点，单个晶体管成本不降反升，性能提升也逐渐趋缓，这标志着后摩尔时代来临。为此需要寻找新的技术去支撑芯片继续前进，这意味着摩尔定律形成的多年先发优势或不再受用，后发者若能提前识别并做出前瞻性布局，完全存在换道超车的可能性。而超越摩尔定律相关技术发展有两个基本点：一是发展不依赖于特征尺寸不断微缩的特色工

艺，以此扩展集成电路芯片功能；二是将不同功能的芯片和元器件组装在一起封装，实现异构集成。

从行业研究和发展来看，北卡罗来纳大学根据数据库的研究表明，制裁最多只能在三分之一到二分之一的概率内迫使对方让步。疯狂制裁与自主替代似乎呈现出密切的正相关。过去十几年，我国集成电路行业高速发展，产值增长近14倍，年均复合增长率达到19.2%，远高于全球4.5%的年均复合增长率。据媒体统计分析，从近十年的芯片自给率的数据可以看出，国产芯片的自给率是呈上升趋势的，从2010年的13.5%一直上升到2020年的39%。根据何瀚玮与蒋键的研究报告，他们基于2013—2019年的芯片产业上市企业数据，通过研发投入、单独专利申报数量、联合专利申报数量等变量着手设计双重差分估计模型，探讨在不同程度及不同效力的制裁下中国芯片上市企业的创新绩效。结果说明，在过去几年中国政府对芯片产业给予了多重支持，在双循环、新发展格局下，美国对中国芯片企业的制裁一方面对芯片企业的创新绩效产生了显著的正向影响，另一方面也倒逼半导体相关企业自救及正向影响了相关领域上市企业的单独专利及联合专利申请数量，大幅提升了企业创新绩效水平。根据半导体产业纵横的报道：中兴在过去几年里，对芯片能力的追求变得相当激进。虽然数量仍然很小，但正在取得令人瞩目的进步，其服务器和存储解决方案的收入在2021年前三个季度比上一年同期翻了一番。华为2021年在营收下降28.9%的情况下，仍然持续实施股票分红（约为546亿元）。中国自主发展的技术与半导体生态如图2-7所示。

从资本市场来看，一级市场有国家大基金的和企业风投，二级市场有科创板上市和国家大基金定增入股。国家集成电路行业投资基金（简称"大基金"）是2014年由工信部牵头，由国开金融、中国烟草、中国移动、中国电科、亦庄国投等作为发起人而成立的国家级产业基金。它的初衷是建立我国自主可控的集成电路供应链，重点投资的是国内半导体产业链的龙头企业。2021年6月末，大基金一期1387亿元的投资成本已经收回150亿元左右，年复合回报率高达46%。在一期到期进入回收期后，大基金二期于2019年10月紧随其后宣布成立，从规模上看，大基金二期的注册资本为2041亿元，远高于一期的1387亿元。从资金结构看较为多样化：有中央财政直接出资，如财政部认缴225亿元；有地方政府背景资金，如亦庄国投认缴100亿元；有央企资金，如中国烟草总公司认缴150亿元；有民企资金，如福建三安集团有限公司认缴1亿元；有推进产业转型升级的资金，如广州产业投资基金管理有限公司认缴30亿元；还有专注于电子及集成电路领域投资的资金，如深圳市深超科技投资有限公司认缴30亿元、建广资产认缴1亿

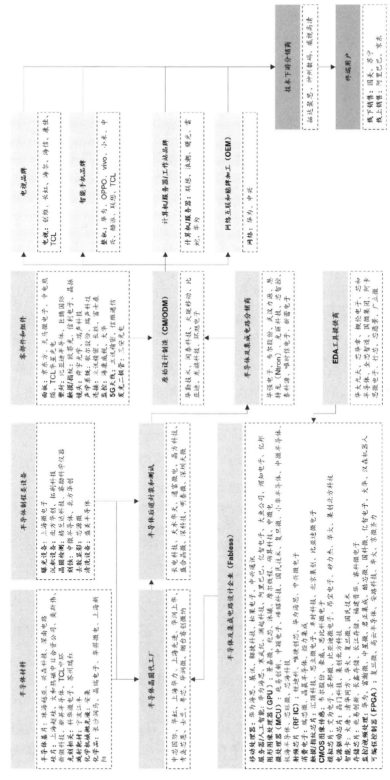

图 2-7 中国自主发展的技术与半导体生态

资料来源：亚太芯谷科技研究院分析整理，主要是半导体及集成电路产业各个环节中国大陆企业的示意，其中各环节企业尚未全列

说明：参考瑞信证券分析示意图，2022 年 12 月

元。从一级股东名单看，国家大基金二期覆盖国内三大运营商，合计认缴 125 亿元，其中中国移动旗下中移资本控股有限责任公司认缴 100 亿元、中国电信集团有限公司认缴 15 亿元、联通旗下联通资本投资控股有限公司认缴 10 亿元。国家大基金二期还有一大特点，即中国大陆集成电路行业发展较为集中和成熟的地区均参与进来。最为突出的是长江经济带，长江经济带的集成电路行业规模占全国七成以上，并涌现出诸如华为海思、中芯国际、华虹半导体、长电科技、中微半导体等集成电路设计、制造、封测、设备等环节领军企业。从东向西依次有上海、江苏、浙江、安徽、湖北、重庆、四川等地省级（直辖市）资金直接（或间接）参与其中，认缴资金合计 1002 亿元。此外，北京、福建、广东等地也积极参与。大基金二期在二级市场上动作频频，近期入股南大光电子公司，拟定增入股中微公司，与华润微联合扩产等事件或预示二期已进入投资密集落地阶段。

据张通社 Link 数据库和公开资料显示，截至 2020 年 8 月，张江共计发生 12 起超 1 亿元的集成电路企业投融资事件[①]，如表 2-1 所示。其中，有 3 起投融资事件的融资规模超过 10 亿元，包括中芯国际 IPO 上市募集资金净额为 456.63 亿元。此外，中芯南方获得 22.5 亿美元（约 159.14 亿元人民币）的战略融资，紫光展锐获得 50

表 2-1　2020 年张江完成 1 亿元融资目标的集成电路企业列表

企业名称	轮次	融资额	时间	投资方
中晟光电	定向发行	1.13 亿元人民币	8月7日	上海浦东科创集团有限公司（领投方）
灿芯半导体	D轮	3.5 亿元人民币	8月6日	海通证券旗下投资平台和临芯投资（领投方）、元禾璞华投资基金、小米产业基金、火山石资本、泰达投资、金浦投资和多家原股东
中芯国际	IPO上市	456.63 亿元人民币	7月16日	公共股东
芯翼信息科技	A+轮	2 亿元人民币	6月10日	和利资本（领投方）、华睿资本、峰瑞资本、东方嘉富、七匹狼
中芯南方	战略融资	22.5 亿美元	5月16日	国家集成电路产业投资基金（二期）（领投方）、上海集成电路产业投资基金
紫光展锐	战略融资	50 亿元人民币	3月17日	国家集成电路产业投资基金（二期）、上海集成电路产业投资基金、诸暨闻名泉盈投资管理合伙企业（有限合伙）
翱捷科技	D轮	1.19 亿美元	4月30日	中国互联网投资基金（领投方），浦东科创集团、红杉宽带数字产业基金、湖畔国际、高瓴资本、张江科投、上海自贸区基金、华安控股集团、上海科创投集团等，TCL创投作为战略投资参与本轮融资
治精微电子	A轮	近亿人民币	4月15日	和利资本（领投方）、张江集团、张江高科和宁波邀流
矽睿科技	B+轮	3.5 亿元人民币	4月2日	华登国际、君宸达资本、久有基金、润城集团、临港科创投、联新资本、金浦基金
肇观电子	B轮	3 亿元人民币	3月30日	未知
泰凌微电子	战略融资	未透露	3月26日	国家集成电路产业投资基金（领投方）、昆山开发区国投控股有限公司、上海浦东新兴产业投资有限公司
鲲游光电	B轮	2 亿元人民币	3月23日	临港智兆、晨晖创投、华登国际、元璟资本、元禾原坤、招银国际、昆仲资本、中科创星、愉悦资本

资料来源：根据张通社 Link 数据库及公开数据整理

---

① 张江头条，2020，《2020 年，那些完成 1 亿元融资小目标的张江集成电路企业》。

亿元人民币的战略融资。此外，张江的科创板半导体阵容也在不断扩大，紫光展锐等多家集成电路企业都在筹备科创板上市，希望借助资本的力量，打造"中国芯"。总之，在成就"中国芯"的征程中，张江集成电路企业定是不可缺少的重要角色。

从产业链的发展战略来看，28纳米节点已经出现产能过剩，而10纳米以下节点是台积电、英特尔、三星等大厂的领地，介于两者之间的14纳米将成为中高端电子产品的主流生产节点。正如前中芯国际研发部副总裁吴汉明所说：中国半导体产业的目标应该是生态建设，当前的重点应该是中国可以在没有外国设备的情况下自主制造55纳米节点。中芯国际2021年第一季度的报告显示，其32.8%的收入来自其55/65纳米工艺节点，而44%来自90纳米及以上的节点。吴先生进一步表示，如果不打好基础，整个行业一头扎进7纳米节点和高端EUV机器是不现实的。事实上，他对国内生产高端光刻机的全国性做法提出了质疑，因为它严重依赖仅在某些国家专门生产的组件。简而言之，它需要一个全球供应链。这一观点反映了业界逐渐意识到先进制造节点需要跨部门协作和漫长开发周期来规避已经掌握在外国手中的专有技术——这是阻碍中国芯片自主的关键因素。归根结底，单纯的资本是无法取得突破的，也需要人才和时间。

从行业组织的发展来看，是否可以在目前已有行业组织发展的基础上，成立面向"半导体智造软件"领域的专业子集，值得探讨。如果有这样的新赛道诞生，将有助于：

- 集中目标解决产业发展中的关键智能软件技术问题。将重点放在制造工艺和以AI为代表的新信息技术的融合发展上，围绕此重点再开展联合研究。从国家政策也充分提倡交叉科学来看，跨界融合创新的共识已经达成，时机已经成熟，就是开展先试先行了。
- 坚持企业做主角唱主调。研究联合体的管理完全由来自企业的技术专家和管理人员负责，政府从资金面、政策面给予一定支持，并发挥行政组织协调作用。其好处是将研究联合体一直置身于市场压力之下，研究目标与发挥市场竞争优势不脱节。
- 集中研究减少重复投资的浪费。由于我国在过去几年培养了大批大数据和AI方面的社会人才，而且算法与数据又可以得到共享，完全没有必要在每个公司内部自搞一套。除了专利技术外，研究内容集中在各个成员公司共同面临的技术问题上，而如何应用这些技术去开发具体的产品则是各个成员公司自己的事情。通过合作研究，各个公司可以取长补短，也避免了重复研究和重复投资的浪费。

- 研究联合体可以加强相关行业之间的相互了解和彼此协作。通过制造企业与智造软件企业的密切合作，提高这两个相关产业的产品质量和技术水平。这种将政府干预与市场机制结合的研究方式，对于我国的半导体产业发展有着重要的意义。

2.3.3 《中国制造2025》中的集成电路

发展集成电路行业是信息技术产业乃至工业转型升级的内部动力。据国家统计局公布的信息，2018年末，包括计算机、通信和其他电子设备制造业，电信、广播电视和卫星传输服务业，互联网和相关服务业，软件和信息技术服务业等四大行业在内的信息技术产业法人企业数量为104.7万户，比2013年末增长2.6倍；资产总计26.9万亿元，比2013年末增长98.8%；全年营业收入18.5万亿元，比2013年末增长62.7%。

2015—2020年的五年间，新一代信息技术产业位居九大战略性新兴产业之首。新一代信息技术产业包括下一代信息网络产业、电子核心产业、新兴软件和新型信息技术服务、互联网与云计算大数据服务、AI等行业，其应用横跨国民经济中的农业、工业和服务业。2018年，新一代信息技术产业占服务业战略性新兴产业增加值的四成左右，占工业战略性新兴产业增加值的比重超过三成，在农业中的应用也在不断拓展，新一代信息技术产业已成为最大的战略性新兴产业。

新一代信息技术产业呈加速发展趋势。2018年，按现价计算，新一代信息技术产业实现工业增加值比2014年首次统计增长1.4倍；占工业战略性新兴产业增加值的30.9%，比2014年提高6.1个百分点。规模上工业企业生产集成电路1852.6亿块，比2013年增长1倍；生产光纤2.4亿千米，比2014年首次统计增长5.1倍；工业机器人、民用无人机、智能手环等新型产品近几年开始大规模生产，2018年产量分别为18.3万台、308.8万架和2527.2万个。

目前，中国集成电路贸易金额占全球贸易额的比例常年保持在25%左右，是全球集成电路贸易的重要组成部分，中国市场对全球供应链的安全和稳定发挥着越来越重要的作用。中国是全球集成电路企业发展的沃土，内外资集成电路企业共享中国市场的红利。芯片设计环节，全球主要的芯片设计企业在我国均有研发中心或者是分公司，人员占比普遍在10%～20%。芯片制造封测环节，全球主要的IDM企业代工厂、封测企业在我国也均有布局。例如我国前十大的制造企业中，外资企业营收占比超过了三分之二。我国集成电路行业结构已初步形成设计、制造和封装测试三业协调发展格局。2021年设计业销售额为4519亿元，同比增长 19.6%；制造业销售额为 3176.3 亿元，同比增长 24.1%；封装测试业销售额 2763 亿元，同比增长 10.1%。三业占比分别为 43%、30%、26%，较 2014 年的产业比例趋势愈加合理（全球三业合理占比约为 3∶4∶3），如图 2-8 所示。

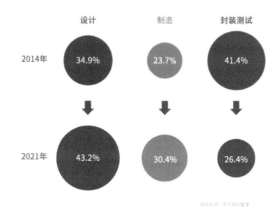

图 2-8　我国集成电路三业的比例趋势愈加合理（相对全球的 3∶4∶3）

资料来源：Colliers[①]

国家制造强国建设战略咨询委员会发布的《中国制造 2025》（如下简称"2025 计划"），将集成电路放在发展新一代信息技术产业的首位，并将推动集成电路及专用装备发展作为重点突破口。我国电子信息产业主旋律的背景下，具备战略性、基础性、先导性特点的集成电路迎来了难逢的发展契机。2025 计划针对集成电路行业的市场规模、产能规模等提出了具体的量化发展目标，如表 2-2 所示。可以说，集成电路在 2025 计划中处于核心地位。

表 2-2　2025 年中国集成电路发展目标

指　标		2025 年发展目标
国家安全需求		满足国家安全和特定领域应用需求
产业发展需求		占领战略性产品市场
市场规模		中国市场规模为 1734～2445 亿美元 复合增长率为 3.5% 在全球市场占比约 43.35%～45.64%
产业规模		产业规模达 851～1837 亿美元，全球市场占比达 21.3%～34.2%
产能规模	集成电路制造	重点突破 20/14 纳米制造技术 2025—2030 年，12 英寸制造产能达 100～150 万片/月
	集成电路设计	设计业产值达 600 亿美元，全球占比达 35%
	集成电路封装	封装业产值达 200 亿美元，全球占比达 45%

资料来源：根据《中国制造 2025》编辑

[①] Colliers，2022，《半导体集成电路行业分析报告：一文带你读懂半导体集成电路行业现状与发展前景》。

2025计划的意义并不仅仅是为国内集成电路行业提供了巨大的消费需求和市场空间，其对于集成电路行业的创新发展也具备重大的促进作用。一方面，集成电路行业的发展本身就是2025计划的重要组成部分；另一方面，集成电路行业又是实现2025计划的重要支撑力量。应当以2025计划战略的实施带动集成电路行业的跨越发展，以集成电路行业核心能力的提升推动2025计划战略目标的实现。为实现2025计划，推动"集成电路及专用装备"领域突破发展，工业和信息化部开展了相应的几个方面的工作：

- 结合《推进纲要》的落实，加强集成电路行业发展的顶层设计、统筹协调，整合调动各方面资源，解决重大问题，引导产业合理布局，并根据产业发展情况动态调整产业发展战略。
- 引导国家集成电路行业投资基金的实施，支持有条件的产业集聚区设立地方性集成电路行业投资基金，加大金融支持力度，吸引2025计划多渠道资金投入，破解产业投融资瓶颈。
- 加快提升自主创新能力，推动电子信息板块国家科技重大专项的实施，突破集成电路及专用装备核心技术，统筹利用工业转型升级资金，加大对创新发展和技术改造的支持力度，建设共性技术研究机构，加强标准与知识产权工作。

全国各省市也围绕集成电路行业的产业规模、龙头企业数量等内容，提出了"十四五"时期的发展目标。截至2021年4月14日，北京市、上海市、天津市、重庆市、福建省、甘肃省、贵州省、河南省、黑龙江省、湖北省、湖南省、吉林省、江苏省、江西省、辽宁省、内蒙古自治区、宁夏回族自治区、青海省、陕西省、四川省、浙江省21个省市区，在对外公开发布的《国民经济和社会发展第十四个五年规划和二〇三五年远景目标纲要》中提及集成电路、半导体、芯片等相关规划[①]。以上海市、北京市、江苏省和安徽省为例，其规划分别如下：

- 上海市：聚焦集成电路、生物医药、AI等关键领域，以国家战略为引领，推动创新链、产业链融合布局，培育壮大骨干企业，努力实现产业规模倍增，着力打造具有国际竞争力的三大产业创新发展高地。
- 北京市：聚焦网络信息、生命健康、能源安全、集成电路、新材料、智能机器人、航空发动机、5G和通信等重点领域，率先组织开展集成电路产研一体突破、关键新材料及器件卡脖子技术攻关、关键零部件和高端仪器设备领域攻关。

---

① 芯思想研究院，2022，《2021年中国大陆城市集成电路竞争力排行榜》。

- 江苏省：全面增强芯片、关键材料、核心部件、工业软件等中间品创新能力，带动内循环加快升级。聚焦重点产业集群和标志性产业链，瞄准高端装备制造、集成电路、生物医药、AI、移动通信、航空航天、软件、新材料、新能源等重点领域，组织实施关键核心技术攻关工程，力争形成一批具有自主知识产权的原创性、标志性技术成果，加快改变关键核心技术受制于人的被动局面。
- 安徽省：明确关键核心技术攻坚方向。聚焦AI、量子信息、集成电路、生物医药、新材料、高端仪器、新能源等重点领域，瞄准"卡链""断链"产品和技术，以及工业"四基"瓶颈制约，扩容升级科技创新"攻尖"计划，实施省科技重大专项、重大创新工程攻关、重点领域补短板产品和关键技术攻关等计划。

表2-3列出了部分地区集成电路行业"十四五"时期部分发展目标。

表2-3 部分地区集成电路行业"十四五"时期部分发展目标

地 区	发 展 目 标
北京	到"十四五"末期，北京经开区集成电路产业集群实现千亿级产值规模
南京	到2025年，集成电路产业综合销售收入力争达2000亿元，进入国内第一方阵
上海	到2025年，上海临港片区集成电路产业规模突破1000亿元；引进培育5家以上国内外先进的芯片制造企业；形成5家年收入超过20亿元的设备材料企业；培育10家以上的上市企业
厦门	到2025年，集成电路产业产值达到1500亿元，以集成电路产业支撑的信息技术产业和相关产业规模超4500亿元
江西	以南昌、吉安、赣州等地为重点，加快打造集成电路产业集聚区；到2025年，力争集成电路产业规模突破500亿元
广东	到2025年，年主营业务收入突破4000亿元，年均增长超过20%。其中，集成电路设计业超2000亿元，形成3家以上销售收入超100亿元和一批销售收入超10亿元的设计企业；集成电路制造业超1000亿元

资料来源：各省市政府网站、前瞻产业研究院

表2-4列出了"十四五"期间集成电路行业规模规划情况。根据芯思想研究院的统计和估算，到2025年我国集成电路的产业规模（设计、制造、封测、设备、材料）总体将超过4万亿元。

表2-4 "十四五"期间集成电路行业规模规划情况（单位：亿元）

地 区	2021年	2022年	2023年	2025年
安徽	1000			
上海	2440			

续表

地区		2021年	2022年	2023年	2025年
北京					3000
福建					
广东					4000
山东			1000		
陕西					2000
四川			1500		2000
浙江					2500
湖北			1000		
江苏	无锡		1500		2000
	南京		350		
	苏州			850	1000
江苏总计			1850	850	3000

资料来源：根据芯思想研究院的统计数据编制

从经济社会发展看，云计算、大数据、5G、AI及工业互联网等新应用、新场景不断涌现，集成电路的倍增撬动效应作用明显。近年来，供给侧结构性改革迈向深入，生产主体更多地从体力转型到脑力，再到成为知识的创造者。数据成为新生产要素，计算成为新生产力，数字技术替代和延伸了人类的感觉、神经、思维等，创造出了新的生产工具。新兴应用需求拉动逐步取代传统应用需求拉动，集成电路产品是这一切转型升级的硬性基石。集成电路行业的竞赛位于全球工业制造业的塔尖，逐步拥有产业话语权和控制力，是我国集成电路行业发展必须攀登的高峰。

2.3.4 中国行业巨头的跨界重塑

随着中国半导体制造业的压力越来越大，特别是中国电信和芯片设计巨头华为公司，在遭遇了历年美国的制裁之后，近年采取了众多积极的措施意图建立自己的芯片制造能力。几家不愿透露个人姓名的台积电供应商曾透露，华为曾与他们接触希望协助其建立晶圆代工厂。消息显示，这些台积电供应商包括光罩厂商和供应商古登精密工业公司、洁净室和其他代工设备综合解决方案供应商Marketech International，以及另一家参与代工建设的系统集成商United Integrated Service。据业内人士估计，该项目的初始投资将达到数十亿美元。此外，华为精密制造有限公司的成立验证了华为希望在芯片产业扩大自给能力的部署。华为精密制造有限公司注册资本为9400万美元，将生产光通信、光电子和分立半导体产品的核心部件和模块。据一位华为内部人士称，新成立的子公司能够进行一定规模的批量生产和有限的试生产。但在现阶段，华为精密制造有限公司的重点是满足华为自己的系统集成需求，新子公司的半导体业务致力于分立器件的测试和封装，并没有系统级芯片产品的制造板块。华为精密制造有限公司未来会走什么样的道路还有待观察，如果华为最终发展了自己的芯片制造能力，结合其芯片设计能力和多样化的产品组合，这将使该公司成为潜在的强大的集成设备厂商（IDM）。

事实上，华为已经迈出了垂直整合的步伐。自2019年以来，美国对中国半导体产业的制裁浪潮中，中芯国际和华为的芯片设计子公司海思，这一作为中国领先的半导体冠军受到了严重打压。制裁也促使中国认识到上游半导体设备和材料的战略重要性。因此，人们猜测华为正在开发自己的光刻机。华为成立于2019年的投资工具——哈勃科技投资，于2021年入股北京雷射光电（RSLaser），成为其第七大股东。RSLaser似乎是一家普通的激光技术公司，然而，它可以填补中国发展自己的光刻设备所必需的空白。RSLaser开发了中国首个高能准分子激光技术，并声称是世界上第三家行业公司。公司于2016年由中科院微电子研究所与经常与中国集成电路政策基金合作的国家投资机构北京亦庄资本共同创立。RSLaser的成立是为了将中国国家氟化氩（ArF）激光器的研究成果商业化，该激光器在193纳米波长的深紫外线（DUV）中工作，并已广泛用于浸没式光刻机。ArF激光器的突破被中国誉为一个分水岭，使中国的芯片产业能够移动到28纳米制造节点以下。2018年，RSLaser首次出货，也成为上海微电子设备有限公司（SMEE）的供应商。而SMEE是中国著名的光刻设备厂商，但它只生产90纳米的光刻机。不过，SMEE已宣布将在近期交付中国第一台28纳米光刻机。从技术上讲，DUV机器可以启用7纳米工艺节点，就像台积电通过多重图案实现的那样。

入局先进晶圆代工或晶圆制造设备注定是一个基于全球产业链的长期艰苦过程。任正非认为，中国的半导体产业主要受制于制造设备而非芯片设计能力，国内芯片制造设备的复杂性较高，入门水平较高。他还指出，市场需求是另一个潜在的障碍：即使成功制造了自己的芯片设备，有限的市场需求可能无法与投入到研发中的巨额投资相提并论。例如，ASML在2020年仅出货了31台极紫外线（EUV）机器，与2019年相比增加了5台；再以SMEE为例，尽管其光刻机研发已有20年，但其目前的90纳米设备仍比ASML的产品落后十年。最终，这是一个政策问题。故也有专家提出："十四五"期间构建新发展格局，最关键的是高水平的自立自强，其中，芯片是科技发展中绕不开的关键[①]。应该提高芯片产业的战

[①] 黄实、董超，2021，《中美半导体产业技术和贸易限制工作组成立影响分析》。

略地位，鼓励各地政府部门采取多项政策支持芯片产业的发展。芯片企业一般需要持续、大量的研发投入，营利能力和部分财务指标会弱于普通企业，建议放松对芯片企业的部分财务指标要求，对细分领域龙头企业开辟专门上市通道，拓宽企业融资渠道。芯片产业技术壁垒极高，技术迭代快，导致其研发周期极长，从开始研究到实现销售可能要经历数年甚至数十年，研发投入巨大，可能会拖累企业的经营。建议政府制定政策，加大对芯片产业的支持力度，特别是研发方面的补贴以及抵税政策。

2021年7月22日科创板开市两周年时，32家已经挂牌上市的半导体公司总市值约1.25万亿元，还有近60家芯片相关的公司正在上市的流程中，涵盖IP、EDA、设计、制造、封测、IDM以及材料、设备等各个环节。根据PitchBook数据，截至2021年年底，华为旗下的哈勃投资的注册资本从最初的7亿元增至30亿元。成立近三年期间，哈勃投资积极出手，聚焦于硬科技，以半导体为主，涵盖了半导体材料、射频芯片、显示器、模拟芯片、EDA、测试、CIS图像传感器、激光雷达、光刻机、第三代半导体、AI等多个细分领域，以此来完善自己的供应链。据公开数据显示，截至成书，哈勃投资一共投资了65家企业，如表2-5所示。而中芯国际于2021年实现营收356.3亿元，同比增长30%，全年盈利107.33亿元，同比增加148%，研发成本支出为1.721亿美元，比去年同期减少了11.5%。2022年年初，中芯国际于上海临港项目已经破土动工，北京和深圳两个项目稳步推进。

表 2-5 华为哈勃投资65家企业名单[①]

编 号	被投公司名	核心业务简介（准确介绍请参见官网）
1	亘星智能	智能座舱系统开发、视觉识别等
2	特思迪	半导体生产设备、精磨机等
3	开鸿数字	物联网操作系统
4	天津瑞发科	高速模拟电路技术及创新I/O架构的芯片设计
5	山口精工	研发、制造特微型轴承
6	先普气体	研发生产各类终端气体纯化器与宽广流量范围的气体纯化设备
7	中蓝电子	生产移动设备摄像头用超小型自动变焦马达和手机镜头
8	晶拓半导体	研发半导体、LED和平极显示领域的臭氧系统解决方案
9	费勉仪器	高端精密仪器
10	赛美特	提供软/硬件、设备自动化及系统集成解决方案

① 除了本表格统计的正在融资中的企业之外，另外还有6家已经成功首次公开募股（截至2022年2月14日），它们分别为天岳先进（碳化硅第一股）、东微半导体、思瑞浦、灿勤科技、东芯股份、炬光科技。

续表

编号	被投公司名	核心业务简介（准确介绍请参见官网）
11	永动科技	AI健身运动
12	杰冯测试	测试探针产品等高性能测试接触解决方案
13	赛目科技	智能网联汽车测试与评价研究
14	知存科技	存算一体AI芯片以及智能终端系统
15	德智新材料	研发、生产碳化硅纳米镜面涂层及陶瓷基复合材料
16	竹云科技	身份管理、访问控制和云应用安全领域的信息安全服务
17	励颐拓	开发工业仿真软件
18	深迪半导体	MEMS陀螺仪芯片
19	博康信息	光刻胶
20	聚芯微电子	模拟与混合信号芯片设计
21	欧铼德	OLED显示驱动芯片研发
22	天仁微纳	纳米压印整体解决方案
23	海创光电	精密光学组建及方案
24	美芯晟	模拟电源芯片设计、LED照明驱动IC
25	天域半导体	SIC第三代半导体外延片
26	阿卡思微	EDA开发
27	强一半导体	垂直探针卡研发
28	科益虹源	高能准分子激光器
29	上扬软件	半导体、光伏和LED等高科技制造业提供软件解决方案
30	云英谷	显示驱动IC、计算机板卡研发商
31	晟芯网络	工业互联通信以及物联网边缘计算等应用芯片IP Core设计、ASIC流片及推广
32	重庆鑫景	平板显示触控玻璃、直升机风挡特种材料
33	物奇微电子	AIoT整合芯片方案
34	云道智造	开发工业互联网平台，致力于仿真技术大众化和仿真软件国产化
35	唯捷创芯	射频前端及高绽模拟芯片的研发设计
36	立芯软件	EDA开发
37	颖力土木	软件技术推广服务；建筑工程、土木工程技术服务等
38	本诺电子	专业提供电子级黏合剂产品和解决方案
39	飞谱电子	EDA开发
40	锦艺新材	高端无机非金属粉体材料的进口替代及首创开发
41	粒界科技	计算机图形学和视觉技术开发
42	九同方微	EDA开发
43	鑫耀半导体	绅化铱及磷化铟衬底材料
44	瀚天天成	碳化硅外延晶片
45	全芯微电子	半导体芯片生产设备、测试设备、机械配件及耗材的研发、制造

续表

编号	被投公司名	核心业务简介（准确介绍请参见官网）
46	昂瑞微	射频器件
47	源杰半导体	半导体芯片研发、设计和生产
48	芯视界	基于单光子探测的一维和三维 ToF 传感芯片
49	中科飞测	检测和测量两大类集成电路专用设备的研发生产
50	开源共识	开源软件
51	思尔芯	EDA 解决方案
52	思特威	CMOS 图像传感器芯片
53	富烯科技	石墨烯高导热/强电子屏蔽材料研发
54	纵慧芯光	开发和销售高功率和高透 VCSEL 和横块解决方案
55	新港海岸	中高端企业级通信芯片和显示芯片设计
56	庆虹电子	生产各类仪用接插件、精冲模、精密型腔模、模具标准件及五金等
57	好达电子	生产声表面波器件
58	鲲游光电	晶固级光芯片的研发与应用
59	裕太微	车载通信芯片、有线通信芯片
60	天科合达	SIC 晶片研发设计
61	深思考	类脑 AI 与深度学习
62	杰华特微	研发功率管理芯片
63	竹间智能	自然语言理解、语音识别、计算机视觉、多模态情感计算等技术研发
64	锐石创芯	研发及销售 4/5G 射频前端芯片和 Wi-Fi PA
65	翌升光电	光通信设备 OEM

资料来源：芯榜媒体整理

在产业人才的储备与培育方面，一是由于技术封锁，欧美等知名半导体公司的核心部门为防止技术泄露而不允许华裔工程师加入；二是在过去很多年中，芯片行业待遇缺乏竞争力，高质量毕业生普遍选择 BATJ（百度、阿里巴巴、腾讯、京东）、AI 四小龙（商汤、云从、旷视、依图）、字节跳动等新生代公司或金融领域工作，因此，我国芯片行业人才培养和发展受到一定的制约。《中国集成电路行业人才白皮书（2017—2018）》指出，到 2020 年前后，我国集成电路行业人才需求规模约为 72 万人，但我国芯片人才存量仅为 40 万人，缺口将达 32 万人。但到 2019 年年底，我国直接从事集成电路行业的人员就超过 50 万人，同比增长超过 10%，总量、增速均处于世界的前列。2020 年年底，"集成电路科学与工程"正式被设立为一级学科。2021 年，安徽大学、中山大学、杭州电子科技大学、清华大学、北京大学等都相继成立集成电路学院。芯片人才的培养正在朝着好的方向发展。事实上，只要聚集起高端的综合性人才梯队，中国芯片就有可能尽快破局。

此外，近年半导体产业薪酬水平的普遍上涨也是一个好势头，有利于人才的培养和流向。

抛弃幻想坚守理想，不认宿命坚守使命，立足可控渐进自主。无论是学术界还是产业界，从 2020 年上半年一致反对弯道超车，到 2021 年默契地积极转向寻找弯道超车，我国半导体产业界的反响同样是巨大的。原来反对弯道超车是因为芯片产业链条全球化、每个垂直领域都有漫长的 10～20 年的从研发到量产的路径，所以没有什么弯道可言；而后寻找弯道超车，是因为我们退无可退，借助中国市场与体制优势，不能再纠结单一的晶体管尺寸缩减工艺突破，而需要由整体产业驱动创新，在工程化与体系化上下功夫，从而逐步摆脱依赖。虽然中国还无法建立完整的芯片产业链，但在芯片关键零部件上不可受制于人，因为它是整体数字经济的核心，涉及各行各业的发展，代表着中国在世界的话语权与地位，也涉及国家安全。

后制裁时代，摩尔定律依然被认为有至少 15 年的持续时间，中国芯片发展的战略基本锁定在根据国情，借助体制优势，由市场引领、产业驱动，加速芯片产业垂直领域的创新，强化领域间的高度协同，不在传统路径如微观尺寸上赶超，而是在新的赛道如新材料、微观密度上下功夫，还有在"软件定义芯片"的发展战略上，我们也有一定的领跑优势。

第 3 章
集成电路与新信息技术交叉融合的智造机遇

3.1 智造工业软件生逢其时

3.1.1 制造强国必强于工业软件

数字化给全球制造业带来新的机遇与挑战。德国、美国和中国相继提出了"工业 4.0""工业互联网"和"中国制造 2025"等先进制造战略，其共同目标是实现智能制造。AI 是新信息技术的典型代表，信息技术和制造融合的"智造"（Intelligent Manufacturing，IM），自 20 世纪 80 年代以来一直被研究者使用。随着 AI 逐渐升级到 2.0，物联网、云计算、大数据、信息物理系统（CPS）和数字孪生（DT）等智能技术逐渐在新一代智能制造中占据愈发中心的位置。制造业正从基于知识转向基于知识和数据的双轮驱动，以不断累积的数据智能加上专家系统模式进行制造。21 世纪的智能基于大数据的产生和使用，具有使用先进信息和通信技术以及先进数据分析的特点，整个产品生命周期中的数据实时传输和分析，以及基于模型的仿真和优化来创造智能，可以对制造业的各个方面产生积极影响。信息物理系统的融合是智能制造的重要前提，作为首选手段，数字孪生得到了学术界、工业界和政府的高度重视。

数字孪生是一项综合性的新信息技术，美国的 F-35 战机[1]就是数字孪生技术应用最为典型的例子。F-35 战机使用了普惠[2]公司的 F135 发动机，劳斯莱斯公司亦参与了发动机设计。F-35 战机整体上由 1600 家供应商制造的 20 万个零件组成，是 ASML 最新 EUV 光刻机零部件数量的 2 倍之多，它拥有 3500 个集成电路和 200 种不同的芯片，在第四次升级（Block 4）项目中的一项重大改进是配置了新型 CPU，其信息接收/处理能力是此前的 25 倍，电子战能力得到大幅提高。F-35 的操作和控制软件系统拥有超过 2000 万行的软件代码，因此，设计人员面临横跨多个领域（机械、电子、热等）的系统级的复杂硬件/软件交互。

---

① F-35 战机是由洛克希德·马丁公司设计及生产的单座单发动机多用途隐身战机，属于第五代战机。
② 普莱特和惠特尼（Pratt & Whitney），简称普惠，是美国一家飞行器发动机制造商。

如图 3-1 所示，作为美国广泛的工业转型的一部分，F-35 战机项目从一开始就建立在数字主线的生产方法和基础上，其中一个重要软件是通用工具组数据管理器（Common Analysis Toolset Data Manager，CATDM）。CATDM 是制作飞机结构的数字孪生的工具，它将物理资产的所有已知数据可视化为一个数字的一站式服务平台。精准的数字复制品包括了所有部队管理需要的内容：材料信息、测试数据、配置等。通过 CATDM，F-35 的数字孪生得以用连续的、图形化的方式在云端托管起来。

图 3-1　F-35 战机在 CATDM 中的数字孪生

资料来源：F-35 官网

F-35 战机漫长的研发、试飞、改进、升级周期，是一个基于大数据的智造过程。根据军方客户的要求，CATDM 可以以更快、更便捷和更经济的方式向他们展示 F-35 完整的结构性数据，还为运营决策者提供了更高效和定制的最终用户体验。该工具汇编了 F-35 的配置数据、分析及其结果，以及不同来源的每个部件尾号级水平的历史文件（包括型号版本的有效性、控制点位置、应力分析、现有损坏和维修的照片、检查细节等）。然后，CATDM 使用增强的飞机结构的三维可视化，以图形的方式展示结构分析数据，这时用户悬停并点击飞机的各个部分，就可以立即查看所需的数据和分析结果。F-35 作战决策者通过访问 CATDM 的定制版本，可以向军方客户反馈面向特定结构配置和作战用途的定制化管理解决方案。有了一个全面的、电子的、最新的、可按尾号和零件号搜索的数据源，就可以大量减少对产品支持问题进行研究的时间，并可以优化和定制部队的管理策略。CATDM 还能根据军方要求，以更经济的方式向客户交付结构分析数据，这不仅适用于最初的数据产品交付，还有所有后续经常性的更新需求。这样一来，系统就能完整且准确无误地记录所有数据类产品的交付和验证，包括部队结构维护计划、单个飞机跟踪报告。与之前的数据产品的信息化管理方式相比，基于数字孪生的新生产方式使对应的成本降低了 75%，这些增强性能降低了制造风险与成本，达到最佳性价比。

信息物理系统与数字孪生都强调在虚拟空间与物理世界对应的建模或镜像，而实现虚拟世界的构建需要基于庞大的工业软件。毫无疑问，工业软件是工业品的结晶，是长期积累的工业知识（工业制造方法及流程等）和诀窍的结晶。通过多年的数据积累及技术发展，工业软件在功能实现层面运算的准确性、正确性、兼容性和安全性都在提升，模型和数据管理的可恢复性、容错性和成熟性也在快速进步。产品的复杂度和环境的复杂度增加，市场对工业软件计算能力的要求在提升，人们对产品图形界面的要求也在提升，从二维到三维、从静态到动态、从历史数据到实时数据处理，伴随着工业软件的发展，有望在数字世界中还原了一个完整的物理世界。

美国从 1995 年开始加速数字化建模和仿真战略。2005 年小布什总统在报告中提到计算科技（一项归属于数字类而非计算机类的专业），2010 年发展高性能计算进行数字建模和仿真，以及 2018 年的先进制造业伙伴计划，都是围绕着工具的模块化和开放式平台展开。尤其在 2014 年美国总统科技顾问委员会（President's Council of Advisors，PCAST）确定的 11 个领域中，可视化、信息化和数字制造是三大领域，这些都是围绕着数字化建模和仿真。仿真软件很早就进入了中低端制造市场，如 Solidworks、Autodesk、AutoCAD 等二维仿真计算机辅助设计（Computer Aided Design，CAD）和计算机辅助功能（Computer Aided Engineering，CAE）软件，后续才又推出了高端市场的产品，如达索的 CATIA、西门子的 Solid Edge 等三维仿真 CAD 和 CAE 软件。例如一台汽车通过 CAD 软件设计完成后，就需要采用 CAE 软件进行汽车制造的过程模拟，包括模拟几千个零部件的运动过程，计算零部件之间的协同力度、安全系数及每一个零部件在空间中的位移，以确定设计的合理性。这无论是对缩短研发的周期，还是对降低量产的成本，都是至关重要的。数字化建模和仿真战略放到航天航空、深海远洋的各种国家工程，就更为重要了，例如美国在研制六代原形机的过程中，通过 CAE 等软件技术，综合性地将建造周期从十年缩短到一年。那些远超人类大脑计算容量的超级计算和模拟仿真在虚拟的计算环境中得以快速地完成和优化，这样最终真实的建造不过是依图做样。

据公开报道，在 CAD 研发设计领域，法国达索、德国西门子、美国参数技术公司以及美国欧特克在中国市场的份额超过 90%，国内数码大方、中望软件、山大华天等只有不到 10% 的市场份额，神舟航天、金航数码也仅仅在军工航天领域拥有一定市场份额。而在 CAE 仿真软件领域，美国公司 ANSYS、ALTAIR、

NASTRAN占据的市场份额超过95%。目前，在汽车研发、建筑CAD领域，中国工业软件企业开始向国际对手发起冲击。生产管理领域，德国SAP与美国Oracle公司占有高端市场的90%以上，国内的用友、金蝶大概只能占据中低端市场的80%。德国SAP公司现今的营收水平达到250亿欧元上下，超过国内同行用友公司15倍。生产控制领域，西门子、施耐德、GE、罗克韦尔也是优势明显。而国内的南瑞、宝信、石化盈科因为在电力、钢铁冶金和石化行业深耕多年，具有一定竞争实力，但还谈不上占据主导地位。中国核电技术已经是世界一流，国产"华龙一号"核电系统已经整体推向世界。可业内人士透露："如果德国西门子现在对中国民用核工业领域禁用NX软件（西门子公司提供的产品工程解决方案），将是一场灾难——所有用NX软件设计的模型、生产制造过程的管理，都将被中断，整个产业将受到巨大影响，甚至无法正常运转。"国内数控机床和集成电路已经有了不小的创新突破，中国机床产业至少在规模上是世界第一，华为海思设计的很多芯片产品也是世界一流水准，唯独国产工业软件依然落后国际最高水平30年以上，尤其是CAD、CAE、计算机辅助制造（CAM）、电子设计自动化（EDA）软件。即使华为如此强大，设计产品时也要用三家美国公司Synopsys、Cadence、Mentor提供的EDA工具。芯片设计极其复杂，其内部晶体管多达几十亿计，EDA工具的极限设计精度是无可替代的。国产工业软件原本起步不晚，20世纪90年代中期甚至占有国内市场25%的份额，可是现今急剧萎缩到5%左右，技术和规模的优势均不明显。甚至有人认为，工业软件是中国企业30年唯一没有多少进步的工业细分领域。

2010年，我国制造业增加值首次超过美国成为全球制造业第一大国，之后连续多年保持世界第一，但与世界制造强国相比还有很大差距。业界认为，工业软件发展缓慢是制约"从大到强"的重要原因，制造业高质量发展亟须加快发展自主可控的工业软件产业。由于工业技术体系本身存在着信息化难度大、成本费用高等特点，我国工业技术体系信息化进程缓慢，工业企业信息化水平参差不齐，整体水平不高。这使我国工业软件产业始终处于追赶地位。工业软件企业的发展瓶颈也会成为下游工业企业极大的掣肘因素。

2015年发布的《中国制造2025》第一章即是新一代信息技术产业，其中首先提出集成电路及专用设备，其后就提出了操作系统与工业软件。文中指出：操作系统与工业软件是制造业数字化、网络化、智能化的基石，是新一轮工业革命的核心要素。发展实时工业操作系统及高端制造业嵌入式系统，以工业大数据平台与制造业核心软件为代表的基础工业软件，面向先进轨道的交通装备、电力装备、农业装备、高档数控机床与机器人、航空航天装备、海洋工程装备与高技术船舶等重点领域的工业应用软件，对我国工业领域自主可控，具有重要意义。

3.1.2 工业软件支撑起全球最强工业企业

工业软件发展需要长期积累的工业知识。即使是苹果、谷歌、亚马逊这些市值过万亿美元的科技公司，也难以在工业软件领域有所作为。另外，终端消费产品的创意是否能够实现，取决于是否能够跨过成熟工业软件的时间门槛。时至今日，几乎每一件工业品的生产、每一台工业设备的运行，都是先在工业软件的数字世界中模拟，试行成功后再进入实体产品的制造。

从全球来看，世界上最大的软件公司不是美国微软或德国 SAP，而是军火商洛克希德·马丁公司（F-35 战机软件系统的开发商，后文简称洛马公司），公司的核心技术就是工业软件，涉及编程、数据分析、设备驱动、程序更改、传感器应用等。洛马公司拥有 17500 名工程师，为陆、海、空和太空领域的软件解决方案提供支持，几十年来一直引领着关键的软件开发。通过在战略上对资源和工具进行调整，实现了 DevSecOps[①]，从而极大地加快了软件支持的任务能力的交付，其软件工厂结合了安全的服务器基础设施、自动化工具包、现代软件流程和训练有素的专家，以满足军方任务的需要。

如图 3-2 所示，洛马公司的每个软件工厂都要保障软件工程的速度、效率和敏捷性。他们是通过如下的方法来实现这些目标的。

- **更快启动**。任何新项目的最初阶段对于快速推进和保持交付都是至关重要的。软件工厂可以随时部署开发环境，在几天内建立服务器、系统和应用程序。
- **更高敏捷**。通过灵活、开放和模块化的架构和容器，让工程师快速开发和部署软件变化和升级的规模。软件工厂加快开发周期和流程，推动在几周甚至几天内交付。
- **内置安全**。软件工厂将开发、安全和运营团队连接到 DevSecOps 框架中，以确保从一开始就建立安全。
- **专才培训**。一个由软件工厂专家组成的全国性网络，确保公司的软件工程师与整个行业的最新流程和技术保持同步，并将其应用于程序创新和快速支持军方任务的需求。

---

① DevSecOps 是应用安全领域的一种趋势性实践，它涉及在软件开发生命周期的早期引入安全，它还扩大了开发和运营团队之间的合作，将安全团队整合到软件交付周期中。

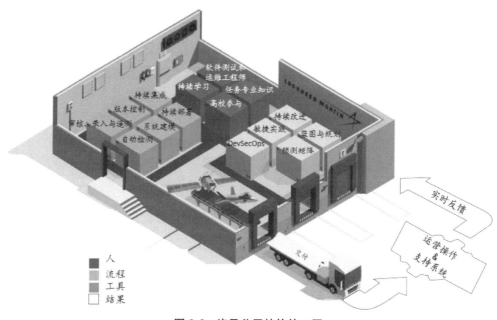

图 3-2 洛马公司的软件工厂

资料来源：洛马公司官网

基于庞大强悍的软件开发能力，洛马公司得以为美国研发最为先进的武器，包括 F-35 战机、LMXT 空中加油机、SB>1 DEFIANT 远程直升机等，当然也有跟英特尔合作的 5G 通信项目。在这里我们就明白美国为什么打压华为的 5G，因为 5G 与军事紧密结合，它不仅影响经济民生，也影响未来国防军工的竞争格局。所有先进武器的制造都需要通过复杂的工业软件来实现，包括创意、仿真、样机、成品到量产的全过程。

如图 3-3 所示，工业软件的巨大作用还体现在美军推行的联合全域作战（Joint All-Domain Operations，JADO）。通过同步主要系统和关键数据源，提供战场的完整画面，使作战人员能够快速做出推动行动的决策。洛马公司声称可利用数据作为武器，让作战人员在几秒钟内破坏和压倒对手，而这几秒钟极其重要。例如，当敌方反卫星武器即将发射时，美国可以使用跨域可用的所有资源快速协调和应对这种威胁。在启用 JADO 的世界中，系统之间共享的数据将使指挥官能够选择正确的平台，在正确的时间产生正确的结果。

近年，德国西门子、美国 GE、法国施耐德为了维持传统垄断地位，大量并购工业软件公司。在所有的工业领域中，芯片制造业被誉为工业领域的"皇冠"。大多数人没有意识到，全球芯片制造第一的台积电，其在工艺、设备、材料等与三星和英特尔类同的情况下，实现超越领先的秘密武器是十多年来不断完善的智造软件体系，其 AI 团队达千人规模。而光刻机对于芯片制造来说，被誉为"皇冠上的宝石"。世界第一的光刻机供应商 ASML 拥有全球最大的开放软件社区，三十多年来一直致力于核心计算光刻的研发，直接雇佣的软件工程师达三千人以上。

图 3-3　洛马公司设计的 JADO 示意图
资料来源：SPOTLIGHT

纵观全球，软件产业在发达国家都占有非常重要的地位，是国家的主导产业。回顾计算机硬件和软件发展历史，军工行业对大型工业软件的孵育和推进无疑起到了决定性的作用。以美国为例，美国国防部几十年如一日地持续推进软件工程，并且不遗余力将这些软件推向民用市场，成就了如今美国在大型工业软件上的霸主地位。典型的案例是美国 1957 年即投入试运行的大型防空系统 SAGE[①]，如图 3-4 所示。SAGE 是当时全球最为复杂的软件，作为最早网络战思想的实现，它主要保护美国不受敌方远程轰炸机的突袭。SAGE 系统集成了计算机、工业软件、通信和网络，可以将雷达站、空军总部和作战部协同起来，及时发现敌机并尽早拦截。当时系统软件投入的预算高达 120 亿美元（按可比价格算，投入规模相当于 2014 年的 1000 亿美元，约等于现在的 1 万亿元人民币），揭开了全新现代信息战的序幕。

---

① 20 世纪 50 年代初美国军方建立的 SAGE（Semi-Automatic Ground Environment，半自动地面防空系统）被看作是现代意义上的第一个计算机网络。SAGE 系统在全面部署时，由分布在美国各地的 100 多个雷达、24 个方向中心和 3 个作战中心组成。方向中心与 100 多个机场和地对空导弹基地相连，提供多层次的交战能力。每个指挥中心都有一台双冗余的 AN/FSQ-7 计算机。这些计算机承载的程序由 50 多万行代码组成，执行 25000 多条指令。指挥中心自动处理来自多个远程雷达的数据，向拦截飞机和地对空导弹基地提供控制信息，并向每个中心的 100 多个操作员站提供指挥和控制以及态势感知显示。这是迄今为止最宏大的系统工程，也是有史以来最大的电子系统。

图 3-4 SAGE 系统运行时的情况
资料来源：CHM（Computer History Museum）

1940 年至今，美国软件应用数量分布显示军工是工业软件重要的服务对象，美国的军事和国防部门是工业软件发展历程中的最大用户，直到 1970 年后其比例才逐渐缩小。这个比例的缩小并不是实际数量的减少，而是整体预算与应用数量的持续扩大。美国借助不断膨胀的商用市场获取的收益，来发展军事、国防和科学。在我们看来，这正是美国采取的"以民养商、以商养战"的策略，即以民用来发展商用，以商用来发展军用，从而维持军事和国防软件的巨额开支。仍以 SAGE 项目为例，在 SAGE 试运行后，其高昂的费用使系统运营不堪重负，因此计划并未完全实施。而后军民合用的概念被提出，联合监视系统启用（联合意味着例如军用、民用雷达尽可能兼用，以减少雷达运行费用），并用 13 个空军和联邦防空局的联合控制中心替代了 SAGE 系统的控制中心，这样可减少 6000 名工作人员，从而大大减轻了 SAGE 系统造成的沉重经济负担。

IBM 的品牌在中国可谓家喻户晓，我们大量使用的 ThinkPAD 笔记本电脑即是 IBM 出售给联想集团的业务部门。要知道 IBM 的起家也是靠军工，而且做得非常出色。IBM 成立于 1911 年，在第二次世界大战中发挥了重要作用，生产了大名鼎鼎的 M1 卡宾枪和勃朗宁自动步枪，盟军广泛使用 IBM 的设备，做军事计算、后勤和其他军需之用。在曼哈顿计划发展原子弹头时，在洛斯阿拉莫斯，人们广泛使用 IBM 穿孔卡片机做计算。IBM 在战争期间，还为海军建了 Harvard Mark I，这是美国的第一个大规模自动数码电脑。可以说 IBM 的发展史就是一部美国的军事史。还有一个关系略为复杂的案例是苹果手机与美国国防。苹果公司赚取了极大的利润后，又把巨额研发资金付给台积电（2021 年苹果占台积电晶圆业务营收的 25.4%，台积电也被戏称为"苹积电"），台积电除了自己用，又将部分资金给了全球第一的光刻机厂商 ASML 用于新产品的研发。要知道无论是台积电还是 ASML，都是受美国控制的顶级工业厂商，台积电在广泛为全球提供先进制程芯片的同时，也在为美国军方生产芯片。

此外，美国国家航空航天局联合美国通用电气、普惠等公司在 20 年时间里研发的 NPSS 软件，内嵌大量发动机设计知识、方法和技术参数，一天之内就可以完成航空发动机的一轮方案设计。再例如，波音 787 的整个研制过程用了 8000 多种工业软件，其中 7000 多种都是波音多年积累的私有软件，不对外销售，包含了波音公司核心的工程技术，只有不到 1000 种是对市场开放的商业化软件。美国部分基础软件与工业软件如表 3-1 所示。

表 3-1 美国部分基础软件与工业软件

类 别	软 件 名 称				
操作系统	Windows	Unix	Android	macOS	iOS
数据库	Oracle	IBM DB2	SQL Server		
通用办公	Microsoft Office	Adobe Acrobat/Reader	Adobe Photoshop	Adobe Illustrator	Maya	3ds Max
数据分析处理	Mathematica	MATLAB	Tecplot	Origin	
EDA 芯片设计软件	Synopsys	Cadence	Mentor		
计算机辅助设计	AutoCAD	Solidworks			
计算机辅助工程	Ansys	Nastran	Fluent		

资料来源：根据先进制造业发布内容汇编

法国是工业软件强国之一。早在 2012 年 2 月，法国就发布了《数字法国 2020》，其中包括三大主题：发展固定和移动宽带、推广数字化应用和服务以及扶持电子信息企业的发展。在法国，软件产业一直被认为是国家经济的"火车头"。2013 年 9 月，法国总统奥朗德宣布了"新的工业法国"战略规划，希望在未来十年，通过工业创新和增长促进就业，推动法国企业竞争力提升，使法国竞争力处于世界的最前列。"新的工业法国"规划中包含 34 项计划，涵盖数字技术（包括嵌入式软件和系统计划、大数据计划和云计算计划）、能源、交通运输、智能电网、纳米科技、医疗健康和生物科技等多个领域。提到法国的软件公司，就必须讲一讲达索系统（Dassault Systèmes）。达索系统是全球工业软件巨头，拥有全套 PLM（Product Lifecycle Managerment，产品生命周期管理）软件，为包括航空、汽车、机械电子在内的各个行业提供软件系统服务和技术支持。达索系统一直是全球 3D 软件的先驱，旗舰产品 CATIA 集成 2D 和 3D 功能，是全球领先的汽车设计及航空设计应用程序，就连波音公司也成为其稳定的客户。达索系统公司的巨大成就并非来自白手起手或大众创新，而是源自法国达索航空的工业软件部门，要知道法国达索航空是生产幻影 2000 和阵风战斗机的公司。达索系统公司除了拥有最为先进的军工血脉，还积极向洛克希德·马丁的软件进行学习，并在 1989 年收购其飞机公司旗下的工业软件子公司。法国达索系统继承了法国达索航空和美国洛马两家顶级军机厂商的传统，成为当前航空工业软件中必不可少的佼佼者。达索系统公司在中国也拥有巨大的市场，例如鸟巢体育馆、京雄高铁、大兴机场、C919 大飞机、海巡 160 号等，还曾为上海世博会提供过综合解决方案。

作为工业 4.0 的倡议国，德国的软件业是欧洲软件业的领头羊，一直位列世界软件供应商和解决方案提供商前列。软件业是德国信息与通信技术（ICT）产业的重要组成部分。德国专门从事软件开发和销售的基础软件企业有 30000 多家，曾经占整个 ICT 产业企业数量的 46% 左右。德国最大的工业软件企业是 SAP。作为一家引领德国工业 4.0 国家战略的公司，SAP 是全球最大的企业管理和协同化电子商务解决方案供应商、全球第三大独立软件供应商，在全球企业应用软件的市场占有率高达三成以上，财富世界 500 强中 80% 的公司都是它的客户。德国的 FAUSER 是全球顶尖的 APS（高级排产系统）软件公司，其产品就定位在工业 4.0 中的智能计划排产。FAUSER 公司的产品被美国洛克希德·马丁公司、英国宇航系统，以及空中客车公司、宝马汽车、戴姆勒·克莱斯勒公司、蒂森·克虏伯公司、科勒卫浴等数以千计的企业广泛使用，成为这些企业"智能制造"的指挥系统。西门子是一个耳熟能详的品牌，它也是世界最大的工业软件巨头之一，曾经制造世界首个 800KV 特高压直流变压器，成为特高压输电的核心装置。西门子为世界最大粒子加速器——欧洲大型强子对撞机提供自动化系统与 PVSS 建造解决方案，是欧洲大型强子对撞机项目中唯一的工业开发与赞助商。西门子的 PLM 工业软件成为 NASA 开发与设计"好奇号"火星探测器的平台软件系统，同时优化了森精机（日本）的数控机床，从设计到制造的时间缩短一半，并且提高了发布更多新产品的能力。西门子 NX 和 Teamcenter 软件，对苏-27 战斗机的气动布局与机动性进行了精密的整体优化，将机身、机翼甚至小小的螺纹都进行了数字化。西门子还为秘鲁矿场提供世界最大的矿场自动化系统，实现采矿到运输的一体化。数控系统是机床的核心，属于机床的核心大脑，而德国西门子则代表了世界数控系统的最高水平。

加拿大是全球传统软件强国，基础软件和工业软件总体的开发水平和实力仅次于美国、法国和德国。加拿大拥有很多著名的软件公司，例如 OpenText 大型软件公司、Corel 多媒体办公套装软件公司（其开发的 CorelDRAW 是世界最早的 Windows 平台下的大型矢量图形制作软件）、Houdini 三维动画软件、Solido Design 半导体设计），以及 Fintech 等 ToB 软件公司。值得一提的是，电力石油专业仿真软件 CMG Suite、CYME、PSCAD 几乎垄断了全世界的软件市场。多伦多 Sidefx 公司开发的三维计算机图形软件 Houdini 是世界上最强大的电影特效软件。Maple 是世界上三大数学和工程计算软件之一，仅次于美国的 Mathematica 和 MATLAB。CAE 公司是世界最大的飞机全动模拟机厂商。PCI Geomatica 是世界著名的遥感、数字摄影测量、图像分析、地图制作系统。CYME 是非常复杂的电力工业软件，是输电、配电和工业电力系统中最先进的分析工具。CARIS 是全球唯一一家能提供一整套流程化地理信息方案的公司。

日本几乎占了全球软件外包市场的十分之一，在软件销售方面曾经仅次于美国，有独立研究机构对日本软件质量与软件生产率做出的排名甚至远在美国之上。虽然日本的工业软件体系被认为是畸形且其制造业呈现出明显的下滑态势，但其嵌入式软件能力很强。尤其是机床、机器人和汽车，是日本世界级品质嵌入式软件的三大载体。日本几乎所有带有数字接口的设备，例如手表、微波炉、手机、数字电视、汽车等都使用嵌入式系统，并且嵌入式软件涉及的领域非常广泛。所有这些足以让日本在微小精尖的电子产品称霸全球几十年。

3.1.3　智造工业软件是半导体发展的黑武器

本书的智造英文对应 Intelligent Manufacturing（IM）而非 Smart Manufacturing（SM），主要原因是后者提供了广泛的定义，而前者是更为精准的以新一代信息技术特别是 AI 为基础的定义，具体包括：

- WoS 数据库显示了按区域划分的出版物数量，主导 SM 出版物的国家是美国，其次是中国、德国、韩国和英国。中国在 IM 上的出版物数量领先，其次是美国、英国、加拿大和德国。所以优先采用我国出版物处于领先地位的 IM 的概念定义；
- 就 IM 而言，*Journal of Intelligent Manufacturing* 的出版物数量最多，是其竞争对手 *IFAC-Papers OnLine* 的两倍以上。排名前十的期刊都有十篇以上的 IM 论文；
- IM 的概念最初来自 AI 和智能制造领域，早期短语包括专家系统、模糊逻辑、神经网络、代理、柔性制造系统、计算机集成制造和计算机辅助设计

（大约 2000 年），显然这与我们强调的基于 AI 的半导体智造更为接近。而现代 SM 的早期阶段是工业 4.0 和自动化（大约 2010 年），这拓展了 IM 的边界，使其向更为广泛的工业 4.0 迈进。

如图 3-5 所示，列出了 IM 的标准体系结构图，A 表示基本架构，B 表示关键技术，C 是行业应用。在 B 中我们看到其关键的技术都与 AI 的智能相关。不过根据目前学术领域的定义发展趋势，IM 与 SM 的区别可能会越来越小，它们都归属于工业 4.0 的范围。使用哪种叫法也不完全取决于技术偏好，跟其推广的商业价值也有特定的关系。

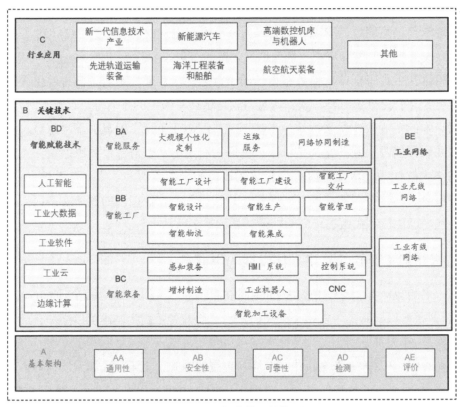

图 3-5　IM 标准体系结构图

资料来源：Smart Manufacturing and Intelligent Manufacturing: A Comparative Review

AI 和传统工程领域曾经被看作是解决一般控制问题的方法。在 20 世纪 50 年代和 60 年代初，这些领域并没有明确的区分。例如，模式识别（Pattern Recognition）曾经是 AI 的核心关注点，只是逐渐成为一个独立的专业子领域。工程领域遵循严格的计量方法，而 AI 却在黑暗中进行毫无逻辑的运算；工程领域的每一步都有清晰的因果，而 AI 却只能告诉我们是相关，这种不可解释性导致工程领域不轻易使用难以进行过程考证的 AI。基本思想的不同导致两个标榜自我身份的阵营在相当长的一段时间里完全没有联系。但随着半导体发展带来的算力激增，AI 的发展特别是深度学习的成效大放异彩。AI 程序运用了一种基本思想，即考虑一个以最终结果为终点的预测序列，用预测的变化或时间上的差异来代替标准学习过程中的错误，经过反复的训练，既能收敛到更好的预测，又能大大简化实现，关键是花费的时间确实比人脑短。目前神经网络的巨大普及至少部分归功于它似乎跨越了两个领域——严格的工程方法的应用潜力与 AI 的增强能力。智造软件处于跨学科的领域，它需要在半导体制造的工程领域中融入 AI 的力量，从而实现的智能控制也处于这个位置，而控制本身也应该是 AI 和机器学习研究的核心。

软件、硬件与物理设备有机结合，缺一不可。提倡"智造工业软件"一方面可以挖掘和升级现有设备的性能，另一方面还能在新设备上发挥更大的潜力和价值。智造工业软件就是要让所有的工业设备和与其配套的物理设施以更高的性能、更高的效率、更大的产能、更精准的操控来运行。在我国目前的工业制造中，以新信息技术为核心的智造软件的"赋值""赋能""赋智"作用日益明显，正在带动各行各业的产品、业态、模式等不断创新，刺激新需求。在智能制造的大背景下，要以推动先进制造业与互联网融合发展为主线，以大数据为基础、以工业互联网平台为纽带、以工业应用为切入，把工业软件的创新研发和推广部署常态化，进一步强化和推广"软件定义制造"的理念和模式。半导体工业软件是以提升半导体产业绩效为目标，面向特定的应用场景，以半导体知识为核心、以信息技术为支撑、以信息物理系统形式运行，能够为半导体产业链带来创新价值的所有软件的总称。对半导体工业软件来说，往往具有高度定制化的特点，所以它有明确的需求来源。由于行业竞争的激烈，它又有清晰的绩效目标。对于芯片制造来说，它面向两个领域：生产自动化与工程自动化，前者保平衡，后者促研发，始终围绕良率、产能、降耗、省时来进行。

半导体是军工的核心之一，尤其是当军事发展呈现出电子化、信息化、智能化、平台化、联合化之后，半导体俨然已经成为重中之重。而工业软件发展的渊源又是军工，所以半导体的工业软件格外重要。如果说半导体产业的硬件制裁会让我们无法生产更为先进的芯片，而软件的制裁则可能让我们的芯片生产很快就被终止，因为一切在半导体产业运行的自动化机台，都是在"看不见"的软件控制下运行的。产业发展过程中曾经存在过的"重基建，轻研发；重装备，轻软件"的现象，对于半导体产业来说是极为不利的，因此，是我们从政府到行业、企业必须深度关注工业软件的时候了。

跟研发军工武器只为国防所用不同，半导体除了具有战略性，还具有市场属性，芯片的大规模量产是参与全球市场竞争的。例如，半导体制品在实验阶段允许投入的单位产出成本是百万级的，那么在量产中的成本可能需要控制在万级，否则产品推向市场就没有竞争力，而且随着市场的竞争还有可能需要持续降低成本。这是一个由点及面的从技术突破到经济适用的复杂过程，换句话说，芯片产业的整体使命，是需要用人类最尖端的科技造出最为廉价的数字产品，从而全面推动人类科技文明。

半导体产业的工业软件，从其主要功能价值来说可以分为两类：

- 以 CIMS[①] 为主的传统生产自动化软件体系，制造执行系统是核心。
- 以数据科技和计算科技为代表的 IPMS[②]，工艺数据与算法是核心。

前者保障正常生产和稳健运营，后者实现良率爬坡与产能挖掘；前者是后者的基础，后者是前者的高地，前者一定有，后者也必须有。只有前者是不够的，拥有后者才有可能自给自足并缩短国际差距，这是中国实现半导体产业弯道超车的可行路径。全球产业的实践证明，发展基于大数据与以 AI 算法驱动为核心的智造软件，是半导体制造业提高良率、提升产能和降低成本的有效途径。不仅对于芯片制造厂商来说如此，对于芯片制造设备厂商来说也是如此。

例如，CPC（Computational Process Control，计算制程控制）就是 IPMS 的组成部分，体现了 IPMS 在芯片制造赋能的落地过程中，从数据采集到智能分析的基本逻辑。全球第一的半导体设备供应商美国应用材料公司认为，中国正在新建更先进的半导体工厂，这些工厂有望从新的 CPC 解决方案中获益。在 CPC 中数据分析不仅仅是算法，它是从工具设计和工艺理解的角度出发，运用所积累的专业知识以及传感器在腔室环境中实际反应的数量参数来分析的。相对于传统的 CIMS 来说，CPC 能够以一种结构化和可重复使用的方式将算法的优势与行业专家的技巧结合起来，深度学习是其中的核心，其中神经网络通过标记和未标记的数据进行筛选以优化检测模式。

应用材料的 CPC 分成四个维度：一是设备端，包括设计、材料、环境与组件；二是数字工程，包括传感器、量测与数据结构；三是分析，这涉及工业软件、建模/算法与机器学习；四是制程，对行业实现"知其所以然"的理解。这四者构成的扎实的知识网络对于提升芯片的良率是至关重要的。

---

① CIMS（Computer Information Management System，计算机信息管理系统）。

② IPMS（Intelligent Precision Manufacturing System，智能精密制造系统），对标台积电在 Agile and Intelligent Operations 及智造路径中的描述。

IPMS 对芯片产业的发展有三大作用：

（1）解燃眉之急。根据目前海量生产数据进行算法优化，从而提升工艺的设计和控制能力，这方面 AI 的作用已极大地得到验证，例如稳定性、客观性、经济性等；

（2）解研发困扰。基于研发生产一体化进行大数据分析，使生产可以往上游助推研发，基于 AI 算法不断模拟与试错，从而找到研发与生产两者最佳的突破点并进行拟合，当然如果是纯实验室的研发可能又不太一样，那是偏基础科学一类的；

（3）解规模之限。每个芯片厂商都是一个商业实体，它在一个工艺节点取得重大突破并实现量产后，别说把这种能力赋予行业，就是在集团内部要快速复制这种能力都很困难。例如 14 纳米节点量产后，再建一条 14 纳米产线依然需要漫长的良率爬坡周期，因为目前的能力还是非常依赖少数技术大拿或保守派精英团队来解决，但随着工艺越发复杂，掌握知识的门槛又非常高，老师傅解决新问题的能力越发局限。而实际上，成功量产的工业能力需要完整地归属到工厂，这种动态能力的迁移和克隆不再受制于个人或团队的保留，更不受制于个人或团队自身能力的局限，这种能力需要在集团内得到快速的复制，即使新厂地理位置不同、环境不同、机台新旧不同、人员也不同，但依然可以借助 AI 为代表的 IPMS，快速在新的场景下找到适配机理，以达到量产目标，这样产业规模就可以快速攀升。这项重要工程是不可能通过任何一家国际领先的供应商来完成的，必须由厂商主动发起。

基于 AI 的工艺研发突破与生产控制已成为半导体产业的兵家必争之地。例如，ASML 制造最先进光刻机的三大支柱分别是优秀设计、精确传感器与巧妙算法（a good design, very accurate sensors, clever algorithms），他们在中国已注册 1326 项专利，其中就包括计算控制的算法专利；台积电已开发智能诊断引擎、先进数据分析等平台，进而发展出一套独有的制程精确控制系统。这套将大数据与机器学习应用在晶圆制程的体系，堪称台积电近年持续拉开全球竞争者距离的终极武器。相对而言，国内还停留在 IPMS 的是否可用（甚至没到应该如何用）的层面。我们不能输在这条有完胜把握和机会的新赛道上。

清华大学的魏少军教授在 2020 年的演讲中，把互联网、移动通信、AI、自动驾驶、量子技术、集成电路等领域，按照中、美、欧、日、韩、印评分（见图 3-6 所示），笑脸代表发展得不错，哭脸代表发展得不好，当然这是相对而言。我们看到，中美两国笑脸最多，几乎没有哭脸，而其他国家和地区总体来说哭脸比笑脸多。在 AI 方面，我国与美国处于全球共同领先的位置。既然我国的 AI 发展得如此之快、质量又如此之高，我们为什么不充分运用以 AI 为代表的 IPMS 来助力我国的半导体制造呢？

	互联网	移动通信		移动互联网	AI	自动驾驶	量子技术		集成电路
		终端	网络				通信	计算	
中国	☺	☺	☺	☺	☺	☺	☺	😐	😐
美国	☺	☺	😐	☺	☺	☺	☺	☺	☺
欧洲	☹	☹	☹	☹	☹	☹	☹	☹	☹
日本	☹	☹	😐	☹	☹	☹	☹	☹	☹
韩国	☹	☺	😐	☹	☹	☹	☹	☹	☺
印度	☹	😐	☹	☹	☹	☹	☹	☹	☹

注[1]：评估值并不表示被评估对象之间的绝对差距，而只表示它们的相对位置。
注[2]：即便都是同样的评估值，也不表明它们之间没有差距，而只表明它们与其他对象比较时的相对值。

图 3-6 中国在信息技术和产业领域已经处于有利的赛道
资料来源：清华大学魏少军[①]教授公开演讲

研究是手段，应用是目的。IPMS 理论上在芯片产业的所有赛道都可赋能，本书将主要阐述 AI 在芯片制造领域的赋能，这有三个主要的原因：

（1）产业集中性。芯片产业中制造是一个大基地，无论是 EDA、设计、材料、设备都会汇聚到这个节点上，从而构成复杂的工程体系。大家都需要跟制造来衔接，不仅是业务对接和生产，也包括研发。

（2）行业健康性。建设芯片制造厂商投资巨大，动辄百亿元甚至千亿元投入，通过 AI 解决好制造厂商的关键良率爬坡与稳定性问题，不仅可快速提升国有化芯片的替代能力，更可为国家节省大量投资，避免因无序化、碎片化、同质化竞争带来的巨大浪费与风险。

（3）实践可用性。AI 实际能落地的赛道除了芯片制造还有很多领域，实际上 AI 应用在制造是相对落后的，例如 AI 在赋能 EDA 软件开发或设计上，早在 2019 年，业界就出现两个观点：① AI Inside：如何在 EDA 工具中应用 AI 算法以赋能芯片设计；② AI Outside：如何设计 EDA 工具助力 AI 芯片的高效设计。这是两个

---

① 魏少军，1958 年 5 月出生于北京，应用科学博士，国际欧亚科学院院士。百千万人才工程国家级人选，享受国务院特殊津贴专家。现任清华大学和北京大学双聘教授；"核高基"国家科技重大专项技术总师；国家集成电路产业发展咨询委员会委员；中国半导体行业协会副理事长；中国半导体行业协会集成电路设计分会理事长；世界半导体理事会中国 JSTC 主席；中国电子学会会士；国际电气和电子工程师学会会士。本图参见魏少军在 2020 年第三届"全球 CEO 峰会"上的公开演讲。

非常有趣的观点。无论如何，AI 已经成为 EDA 工业界和学术界关注的焦点。

从具体的技术创新上，分成三个方面：

（1）晶圆制造的工业互联网平台建设，先建内联网，再建外联网，最后全部对接。

（2）基于内联网建立晶圆生产制造的大数据平台。

（3）研发基于 AI 的以良率为核心的工业机理应用。

如果说在芯片的制造上，终极挑战是良率、基础挑战是光刻、核心挑战是设备与材料，那么我们认为，IPMS 是面向一切挑战的方案。通过 AI 提升良率的研究在业界已有近 10 年，实践应用也超过 5 年，其中最具代表性的就是台积电的十年智能制造之路。通过 AI 提升光刻的工艺控制已是 ASML 的关键能力，他们研究如何使用机器学习和 AI 的神经网络来分类和改进复杂的镜片设计，将数据科技和机器学习的优势应用于知识提取、知识表示和推理系统。设备和材料的精确控制已不断通过 AI 得到加强，成为领先厂商购买同样设备却能远远甩开竞争对手的主要原因。那么，我国是否有必要建立专门面向芯片产业的、相对集中的、可提供基础性共享的、国有化的 AI 框架、算法及工业机理应用套件的服务体系和能力呢？还是每家半导体公司各自投入亿万元资本去研发 AI 呢？答案应该是前者，因为后者不仅没有经济效益，也没有时间机会，从产业竞争的时间敏感性上看是鞭长莫及的，专业分工不仅是芯片产业的特征，也是高科技应用领域的普遍特征。

最后，尽管目前业界开始逐步认同弯道超车也在积极准备相应的策略，我们仍未把 IPMS 归在弯道超车这一队列中。我们并不把赛道看成是多条平行线，而是一个立体空间，IPMS 不是另开一个新的赛道，而是在赛手的上方加一个牵动引擎，充分发挥我国在大数据、AI 方面的优势，由"人"赋予"智能"想象力和创造力，由"智能"赋予"人"操纵力和突破力。这样的合力是前所未有的，或许在这样的新赛场，我们会重新定义摩尔定律。

3.2 智能^2——芯片与 AI 的交叉赋能

3.2.1 AI 芯片引燃半导体产业爆发

智能^{2}的概念，是指芯片与 AI 相互促进，推动了彼此的几何级爆发增长。

1）半导体芯片在 AI 的促进下急速发展

半导体产业的需求通常来自颠覆性的新技术推动，AI 处理器正在重振全球半导体产业。AI 随着时间发展，将会应用到各个领域。未来 5 年 AI 芯片应用将增长三倍。HIS Markit 发布的一项 AI 应用调查中预测，到 2025 年，AI 应用将从 2019 年的 428 亿美元激增至 1289 亿美元。IHS 表示，AI 处理器市场将以可见的速度扩张，到 20 世纪 20 年代中期将达到 685 亿美元。用于深度学习和矢量处理任务的 GPU、FPGAs 和 ASIC 的新兴处理器架构正在推动蓬勃发展的 AI 芯片市场。此外，汽车、计算和医疗保健等领先的应用正在推动一股新的 AI 应用浪潮。

如图 3-7 所示，根据微软与德勤的分析，AI 芯片有三个层次的角色：

（1）第一个层次是基础设施。例如：软硬件和网络构成的基础平台，包括获取数据的传感器、进行数据计算的 AI 芯片等。

（2）第二个层次是通用的技术应用。例如：将机器学习和深度学习应用于模拟人类的感觉功能，即图像识别、语音识别和生物特征识别等。

（3）第三个层次是具体的商业应用。例如：智慧工厂中的机器人、通勤中的无人驾驶车辆、消费者的客服等。

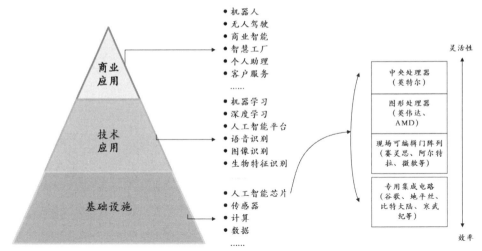

图 3-7 AI 芯片在不同层次的角色

资料来源：微软、德勤分析

上述虽然体现了三个层次，事实上它更应该是一个循环往复的螺旋式上升过程，因为只有应用端产生不断的需求，才能够推动基础设施的进一步提升与完善。科学发现是第一步，技术发明是第二步，商业应用是第三步，技术的发明是否顺应时代发展与市场需求是闭环的根本。

全球智能化趋势将会在 AI+5G+ 数据中心的协同作用下发展[①]。AI 芯片从技术路径主要分为 GPU、FPGA；ASIC 分为云端训练芯片、云端推理芯片和边缘推理

---

① 腾讯网，《全球智能化进程推动半导体行业进入高速发展期》。

芯片。相关领域的市场规模增长预期如下：
- 云端训练芯片从 2017 年的 20.2 亿美元，在 2022 年达到 172.1 亿美元，复合增长 53.5%；
- 云端推理芯片从 2017 年的 2.4 亿美元，在 2022 年达到 71.9 亿美元，复合增长 97.4%；
- 边缘推理芯片从 2017 年的 39.1 亿美元，在 2022 年达到 352.2 亿美元，复合增长 55.2%；
- 网络加速计算芯片 DPU 从 2020 年的 20 亿美元，在 2025 年的市场规模达到 29 亿美元，复合增长 7.53%；
- 图形、AI 加速计算芯片 CPU 由 2020 年的 235 亿美元，在 2025 年达到 417 亿美元，复合增长 14%，英特尔、AMD 占据霸主地位，分别为 84.4% 和 15.6%；
- GPU 由 2020 年的 245 亿美元，在 2025 年达到 1737 亿美元，复合增长 46.9%；GPU 主要由 Nvidia 主导，部分国内企业在自研 AI 芯片方面缺乏通用性。其中，AI 领域的头部厂商，如 Alphabet、苹果、Meta、阿里巴巴等公司都在为能够运行 AI 的处理器进行定制设计。他们希望自己的芯片能够帮助改善他们的智能应用，同时又能降低成本，特别是现代 AI 应用所需的图形处理器。

当今 AI 的大部分活动都集中在构建和训练模型上，这主要发生在云中。但 AI 推理将在未来几年带来最激动人心的创新。推理是模型的部署，从传感器获取实时数据，在本地处理数据，应用在云端开发的训练并实时进行微调。例如，要考虑一种优化汽车转弯性能和安全性的算法，模型采用摩擦力、路况、轮胎角度、轮胎磨损、轮胎压力等数据进行输入。模型构建者不断测试和添加数据并迭代模型，直到它准备好部署。然后为这个模型加入推理引擎，这是一个基于推理的芯片运行软件，从传感器获取数据，并对转向和制动等进行实时微调。数据保留时间很短，如果需要，软件可以选择存储某些数据发送回云端进一步训练模型。这只是未来十年将进一步发展的数千个 AI 推理案例之一，AI 的价值正从建模转向推理，如图 3-8 所示。

除了 AI，云服务商与消费电子公司也是重点需求领域。在云服务领域，亚马逊、微软和谷歌等都在开发为特定功能设计的芯片，如数据挖掘、网络服务，得以在提高效率的同时减少他们的运营费用。这些芯片消耗更少的电力，同时允许更高的数据吞吐量，并具有密集的系统和数据中心配置。这些发展对半导体公司的投资回报率有重大影响。在消费电子领域，苹果、三星等消费电子公司都在设计自己的芯片，一些较小的供应商也开始考虑这样做。

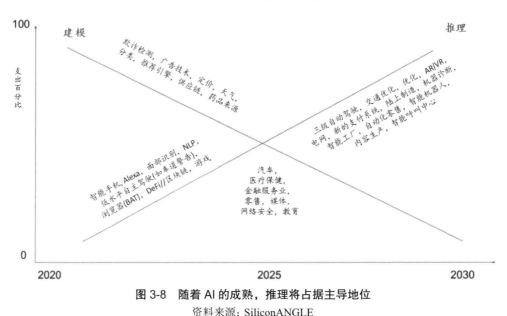

图 3-8　随着 AI 的成熟，推理将占据主导地位
资料来源：SiliconANGLE

在全球数据化、智能化进程的推动下，半导体产业将迎来需求爆发期。

2）AI 方向的半导体发展计划受到重视

多国重视以 AI 为主要方向的半导体产业发展。以韩国为例，2020 年 10 月 12 日，韩国科学信息通信技术和未来规划部（MSIT）宣布，计划到 2030 年开发 50 种 AI 相关的半导体系统。此前，韩国政府已经做出了"将为下一代芯片企业提供支持"的承诺。2020 年早些时候，韩国政府宣布到 2029 年前，AI 芯片的制造和商业化投资约 1 万亿韩元（约 8.47 亿美元）。韩联社指出，韩国希望本国半导体产业能够更加"智能"，并致力于到 2030 年占据全球 AI 芯片市场 20% 的份额，拥有 20 家创新公司和 3000 名顶级工程师。目前，韩国三星和 SK 海力士等公司均已在 AI 芯片方面积极布局，投入人才和资金以促进研究。

韩国贸易、工业和能源部（MOTIE）把未来汽车、基于物联网的家电、生物技术、机器人、公共领域确定为 5 个重点领域，计划为每个领域开发出必需的半导体系统。在未来汽车领域，将开发用于自主驾驶汽车的 AI 半导体，如识别和理解驾驶者的驾驶习惯并提供帮助的半导体，以及通过识别周围物体调整距离等安全驾驶辅助的半导体等 10 个项目。GAON CHIPS、Nextchip、韩国电子技术研究院等企业和研究机构将参与这一领域。在基于物联网的家电领域，计划开展应用于灾害和事故监控设备的低功耗 AI 半导体、通过声音识别操作的智能家电半导体等共 8 个项目。在生物技术领域，将开发可应用于家庭使用的自我诊断试剂盒的系统半导体、可穿戴设备和可测量个人生物信号的家庭医疗半导体。除了这些半导体外，还将开发通过位置传感器控制机器人手臂的半导体、通过生物识别技术和位置信息预测犯罪迹象的半导体、能够检测埋在地下的煤气管道泄漏的半导体等。

韩国政府瞄准的下一代半导体以 AI 为中心，预计成功商业化后将带来巨大影响。由于智能手机、电视、冰箱、汽车等各行业开始广泛使用这类半导体，因此对专门处理 AI 所需的大量数据的半导体的需求一直在增长。为了应对这些变化，韩国政府计划提高国家在系统半导体产业的竞争优势。因为英特尔、AMD、高通、苹果等跨国半导体公司已经开始加大对 AI 半导体领域的投入，因此技术的产业化将是项目的关键。韩国政府还宣布，将加强需求联动。

中国台湾科技部则启动了"半导体登月计划"[①]。该项目专注于以智能边缘计算为核心的新型半导体工艺和先进芯片系统的研发，总体目标是挑战 AI 边缘的关键技术极限，开发适用于各类边缘设备的 AI 芯片，增强产业竞争力，培养 AI 人才。该项目汇集了学术和研究机构，共同努力实现两个目标。第一个目标聚焦 AI 边缘计算的组件和系统集成研究，将利用六大领域为 AI 相关技术创造无可争议的市场空间：创新的传感设备、电路和系统；下一代内存设计；认知计算和 AI 芯片；智能边缘的物联网系统和安全；无人车系统与 AR/VR 应用系统解决方案；新兴的半导体工艺、材料和器件技术。第二个目标聚焦构建合适的环境：集成半导体研究环境由台积电研究院支持，将为边缘 AI 所需的集成电路、先进组件制造、半导体生产方法等领域搭建平台和环境，从而构建自上而下的主题垂直整合。

3.2.2　AI 是半导体智造的软核心

半导体集成电路行业与以 AI 代表的新型技术应用有着紧密的融合发展之处。到 2025 年，全球 AI 市场预计将增长到 3909 亿美元[②]，在短期内复合年增长率为 55.6%。半导体集成电路行业将通过提供计算、内存和网络解决方案获得最大的利润。而同时，从半导体集成电路制造的角度来看，也将受益于 AI 技术的采用。AI 将会出现在所有制造的流程节点上，其被证明在减少材料损失、提高生产效率和缩短生产时间上具有巨大的应用价值。

---

① 中国台湾科技部，2022，《AI Edge 项目的半导体制造与设计（Semiconductor Moonshot 项目）》。
② IRDS, *Semiconductors and Artificial Intelligence*。

麦肯锡的一项报告认为，半导体公司现在必须定义他们的 AI 战略[①]。这将更有可能吸引和留住客户和生态系统合作伙伴——这可能会阻止后来进入者在市场上获得领先地位。在制定强有力的战略时，他们应该关注三个问题：

（1）在哪里竞争？创建重点战略的第一步是确定目标行业、细分领域和 AI 应用案例。这涉及对不同垂直领域机会大小的评估，以及 AI 解决方案可以消除的特定痛点。在技术方面，公司应该决定是专注于数据中心的硬件或是边缘计算。

（2）怎么竞争？半导体公司应采用合作思维来推出新的解决方案，例如通过与特定行业的老牌企业合作获得竞争优势。另外还应采用与业务匹配的组织架构，因为可能需要创建为所有行业提供特定功能的研发小组。

（3）何时竞争？为避免作为追随者的后发劣势，许多半导体公司都想尽快切入 AI 领域，尤其是在深度学习应用程序方面。此外，随着行业采用特定的 AI 标准并期望所有参与者都遵守这些标准，进入壁垒将会上升。虽然快速进入可能是某些公司的最佳方法，但也有一些公司可能希望采取更加谨慎的方法，即随着时间的推移逐步增加对选定的细分市场的投资。

IPMS（智能精密制造系统）是制造型企业战略的重要组成部分，加快 IPMS 在芯片产业发展的应用和推广，将有助于在中美芯片产业竞争与摩擦形势下开创全新局面。一方面，在这一领域中，美国对我国制裁的空间并不大，我国在数据方面有天然的制度优势；另一方面，算法及框架虽然在原创方面比美国还是要差一些，但在应用的层面上并不落后，半导体制造业完全有能力自力更生。就目前投资动辄百亿元甚至千亿元规模的晶圆代工厂来说，投资数亿元建设自己的算力中心以支撑智能制造是完全可能的。当然，在智造实践中，工业软件涉及行业的专有知识，在 AI 应用于特定场景的计算控制逻辑上，可能存在行业对手专利保护的障碍。例如，ASML 就在中国注册了多项计算控制的算法专利。但这方面的挑战是可以克服的，原因有三：一是我国在 AI 方面的技术积累与美国在全世界是并驾齐驱，后发优势非常明显；二是从历史发展来看，AI 与芯片本身就是相互推动和促进的；三是 AI 与芯片产业都是国家战略，芯片是心脏，AI 是大脑，加强心与脑的战略协同，不仅有利于各自战略目标的实现，更有利于整体战略的达成。

IPMS 广泛流行的背后还涉及软件产业本身的发展趋势，即智能软件的科技民主化。半导体集成电路行业对技术的极致要求及产业的全球化分布属性，决定了技术官僚与经济官僚是行不通的，虽然半导体集成电路行业并不适合没有任何专

---

① McKinsey & Company, 2019, *Artificial Intelligence Is Opening the Best Opportunities for Semiconductor Companies In Decades. How Can They Capture This Value*?

业基础的人员进行创新，但需要这个行业的人都能够积极参与到技术的设计与决策中，这是为什么很多半导体集成电路公司在内部采取了全员持股，在外部建立开放式创新平台以融合产业智慧与资源的原因。半导体产业无论在商业谋略，还是在技术研发，都需要领军人物来进行最终的决策，但决不倡导"一言堂"的武断权威。当然，科技民主化也有其局限性，虽然它助于抑制技术霸权以及滥用技术，但却是有条件的、相对的。推进科技民主化既面临着诸多现实困难，也潜伏着一系列陷阱。只有在技术科学化、生态化、人性化、艺术化等多条路径的协同推进中，在法律、道德、宗教、教育等多元文化力量的共同规约下，才可能达到现代技术的善治。另外，科技民主化在实践中，对可实施的环境是有一定的要求的。科技民主化需要参与大众的觉醒与认知，并在某种程度上呈现出一致性。在意识和知识存在巨大落差的群体中，民主从来都不是高效决策与行动的动因，反之可能产生严重的内耗。所以需要将科技民主化带来的权利、自由与共同的目标紧密结合在一起，否则将有可能形成一盘散沙。

从半导体集成电路厂商的经营管理来看，在过去十年的大部分时间里，半导体市场的大部分利润都与智能手机和移动设备市场相关。随着智能手机市场趋于平稳，这个行业必须寻找其他增长机会，其中包括 AI 应用，特别是大数据、自动驾驶汽车和工业机器人行业。半导体集成电路行业的公司需要定义市场的 AI 发展潜力，将其整合进他们自己的战略管理中，才可能更好地定位自己，以充分利用不断扩大的市场来发挥自己的竞争优势并实现持续增长。

埃森哲于 2019 年发布的一份调查报告[①] 显示，经过对 25 个国家、18 个行业的超过 6300 名企业和 IT 主管访谈后，在每近 10 个半导体高管中，有 9 个（总体比例是 87%）已经在试验一种或多种 DARQ 技术。DARQ 是埃森哲提出的一种应用技术组合，分别对应分布式账本技术（Distributed Ledger Technology）、AI、扩展现实（Extended Reality）和量子计算（Quantum Computing），如图 3-9 所示。DARQ 技术不仅将改变半导体行业的应用，还将推动业务增长。区块链/分布式账本技术的核心是通过去中心化数据链实现更快的可追溯性和更高的安全性，以及高性能计算和 AI 的能力，将进一步改善业务决策和整体运营的效能；而 AI 和扩展现实都将需要定制芯片；量子计算将引领行业进入全新的计算工程时代。调查报告显示，半导体作为高科技产业之一，60% 的半导体公司预计 DARQ 技术的组合将在相对较短的时间内对他们的组织产生变革性或广泛的影响。这种影响将

---

① 埃森哲，2019，《2019 年半导体技术愿景报告（*The Duality of Technology*，*Technology Vision 2019 Semiconductor*)》。

以不同的形式出现，因为每项技术都会以自己的方式产生影响。调查发现，在整合区块链和利用 AI 方面，半导体产业走在了前列。88% 的高管预计在三年内将区块链整合到他们的企业系统。半导体产业对 AI 的采用也持乐观态度，90% 的半导体高管这么认为，比其他行业都高。此外，超过一半的受访者（54%）认为未来两年内 AI 将成为他们的同事、合作者或顾问，这个指数也高于其他行业。半导体高管还认识到了扩展现实的巨大潜力，包括增强现实和虚拟现实技术。93% 的受访者认为这些技术将在未来五年内普及并影响每个行业。几乎所有人（97%）都认为他们的企业可以利用扩展现实解决方案缩小物理距离，尤其是在与员工和客户交流时。

图 3-9　DARQ 技术

资料来源：埃森哲

埃森哲 2020 年发布了一份类似报告，其经过对全球 6000 多名企业和 IT 主管的调查发现，74% 的半导体高管认同数字体验必须变得更加以人为本；79% 的半导体高管认为人类和机器之间的合作对未来的创新至关重要；85% 的半导体高管认同技术已经成为人类经验不可分割的一部分；87% 的半导体公司报告在一个或多个业务部门试点或采用 AI——光学 +AI 分析平台可以提高产能和良率，并优化半导体制造测试。69% 的半导体高管表示，行业正朝着互联产品所有权模式更加多样化的方向发展；48%的半导体企业预计在未来两年内将在不受控制的环境（Uncontrolled environments）中使用机器人。

在其2021年的报告中，70%的半导体高管认为他们组织的数字化转型的步伐正在加快（其中，89%的人代表Fabless公司、50%的人代表IDM公司）；95%的半导体高管认为他们的组织在今年有了新的目标感；几乎所有接受调查的半导体高管都认同技术架构正在成为其组织整体成功的关键。

在其2022年的报告中，埃森哲声称其对35个国家23个行业的4600多名商业和技术领导者进行了调查。71%的高管认为元宇宙将对他们的组织产生积极影响，42%的高管认为这将是突破性的或变革性的。这包含了第四次工业革命中典型的信息物理系统和数字孪生，也包括在2019年报告中就提出的量子计算在各行业的进一步发展。量子计算作为受生物启发的全新计算方式，其应用工具可以帮助企业解决传统计算过于昂贵、效率低下或通过传统方式完全不可能进行计算的问题。

3.2.3 集成电路与AI的互促成就

集成电路与AI是两个相辅相成、相互促进的高端技术领域。以集成电路为基础的芯片技术为AI技术的发展奠定基础，而AI技术也会反作用于集成电路技术发展。AI的发展离不开集成电路的支撑，集成电路的升级也对AI的发展起到了积极的促进作用，在两者的良性互动下，AI与集成电路一定会走得更远、走得更好。

回顾历史，国家对于软件和集成电路两者的支持一直没有停止过，在过去两个十年间（2000—2020年），国务院三次发布了与"鼓励软件产业和集成电路产业发展"相关的政策通知。虽然关于软件的部分并不全是AI，但不可否认的是，对软件产业发展长期的支持是奠定今天AI成果的基础，毕竟AI是作为一项计算软件技术而存在的，而且国家对AI的单独扶持也是越来越多、力度越来越大。从国务院颁发的文件来看，软件和集成电路两个产业是非常重要的且相互紧密相关的。另外，以我国集成电路重镇上海为例，在2021年发布了《全力打响"上海制造"品牌 加快迈向全球卓越制造基地三年行动计划（2021—2023年）》。行动计划提出，上海要努力打造世界级新兴产业发展策源地，努力打造联动长三角、服务全国、辐射全球的高端制造业增长极，努力打造具有国际影响力的制造品牌汇聚地。到2023年，上海集成电路、生物医药、AI三大先导产业规模力争增长50%左右，新增3~4个国家级创新平台、10~15家全国质量标杆企业，战略性新兴产业制造业产值占全市规模以上工业总产值比重达到 42% 左右。特别是上海给予了"东方芯港"前所未有的支持力度，对入驻企业提供诸多优惠的政策条件，包括土地、资金、购房和上海户籍。可见，集成电路产业发展在上海是第一位的，而 AI 也是三大先导产业之一，那么这两个产业若能高度协同发展，显然是相互促进且效益倍增的。而这三项先导产业的融合发展，就是未来科技产业中的重中之重——生物电子科技，例如超级人类。

如今我国集成电路产业随着超万亿元的资金投入，各赛道快速发展且规模效应渐显。在集成电路工业软件领域，我国对 EDA 软件也给予了充分的重视，通过多年的政府扶持、资本注入和产业推动，使一些优秀企业获得了新的生机，他们的产品也解决了一部分在芯片设计方面自主可控的问题，利好消息也接连不断地传来：2021 年 12 月 28 日，概伦电子在上交所科创板上市（688206.SH）；2022 年 7 月 28 日，华大九天正式在创业板上市（301269），市值超 400 亿元；2022 年 8 月 5 日，杭州广立微电子股份有限公司在深交所创业板上市（301095）；8 月 24 日，上交所正式受理国微思尔芯的科创板 IPO 申请，后又主动撤回申请。这四家 EDA 公司的 IPO 申请在两个月左右的时间内都获得受理，显然不是一起偶然事件。随着四家公司陆续上市，其二级市场的发展将进一步拉动一级市场的发展，我国 EDA 软件行业在经历了近二十年的发展后[①]，迎来了发展的黄金期。不仅是 EDA 软件，2021 年也是半导体整体产业的黄金之年。根据科创板公布数据，2021 年科创板集成电路公司合计实现营业收入 1078 亿元，同比增长 42%。九成以上公司均实现营收增长，超七成取得净利润增长。

但在集成电路制造环节的智能软件板块就没那么幸运了，相对芯片制造的硬件设施投入来说，其相应的软件投资是相对较少的，这呈现出一种不匹配、不合理的现状。通常对于一家投资百亿元的晶圆代工厂商来说，其自研的智控软件投入不到一亿元，这种"重体轻脑"的投资策略将影响和阻碍集成电路制造未来的健康发展。另外，若不能充分地利用我国过去在制造业数据资产和 AI 框架的优势、在算法上已取得的巨大成果，是集成电路产业对我国现有优质数字化生产力的一种忽略和浪费。我国宣布到 2030 年将成为全球 1500 亿美元的 AI 领导者，那么就更有必要和理由充分运用 AI 技术来提升我国半导体的制造能力了。就目前而言，我国在 AI 领域已经取得的卓越成就包括：

- 在中国科学技术信息研究所编撰的《2020 全球 AI 创新指数报告》中，中国 AI 创新指数综合排名世界第二，仅次于美国。在构成全球 AI 创新指数

---

① 广立微成立 18 年，国微思尔芯成立 17 年，华大九天成立 12 年，概伦电子成立 11 年。

的四项一级指标中,中国在"AI 基础支撑""AI 科技研发""AI 产业与应用"三个方面均拥有绝对优势指标,而在"AI 创新资源与环境"不少指标仅处在中等水平。

- 全球权威的计算机科学专业排名榜 CSranking 更新了全世界计算机科学研究机构的排名(2011—2021 年),清华大学、北京大学、南京大学、上海交通大学等中国高校在 AI 领域领跑全球。
- 通过对全球最大的文摘和索引数据库 SCOPUS 中的数据统计显示,中国在 AI 领域的研究正在经历井喷式发展,中国的研究人员自 2011—2015 年创下了发表超过 41000 篇论文的纪录,单就出版量而言,中国排名世界第一。
- 在 2022 年 AI 全球最具影响力学者榜单——"AI 2000"排名中,美国入选学者及提名学者的数量最多,有 1146 人,占 57.3%,超过总人数的一半。中国排在美国之后,位列第二,有 232 人,占 11.6%。

在集成电路制造行业,智能软件可能是继目前硬性卡脖子风险后面更大的软肋和风险。作为芯片的基础生产设施,在中美贸易摩擦背景下,我们一边需要巨额资金向国际厂商采购先进的生产设备,一边出于提升自主可控降低依赖的考量,需要投入资源来发展我国自主可控的芯片智造软件。出于稳定生产与降低波动的角度,晶圆工厂的智造软件不一定要从 MES 或 ERP 这些大系统开始,而是可以因地制宜地从数据科技开始自研应用,从第 2 章中大部分海外厂商的经验来看,这是一个由点及面的过程,并且可以在这一过程中,将科技民主化的创新文化建立起来。

集成电路产业的国际硬件禁运会影响我国后面的扩产,而智造软件的缺失可能令今天的生产都成问题(例如良率爬坡和超额量产的挑战)。在芯片设备厂商提供的产品中,部分不同售价的中高级设备的硬件配置可能完全一样,区别只是控制软件版本不同。事实上电子及机械硬件系统难以轻易升级,通常 2~3 年推出一个新版本已是很快,而智造软件却可以通过频繁迭代来提升设备本身的稳定性、精密度甚至产能。在业界这并非机密,就如同一个普通的个人计算机用户通过超级软件来实现超性能的使用一样,先进设备更是如此,这在后面章节关于 ASML 的计算光刻中会进一步说明。如今,AI 与集成电路是我国多个地区的产业发展重点,那么从一开始就把这两项的协同融合发展作为战略规划和部署重点,将可以起到借力打力、相互促进、事半功倍的效果。

3.3　AI 应用于集成电路的投资回报分析

AI 和机器学习的产业应用已经存在多年。早在 20 世纪 90 年代，IBM 即发表了一篇关于如何使用检测系统和早期机器学习形式发现芯片制造过程中产生缺陷的论文。但当时系统运行缓慢且准确性低，所以当年相关的应用根本无法广泛使用，也得不到业界的关注和响应，其中有两个原因：一个是算力有限，仅仅支持一个复杂的机器学习系统对于产生高效准确的应用结果是远远不够的；另一个原因是当时的机器学习技术还处于起步阶段。时至今日，半导体产业的计算能力有了巨大的提高，这使业界可能在该领域应用机器学习和 AI。可以且必须应用 AI 的另一个主要原因是环境所迫，无论是材料的纯净度、对生产环境的苛刻要求或生产工艺本身的复杂程度，都是前所未有的，半导体制造设备已成为 3D 作业的工具，其复杂性更是呈指数级增长，在这样的情况下，仅仅使用物理学来模拟制造就显得捉襟见肘，往往需要数年的时间才能完成，机器学习使这一切变得更快更准。最后就是低成本算法库的发展，例如 2015 年推出的 TensorFlow（谷歌）和 2016 年推动的 PyTorch（Facebook）。

2021 年 6 月 9 日，毛军发院士在 WSCE 世界半导体大会上表示，芯片现有两条主要发展路线：一是延续摩尔定律，二是绕道摩尔定律。如今摩尔定律正面临各种挑战，而绕道摩尔定律有很多途径，异质集成电路就是其中之一。针对异质集成电路面临的问题，毛军发院士提出总体研究思路：打破集成电路传统"路"的思路，向"场"演变，进行多学科交叉，包括电子科学与技术、物理学，特别是 AI 对电路的设计，需要力学、化学、材料等多学科交叉开展研究。

利用 AI 技术对于芯片设计的影响体现在两个方面：一方面是 EDA 工具，近几年 EDA 公司做了很多工作，它们有大量的数据积累，在引入 AI 技术后，能提取出设计过程中的"关键特征"，并对后续的设计工作起到非常直接的作用，可以缩短设计周期；另一方面是 AI 技术使工作方式变得可持续积累。相信按照现有的方式，不用特别长时间，AI 就能在很多方面超过有经验的工程师。以后的芯片设计过程更多是需要大量的数据和工具，这样整个设计端都会降低门槛。两大 EDA 公司 Mentor 和 Synopsys 认为，加入 AI 的芯片设计工具可能缩短芯片的设计时间为原来的十分之一，同时将芯片 PPA 提升 20%。Mentor 的 Joseph 曾介绍以英伟达为例，通过使用 AI 工具，可以把生产效率提高近两倍，验证成本下降了 80%。Google 团队将 AI 强化学习方法应用于芯片设计复杂的"布局"中，获得了显著的效果提升。对于芯片设计进行了足够长时间的学习之后，它可以在不到 24 小时内完成 Google Tensor 处理单元的设计，并且在功耗、性能、面积都超过了人类专家数周的设计成果。另外以 Graphcor 为例，通过使用 AI 技术，它的诊断式功能测试（DFT）生产率提高了 4 倍，测试调通的速度大幅提高，基于实际的数据证明它的设计时间周期缩短到了 3 天。在集成电路设计过程中，如果出现失误，半导体公司必须根据制造反馈进行多次昂贵且复杂的迭代。因此半导体公司可以通过部署 ML 算法来识别组件故障模式，预测新设计中可能出现的故障，并提出最佳布局以提高良率，从而避免这个问题。在此过程中，在基于 AI 的分析支持下，芯片设计被分解为关键组件，然后算法将这些组件结构与现有设计进行比较，以识别单个微芯片布局中的问题位置并改进设计，这样可以显著降低 COGS、提高终端良率并缩短新产品的上市时间。它还可以减少维持终端良率所需的努力。因此，从半导体产业链来看，芯片设计和验证的自动化将从 AI 技术的应用中受益颇丰。

　　AI 赋能的领域不仅是设计，它在半导体集成电路各个领域的潜力都非常巨大。中国银行研究院的《全球"芯片荒"的原因、影响与对策》报告中认为：随着我国在半导体产业的话语权不断提升，产业链逐渐完整，理顺上下游信息传递、均衡晶圆制造厂产能分配，对于减少结构性失衡具备重要意义。5G 科技创新带来了物联网、工业互联网、AI、大数据等新兴信息化产业的发展，若能将这些技术应用在半导体产业链，减少产业链上下游信息差，一定程度上指导企业生产、备货，或将有利于维护供应链稳定。在半导体的制造过程中，AI 的应用价值比比皆是。在光刻工艺中，利用 AI 技术可以大幅提高良率，降低数倍生产的运行时间。不仅能识别出生产过程中产品的缺陷，还能进行预测缺陷。半导体生产制造，通常需要 4000 个 CPU 运行 1 天才能产出 1 个掩膜（Mask），但如果使用机器学习算法后，能够将运行时间缩短到之前的 1/3～1/4 天。存储器厂美光公司（Micron）认为，AI 的实施帮助美光减少了 30% 的设备计划外停机时间，低产品良率减少了 40%，良率学习曲线提高了 20%。目前半导体公司在大数据分析上，最关注的是良率诊断分析，也就是出现问题后可以通过系统的方法快速追踪问题源头，从而进行诊断分析，改善良率。下一步要做的事情就是预测，通过 AI、机器学习等手段，从数据里面提出价值，来预测可能发生的风险或问题。台积电于 2019 年表示，在 AI 的帮助下，能够在不增加设备的情况下多生产 20%～30% 的硅片，例如在某些关键工序上，使用 AI 对机台保养时间动态地做出调整，提高生产效率。另外，AI 还可以将很多专家的经验和专业技能整合在一起，让一个专家的经验在本人不在场的情况下就能大面积推广使用，从而实现更好的经验传承。由于先进芯片制造对于水、电等能源产生巨额的消耗，作为能源紧缺的台湾来说，台积电早将 AI 应用于能耗管理以实现绿色制造，获得了内部的创新奖项。绿色制造有三个关键点：第一，能耗要最小；第二，废气排放量最低，使用水资源最少；第三，排放出来的废弃物数量要降到最低。台积电在中国台湾的工厂中，在单位面积上其使用能源最小、排出气体最少、用水量也是最小的，即使与其他先进国家和地区相比，台积电工厂排出的废弃物要少很多。随着 2030 全球碳达峰、碳中和目标的逐步临近，芯片厂目前除了最为重要的良率、产能和研发生产周期外，节能降排将会是最为重要的考核指标及迫切任务。

一项来自麦肯锡的报告[①]也验证了 AI/ML（Machine Learning）对于半导体制造的巨大投资价值（如图 3-10 所示）。在半导体制造中，制造业是半导体产业最大的成本驱动因素，而 AI/ML 将在这里提供最大的价值——约占总价值的 38%。它们可以降低成本、提高良率或增加晶圆工厂的产能。从长远来看，我们估计它们将使制造成本（销售成本和折旧成本）降低多达 17%。AI/ML 可以帮助半导体公司在研究和芯片设计阶段优化其产品组合并提高效率。通过消除缺陷和超出公差的工艺步骤，公司可以避免耗时的迭代，加速良率提升，并降低维持产能所需的成本。尽管 AI/ML 还不足以应用在芯片设计的所有阶段，但随着时间的推移将成为现实。因此，AI/ML 最终可能会将当前的研发成本基数降低 28%～32%，这甚至高于制造业预期的收益。

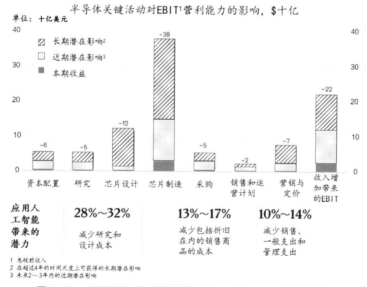

图 3-10 AI 将降低半导体制造成本，并极大减少研发投入

资料来源：麦肯锡

---

① 麦肯锡，2021，*Scaling AI in the Sector That Enables It: Lessons for Semiconductor-device Makers*。

AI/ML 在制造中实现的场景，至少可以从如下两个生产的细节中加以说明：

- 关于工具参数的调整。在定义工艺配方的步骤时，半导体公司通常为每个步骤指定一个恒定的时间框架。但某些单个晶圆所需的时间范围可能会出现统计或系统波动，因此工艺可以在产生所需结果（例如特定蚀刻深度）后继续运行。这可能会增加时间并浪费甚至损坏芯片。为了获得更高的精度，半导体公司可以使用来自先前工艺步骤的实时工具传感器数据、计量读数和工具传感器读数，从而允许机器学习模型捕捉工艺时间和结果之间的非线性关系。收集的数据可能包括蚀刻过程中的电流、光刻中的光强度和烘烤中的温度。使用这些模型，可以在每个晶圆或每个批次的基础上实施最佳工艺时间，以缩短加工时间、提高良率或两者兼而有之，从而降低销售成本并提高产能。
- 关于晶圆的目视检查。这一步骤通过在前端和后端生产过程的早期检测缺陷来帮助确保质量，在生产过程中经常进行（例如使用相机、显微镜或扫描电子显微镜）。然而，这些图像仍然通常由操作员手动评估潜在缺陷，从而容易出错和积压并增加成本。机器视觉深度学习的进步使现代晶圆检测系统成为可能，它可以被训练识别自动检测和分类晶圆上的缺陷，其准确度与人类检测员相当甚至更好。专用硬件（例如张量处理单元）和云产品支持机器视觉算法的自动训练。这反过来又允许更快的试验、实时推理和可扩展的部署。通过这种方法，公司可以及早了解潜在的工艺或工具偏差，从而更早地发现问题并提高良率，同时降低成本。

而对于造成芯片荒的主要原因——设计能力大幅提升而量产产能严重不足来说，AI 赋能制造就更为重要了。虽然专业人士认为制造只不过是一个集中点，其产能不足的原因可能是设备少、材料缺、工艺得不到改进等，但不可否认的是，作为产业链全球化分布的半导体集成电路行业，IDM 或 Foundry 依旧是解决产能不足问题的集中性突破口，在 IDM 或 Foundry 这个站点来解决问题不仅是最现实的，也是最有效的，所以我们聚焦在 AI 赋能制造这个维度，试图在特定工艺、设备、材料的约束环境下，能够生产出更多的芯片来扩大产能并节省成本，这已在台积电得到了验证。

麦肯锡的一项报告指出[①]：随着芯片厂商试图提高研究、设计和制造方面的生产力，同时加快上市时间，AI/ML 正成为整个价值链中越来越重要的工具。AI/ML 现在每年为半导体公司的息税前利润贡献 50 亿～80 亿美元，但它仅反映了

---

① 麦肯锡，2021，*Scaling AI in the Sector That Enables It: Lessons for Semiconductor-device Makers*。

AI/ML 在行业内全部潜力的 10% 左右。在接下来的两到三年内，AI/ML 每年可能产生 350 亿～400 亿美元的价值。在更长的时间范围内——在未来四年或更长时间内——这个数字可能会上升到每年 850 亿～950 亿美元。这一数额相当于该行业 2020 年收入 5000 亿美元的 20% 左右，几乎相当于其 2019 年 1100 亿美元的资本支出。特别是对于先行者而言，是不可忽视的降本增收环节。

在第四次工业革命中，AI 芯片的诞生和发展标志着机器智能的大幅提升。AI 在半导体制造及集成电路故障诊断方面表现出诸多的优势：AI 技术利用其在计算量、计算速度和计算精度方面的超人优势，抽象出人脑神经网络，通过人工神经网络学习建立模型，然后进行模式识别，判断故障的原因和类型。同样，AI 对电路设计优化中的传统仿真优化过程进行改进，利用机器学习技术对采样结果建立模型。这不仅提高了设计优化的效率，缩短了仿真的生命周期，而且提高了参数的符合性和准确性。这都再次验证了 AI 与集成电路互补协调发展的关系和方向。可以预见，随着 AI 技术的深入和集成电路硬件的不断完善和优化，未来集成电路将更加智能化。如上述所言，AI 与集成电路的结合发展，也将更多体现其协同效应和溢出价值。

半导体制造的 AI+，将对于实时分析、精准控制、提升良率以及进行预测性维护等方面有极大提升。2022 年 5 月，在由 SEMI 组织的先进半导体制造会议的圆桌论坛中，与会者指出了涉及全球晶圆工厂和 AI/ML 的 10 个趋势或建议：

（1）到 2025 年，AI/ML 在半导体领域的应用规模将达到 1000 亿美元。

（2）工程师们可以更轻松地完成高效排程和缺陷分类。

（3）数字双胞胎和分析赋能预测性维护。

（4）无价值的步骤将被跳过或缩短。

（5）晶圆工厂正在招聘数据工程师，这是数据科学家与制程工程师的结合体。

（6）大数据的优势显而易见，但正确的数据才是更重要的。

（7）工具状态的标准（SEMI E10）提升了透明度。

（8）深度学习将应用于在良率、缺陷和成本之间取得最佳平衡。

（9）由于 AI/DL（Deep Learning）应用可观的投资回报，行业内可有可无的心态将得以扭转。

（10）AI/DL 应内置安全机制。

可以预见，半导体和 AI 作为重要的技术利器，将重塑大国之间的竞争态势和各自的全球地位。

第 2 篇

技术篇：
集成电路与 New IT 的跨界融合与智造技术

❖❖

第 4 章　智造软件持续加码全球半导体制造
第 5 章　智造软件为半导体产业提供全程价值
第 6 章　来自世界头部半导体制造厂商的智造验证
第 7 章　来自世界头部半导体设备厂商的智造验证

❖❖

第4章
智造软件持续加码全球半导体制造

4.1 开启先进半导体智造之窗

4.1.1 台湾的 AI 智造与竞争基础：工业 3.5

工业 4.0 的范畴不仅是指对现有生产方式的改善或技术升级，它还专注于广泛的连接，例如整合供应链。在产业链中即使竞争激烈的公司之间也有共同成长的机会，在同一个赛道并不意味着一定会在博弈中你死我活，竞争是一种客观需求和存在，在某种程度上促进了产业的发展。在四次工业革命中，第一次和第三次工业革命偏向于集中在蒸汽机、晶体管和数字等更为颠覆性的技术上，而第二次工业革命的内燃机和第四次工业革命的虚实结合，则更多地集中在各种商业模式的快速更替、平台和行业生态系统之间的竞合关系上。大多数传统产业可能还没有准备好直接迁移到工业 4.0，台湾也不例外。台湾的晶圆生产面临着大规模定制的全球竞争，以满足客户的动态需求。为了应对从大规模生产到按需生产、小批量和多样化产品组合的挑战，需要一个新的方案来支持晶圆制造业采用智能制造数字化转型，它需要遵循一个框架，作为收集、识别和分析组织的相关步骤和决策的系统方法，这个新的决策支持系统，可以打破已有的信息孤岛并增强智能制造，这时候台湾小步快跑版的工业 4.0 出现了——工业革命 3.5[①]。

2017 年 5 月 23 日—5 月 27 日，被称为"人类最后的希望"的柯洁与 AlphaGo 鏖战三轮，最终总比分 0∶3，柯洁败于 AlphaGo。深度学习帮助 AI 克服了"波拉尼的悖论"，算是另辟蹊径，绕过这个理论限制，也就是只要输入海量的标记过的数据，计算机就可从这些数据中，自己找出细微的模式，学会人类最精巧的技艺。因此，很多国家和地区都将 2017 年定为"AI 元年"[②]。正是这一年，中国台湾公布了"AI 推动策略"方案，提出五大策略：建构 AI 研发基础设施，设立 AI 创新研究中心，打造智能机器人创新基地，开发智能终端半导体核心

[①] 简祯富，2019，《工业 3.5》。
[②] HKTDC 经贸研究，2018，《台湾迎头赶上全球 AI 研发应用潮流》。

技术（半导体射月计划），以及设立吸引国际人才的"科技大擂台"。针对台湾发展 AI 的评估，在优势方面，台湾在晶圆代工及 IC 封测领域位居全球第一，IC 设计为全球第二，具备重要的硬件制造能力。另外，台湾学研界长期投入在类神经网络、专家系统等理论，机器学习与大数据趋势预测分析的相关应用也具备一定研发能量。和其他国家和地区相比，虽然中国台湾并没有提前几年定出 AI 元年，但其 AI 在工业领域的实践是迅速而超前的。

2018 年，来自 Micronix、Advantech、Nvidia 和 MOST 的专家在 SEMI Taiwan[①] 主办的 AI 和半导体智能制造论坛上，分享了他们对深度学习、数据分析和边缘计算将如何塑造未来半导体制造的见解。时至今日，我国大陆的半导体制造行业已开始意识到智造软件的重要性，而不只是偏重 EDA 软件。从产业链来说，工业软件特别是智造软件，和 EDA 软件一样都是"卡脖子"的领域。智造软件的重要性还在于，它所发挥的共性价值是对于整体产业链而言的，智造软件所依赖的 AI 在 EDA 设计上已发挥的巨大价值就是例证，目前是需要把智能技术充分地应用在制造和封测上。对于芯片制造厂商来说，由于创新试错的成本极高，为保障稳健运营，在新信息技术应用方面比较保守，这导致我国大陆在芯片制造领域的智能应用滞后于能源、汽车等行业，现在到了必须加以重视和应用的时候了。

其实早在 2001 年，台湾在晶圆代工行业就开始采集和管理制造流程数据，并运用 AI 神经网络进行制程工艺和良率的分析。如图 4-1 所示，半导体制造业的数据挖掘和数据价值开发总共分三个层次，从上往下分别是流程、数据和分析。流程是从芯片投入到晶圆测试的 20 多个主要的工序，对应这个制造过程，相应的信息化系统存贮的相关制造数据主要是 MES、WAT[②] 和 SORT[③]。MES 中的数据又分为 4 个维度，分别是批次信息（过程历史数据、量测数据、备注数据）、工具信息（PM[④] 数据、备注及状态数据）、缺陷信息（缺陷数量及类型）和基本数据（路径、产品、参数和规格）。WAT 数据可以按照站点或批次等方式采集，包括参数名称、测试数据、特殊限定与有数限定的信息。SORT 中的数据可以按照批次

---

① Emmy Yi，2018，*AI to Revolutionize Semiconductor Manufacturing – 4 Takeaways From SEMI Taiwan Forum*。
② WAT（Wafer Acceptance Test）是对 Wafer 划片槽测试键的测试，通过电性参数来监控各步工艺是否正常和稳定，在晶圆制造过程中进行。
③ SORT 指芯片分选，是在制造完成后对整片 Wafer 的每个 Die 的基本器件参数进行测试。
④ PM 是 Process Manufacturing 的缩写，PM 数据是指流程制造产生的数据。

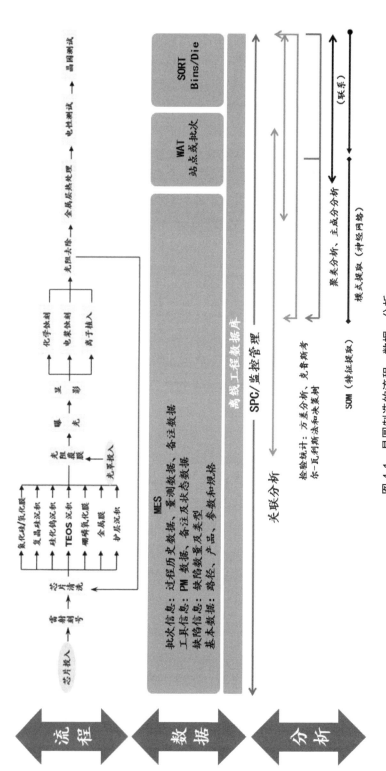

图 4-1 晶圆制造的流程、数据、分析

资料来源：彭诚涌、简祯富，2001，*Data Mining and Data Value Development for Semiconductor Manufacturing*。

① 彭诚涌、简祯富，2001，《半导体制造业的数据挖掘和数据价值开发》。

的 Die[①] 来分，包括 Bin[②] 的名称、数值和 Die 的位置等信息。这些数据统一汇聚到线下的工程数据库，这些数据整体上可以用于 SPC[③] 和监控管理，更重要可以进行数据相关性的分析，比如按站点或批次就量测数据和 WAT 数据进行关联分析，或是 WAT 和 SORT 的关联分析。检测统计分析可使用综合的方法，比如 T- 测试、方差分析、克鲁斯考尔 - 瓦利斯法和决策树。通过流程工具和 WAT 参数可以对 SOM 的特征进行提取，也可以通过神经网络基于 Bin 与 Die 的信息提取模型。

台湾各个产业的标准化、系统化、自动化的程度不一，大多数企业只是工业 4.0 软硬件系统的用户，并没有在企业内部构建系统性的架构，这意味着解决了生产制造过程中的一些控制问题，并没有形成智能的战略决策能力，所以基于大数据系统分析来构建弹性的决策能力被提上了日程。企业通过盘点自身拥有的资源和优劣势，建立专属自己的数字化转型策略和智能制造技术蓝图。以"系统化程度"和"弹性决策能力"为衡量指标，可以将企业分为图 4-2 中的四个象限。台湾大部分的企业是决策弹性不错，但系统化程度不高，位置处在图中的右下角。若没有好的策略蓝图而只是导入软硬件系统，很多时候是徒劳无功。工业 3.5 的策略主张用 AI 将内在的管理知识应用于分布式决策支持，逐步提升系统化程度。工业 3.5 战略一方面强化自己的数字能力，缩小了与先进厂商的差距，另一方面先从市场上收割部分工业 4.0 产业的红利，在实力强化后再进入工业 4.0，成功的概率则大幅提升。

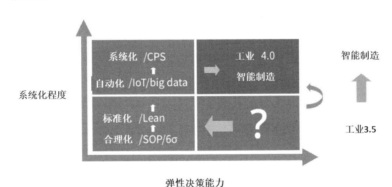

图 4-2 企业系统化程度及弹性决策能力分析图

资料来源：简祯富，2017、2019

---

① 芯片中的 Die 指裸片、裸芯片，包括了设计完整的单个芯片以及芯片邻近水平和垂直方向上的部分划片槽区域，晶圆上每一个方格切割后就是一块 Die。
② Bin 是一个测试的分组，简单的形式是测试通过或失败，测试内容包括灵敏度、速度或其他参数。
③ SPC（Statistical Process Control，统计制程控制）是一种成熟的技术，它使用统计方法来分析过程或产品指标，以采取适当的措施来实现并维持统计控制的状态，并不断提高过程能力。

工业 3.5 概念架构协助台湾企业进行智造能力的评估，量身定制了"工业 3.0－工业 3.5－工业 4.0"的策略路径。企业以工业 3.5 混合策略和破坏性创新为核心战略，首先建立全面资源管理、智慧生产、数字决策、智能供应链与智慧工厂等营运核心能力（Operational Core Competence）。然后，借助支持的基础环境，包括"物联网""大数据""跨领域虚实整合"与"基础工业能力"等，推动产业生态系统的四个关键，包括制造优势与管理经验系统化与数字化、产品生命周期与营收管理、软硬件设备和分析能力垂直整合，以及永续发展和绿色供应链。中国台湾科技部 AI 制造系统研究中心主任简祯富[1]二十多年深入产学合作第一线，与台湾各产业龙头合作，深耕智能制造和大数据分析的研究结果，指出工业 4.0 革命的三大愿景中，大数据与虚实整合系统只是基础架构和工具目标，其根本目标在于掌握弹性决策的核心能力。对于一家企业来说，这种描述更为落地。

工业 3.5 借助 AI、大数据及数字决策系统，结合产学资源，为企业解决需求个人化、产品周期愈来愈短、人力短缺、企业接班等经营难题，并从经营决策、资源管理、人才培育与蓝湖策略这四个大方向上，协助企业有效管理资源，优化经营。

- **数字决策转型**：采用 PDCCCR 制造策略架构（如图 4-3 所示），搭配龙卷风图找出关键变因，以协助企业建立数字大脑，不断学习并优化决策，带领企业抢先进入智能制造。

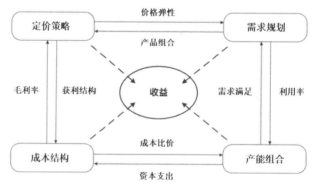

图 4-3　PDCCCR 制造策略架构
资料来源：简祯富，2019，《工业 3.5》

---

[1] 简祯富出生于 1966 年，在美国威斯康辛大学麦迪逊分校获决策科学与作业研究博士学位，后担任台湾清华大学工业工程与工程管理学系教授。他于 2003 年起担任台积电的顾问，2005—2008 年担任工业工程处副处长，成为国内首位借调台积电担任高级主管的学者。

- **全面资源管理**：将原本蕴藏在老师傅、资深高级主管的管理与决策智慧数字化，以解决人才断层、企业接班问题。培养人机协作人才：以书院、学堂、微课程协助人才持续精进，培养出善于人机协作的"钢铁人"，提升员工战斗力和决策力。
- **量身打造智能制造战略**：企业应该如同大户人家一样，都有自己的家庭医生。通过产学合作，为企业量身打造智能制造解决方案，用有限资源创造最大效益。

4.1.2 从生产自动化迈向工程自动化

半导体制造拥有最复杂的制造环境。其原因包括严格限制的生产过程、重复的工艺流程、昂贵的精密设备、多样化批次的需求、高水平的自动化和数据的庞杂。然而，尽管困难重重，半导体制造业是许多工业化国家的一个关键产业，并直接和间接（例如通过商业服务）对全球经济做出了巨大贡献。随着高度自动化的晶圆制造设施（Fab）的出现，带动了一个引人注目的趋势，即扩大传统的自动化范围，与先进的决策技术（如运筹学、AI和排队理论）相结合。这就推动了从生产自动化向工程自动化的过渡。

半导体行业是最早接受MES理念的行业之一，采用者早在20世纪70年代甚至在MES这个术语还没有出现之前就开始应用了，其中一些系统今天仍然在运行，但问题是这些早期系统已达到运行的极限，因此用户不断添加了各种辅助性小型应用程序，以满足现代制造需求。即便如此，这些系统将无法再通过修补式的迭代来满足需求，工厂必须重新换代升级才能生存。以工业4.0为发展方向的智能制造，提供的巨大潜在利益很可能是推动高质量转型的变革催化剂，也是为企业未来制定合理战略规划的基础。

英特尔在数据化转型中的重要一环，便是利用物联网技术进行广泛的传感部署，以获得过去未曾触及的重要数据，再通过数据技术从海量的信息中获得知识与经验的洞见或业务的创新。几十年以来的生产自动化正朝向工程自动化发展。如表4-1所示，在晶圆厂诸多的系统中，传统计算制造管理系统占了半壁江山，即以MES为核心的软件系统，包括ERP、EAP、R2R、FDC等。而根据英特尔特别是台积电过去十多年以来的智能制造路径，数据科技与计算科技甚至是工业4.0的虚拟现实与增强现实都已粉墨登场，早已掀开了智能制造新纪元。

表4-1 软件体系从支持传统的生产自动化迈向支持智能的工程自动化

传统计算机制造管理系统 (Traditional CIM)			物联网 (IoT)	智能精密制造 (Intelligent Precision Manufacturing)		
1	2	3	4	5	6	7
ERP(SAP)\DB (ORACLE)\CRM	MES（主计划、排程、实时排工等）	自动化（EAP）/质量控制系统（R2R、FDC）	工业内部互联，数据采集	数据层（实时连接所有传感器的数据湖，对多元数据进行统一处理）	与传统CIM整合一体化的智能控制与决策支持界面	引入智能分析引擎（大数据仿真、机器学习、数字孪生）
统筹生产自动化管理 通过高级分析以实现生产改进			统筹工程管理 全方位改进关键KPI（良率、产能、成本）			
必需的			增强的			
使半导体厂商活下来			使半导体厂商活得更好			
旧系统打补丁升级，新系统全新架构，总体方向是工业4.0						

资料来源：作者编辑

工业4.0在半导体工程自动化方面的六个场景[1]如下所示。

（1）**产品开发**。工业4.0中的智能运营和高级分析可以优化流程并实现更明智的决策。它有助于保障质量，一致可靠地、更快地创建、测试和推出新产品。根据IEEE的一份报告，良率损失在芯片生产周期中高达生产成本的30%。不过，有一种方法可以优化操作流程。厂商可以通过使用AI应用程序来监控生产周期，从而系统地分析整个生产阶段的损失。在使用下一代半导体材料时，这种能力变得更加重要，因为新材料比传统硅材料更昂贵且更易挥发。

（2）**制造业务**。为了保持竞争力和效率，芯片厂商正在快速将其制造业务数字化。这个过程包括垂直整合制造系统和水平整合整个企业和价值链的物联网，并得到下一代技术的有力支持。工业4.0工具可显著缩短周期、提高生产力，而无须扩大工厂占地面积或增加产能、提高自动化程度并降低能源成本。同时，客户还可以通过节省成本和时间而受益。硬件是工业4.0技术的核心驱动力。

（3）**供应链管理**。半导体产业需要通过高级分析来采用认知传感和数字规划，以克服未来的任何供需失衡。此类技术取代了全球价值链中主要的基于电子表格的NPI和SFGI（半成品）实践。它们还协助行业快速决定任何可预见的局部中断的情况。

（4）**现场服务**。由于物联网和AI在半导体产业的日益普及，半导体的范围

---

[1] Madan Mewari, Birlasoft, *How is Industry 4.0 Transforming the Semiconductor Industry: Applications and Benefits*.

已大大拓宽。半导体公司需要响应客户从生产到检测及系统化评估的需求。半导体公司的物联网在对运行状态进行实时监控并做出及时维护方面发挥着巨大作用。物联网数据还可以改善客户体验，通过创建新的售后服务产品来增加收入，通过提前的实时干预降低服务成本。跨频谱连接物联网数据可以为整个生态系统带来相当大的优势，而现场服务是价值链的关键组成部分。

（5）**过程自动化**。智能工厂好比是一个自组织的机器，可提高运营盈利能力并提高流程生产力。嵌入式系统的发展催生了 CPS 的新时代。CPS 融合了现实世界和虚拟世界，具有高度的灵活性、自组织性、自适应性、巨大的容错能力和风险管理能力。这些属性不断提高传统生产的实时质量、发挥资源、上市时间和成本优势。这种智能系统优化了内部生产流程，使其不再局限于生产单一产品，而是可以通过多个远程操作员生产多个产品。

（6）**运营效率**。在部署工业 4.0 时，机器配备传感器以记录影响 OEE 的重要事件，包括生产放缓或设备故障。操作人员基于新一代人机界面进行设备控制，从而缩短了手动输入数据的时间，智能反馈机制同时为操作人员和工程师提供了细致的信息和深刻洞见。未来，工业 4.0 解决方案将通过使用套件工具来检查机器日志数据，使自动化更进一步。这些工具首先评估历史信息并进行自动数据分析，以确定问题的根本原因，然后提出解决方案或自动执行。

麦肯锡认为，半导体领域迎来了一系列的新机遇，这包括对客户群体进行细分以提高销售业绩。例如：对客户市场进行实时的微观细分，以便制定有针对性的推广策略；用自动化算法取代/支持决策；在商业模式、产品服务方面进行创新（利用产品传感器数据来创建售后服务产品）；优化资产利用（使用预测性维护来提高机器的可用性等）。

世界先进的晶圆制造厂商已普遍搭建了强大的数据环境，大数据基础推动了晶圆工厂从生产自动化向工程化迈进，这包括多个维度：

（1）通过先进的规划来支持工程与工具的对接，在项目管理上也便于制订总体计划并推动实施。

（2）数字主线由强大的数据湖和云计算驱动，确保所有功能之间的实时连接和分析。

（3）生产的实时分析和控制进行，包括通过自动化的 AMHS/MCS 提高交付系统的自动化程度，通过实时调度来优化工具利用率，通过智能 FDC 优化工具条件和匹配，基于下一代的 APC/R2R 控制来优化晶圆加工。

（4）设计和制程开发中心在设计时充分考虑到制造的稳健与柔性需求，从而确保产能和良率；与客户共创的过程还可让客户提前参与研发，确保设计的价值交付；通过远程控制中心对生产线控制/排程进行优化，加强产线的流动性、平衡性和灵活性；通过实时产能模拟，还可以挖潜工厂的产能；预测性维护可避免故障和非计划性停机。

根据麦肯锡的一项研究报告，通过一系列的智造方案的落地，基于数据基础、先进的分析和实时的工控，晶圆工厂的生产仅在光刻环节就有望提高 3%～5% 的良率，将定义和追溯 Root-Cause 的时间从 1 天缩短到 1 个小时之内，还减少了 30% 的物料传送时间，生产周期也可从 6 个月缩短到 3～4 个月，并可减少多达 90% 的手工劳动。

4.2　半导体智造软件的极致力量

4.2.1　半导体制造三大极致挑战

芯片制造具有资本密集型和技术密集型的双重特征，处在芯片整个产业链的中间位置，是整个产业链中重要的一环。半导体制造，无论是先进制程还是成熟制程，都朝着越发极致的方向发展。所有头部的半导体公司都有着共同的目标——把芯片做得更小、更快、更便宜、更低能耗与高能效。在制造过程中，这种极致可表现为三个方面，即极致的精度、极致的性能、极致的能耗。这三大极致挑战将进一步拉大全球芯片厂商在发展上的差距。极致精度表现为芯片制程已接近纳米的终点，即将迈入埃米的世界；极致性能是既要小巧快速，又要低功耗，还要稳定可靠；这些极致的要点带来了越来越大的能耗，即需要耗费海量的电力和水资源，是名副其实的能耗大户。台积电 2021 年用电 203 亿度，约相当于同年三峡电站发电量的 1/5 或深圳居民一年的用电总量，其中 EUV 光刻机一天就要耗电 3 万度。中芯国际 2021 年用电 29 亿度，约等于整个上海 1/5 家庭的用电数之和[①]。

极致制造通过不断提升高科技含量而持续产生高附加值，而高科技含量的提升意味着持续的投资。例如台积电在 2020 年的资本投入即上升至 200 亿美元。随着海量资本投入和技术能力的提升，台积电的竞争优势也越发明显，订单不断增加，甚至英特尔都开始把部分订单交给台积电。随着摩尔定律的延续，预期 2025 年量产的 2 纳米芯片将需要运用相当于 8 倍原子大小的制程工艺，是人类对物理

---

① 截至 2021 年 12 月 31 日 24 时，三峡电站 2021 年累计发电 1036.49 亿千瓦时。深圳 2021 年常住人口约 1756 万人。上海 2022 年约有 825 万户家庭，一个三口之家一年用电量在 2000 度左右。

极限的挑战。芯片技术密集和资本密集这两大特性使得制造玩家越来越少，导致先进制程芯片制造行业出现一种赢家通吃（Winners Take All）的局面。

芯片的核心制造设备是光刻机，世界第一的光刻机厂商是位于荷兰的 ASML，该公司于 2017 年推出世界上第一台量产的极紫外光刻机，已经被用于制造 iPhone 手机芯片以及 AI 处理器等最先进的芯片。ASML 最新的光刻机体积如公共汽车一般大小，整个机器包含 10 万个部件和 2 千米长的电缆。每台机器在发货时需要 40 个集装箱、3 架货机或者 20 辆卡车。一台的售价要超过 10 亿元人民币，差不多是一架 F-35 战斗机的售价，所以也只有诸如台积电、三星和英特尔等少数公司能买得起，事实上它们也是研发的投资者与参与者。行业认为，由于 ASML 在光刻机上的技术突破，有望让芯片制造行业沿着摩尔定律至少再走上 10 年时间。

ASML 通过投资和入股等方式，获取光刻系统的核心技术，而光刻机 90% 的其他部件都是合作和外购的世界顶级技术产品，例如美国 Cymer 的光源、德国通快的激光器、德国蔡司的光学系统、英国爱德华的真空系统、德国柏林格拉斯的静电吸盘等。同时引入英特尔、台积电和三星等电子巨头的注资，形成了无法复制和超越的产业战略利益共同体。芯片制造厂商在采购光刻机后，其投入产出要确保产品推向市场后售价在客户可以接受的范围之内，这是大众消费产品与军工产品的不同之处，前者需要大规模量产和市场接受，后者只需定量生产和政府接受。终端消费者的价格预期决定了芯片制造成本只能控制在一个特定的价格区间，即使是高端消费也不例外，光刻机的使用成本最终会通过产业链传导给电子产品的消费者，这就决定了生产芯片的厂商必须把晶圆生产成本控制在特定的范围内。

极紫外光工艺是在漫长的科技发展过程中逐步成熟的（图 4-4）。它并不是行业原先最优的技术路径，它比原计划晚了 20 年，预算超出了 10 倍，研发过程是令人惊叹的。20 年前，ASML 的主要竞争对手是尼康和佳能，当对手选择深紫外光刻机的技术路径时，ASML 孤注一掷与台积电联合攻关浸润式光刻技术，经过三年艰苦卓绝的努力，将一个异想天开的创意变成事实终获成功，从而改写了后续十年半导体的发展蓝图，将芯片加工的技术节点从 65 纳米持续下降。光刻关键技术的重大突破使 ASML 的市场占有率由 25% 攀升至 80%。下一个关键技术即是极紫外光刻机，其原理是 20 世纪 80 年代由日本人先提出并验证的，但由于成本巨大无力实施。美国政府和业界专门成立 EUV 联盟，由英特尔、AMD、摩托罗拉和 IBM 等参与，再加上隶属于美国能源部的桑迪亚国家实验室和劳伦斯利弗莫尔国家实验室，共同攻克生产设备的难题。同时欧洲 30 余个国家也紧跟潮流，集中了科研院所的研究力量，参与 EUV 光刻技术的开发，这才有了摩尔定律的延续。

图 4-4　ASML 的工程师在调试 EUV 极紫外光刻机
资料来源：ASML 官网

从 10 微米到 2 纳米，晶体管数量从几千个到几百亿个甚至更多，半导体技术的发展，全都浓缩在了这块薄小的芯片上。IBM 采用 2 纳米工艺制造的测试芯片，每平方毫米面积上的晶体管数量平均是 3.3 亿个，在指甲大小的芯片中，一共容纳了 500 亿个晶体管。IBM 公司成为首个制造出 2 纳米制程芯片的公司，但从实验室试产到量产，要走的道路是非常漫长且艰难的。我国也不例外，从实验室试产到产品量产，需要经历产业协同、良率爬坡、市场畅销、研发升级等若干循环往复的过程。

除了光刻环节，为了进一步了解芯片制造的全过程，图 4-5 展示了芯片从拉单晶硅到终测的主要工艺步骤，当然实际的生产过程要比图示复杂得多。芯片生产的主要工艺流程包括氧化、清洗、涂胶、烘干、光刻、显影洗胶、刻蚀、去胶、离子注入、薄膜沉积、化学机械打磨、测试、检测等，其中部分工序需要循环进行数次至数十次，生产工序可多达几千道，每一道都必须达到极其苛刻的物理特性要求。但是，即使是最成熟的工艺制程，也存在不同位置之间、不同晶圆之间、不同工艺运行之间以及不同时段之间的变异。有时，这种变异会使工艺制程超出它的控制边界而导致残次废品。例如，在极其苛刻的洁净空间内，不到 0.5 平方英寸芯片范围里，需要制作出数百万个微米量级的元器件平面构造和立体层次。因此，必须更加注重在具有挑战性的工作条件下，保持元器件制造的可靠性。在半导体制造过程中，组件可能会受到高温高压、高腐蚀或有毒环境的影响，当暴露在高热环境中时，气体输送组件可能因为堵塞导致性能下降，最终，这可能会导致组件的更换，甚至造成停工。随着系统变得更加复杂和苛刻，厂商必须采用更高级别的组件和制程控制方法。

由表 4-2 计算，成熟制程的 12 英寸芯片月产 1 万片所需的主要设备数量约为：高温、氧化、退火设备 22 台，CVD 42 台，涂胶 / 去胶设备 15 台，光刻机 8

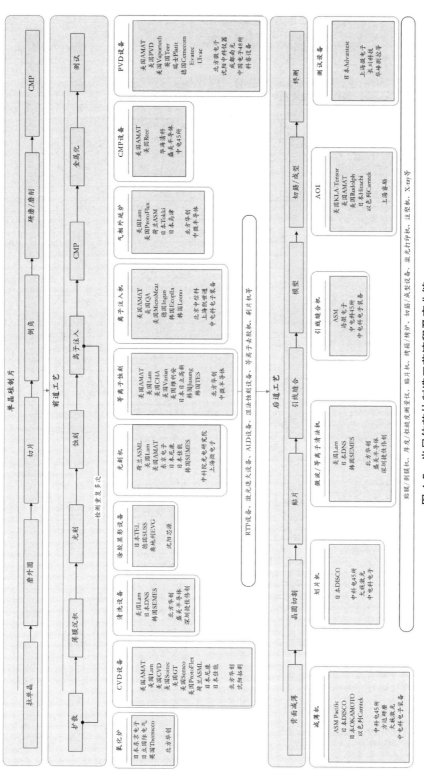

图 4-5 半导体芯片制造工艺流程及产业链

资料来源：ITTBANK@芯语

表 4-2 中芯国际 T3 12 英寸集成电路生产线项目所需的主要半导体设备

设备种类	设备名称	单位	数量	合计	设备种类	设备名称	单位	数量	合计
氧化炉管/高温/退火	合金垂直炉管	台	1	22	去胶机	光刻胶去除	台	8	8
	沉积退火设备	台	1		离子注入	高能离子注入设备	台	1	13
	氮化物化学气相沉积垂直炉管	台	5			高速流离子注入设备	台	8	
	多晶硅沉积垂直炉管	台	1			中速流离子注入设备	台	4	
	高温退火垂直炉管	台	3		物理气象沉积	铝接点沉积设备	台	1	24
	快速退火设备	台	3			镍物理气相沉积设备	台	1	
	退火设备	台	2			钛及氮化钛沉积设备	台	1	
	氧化物生长垂直炉管	台	2			铜电镀设备	台	3	
	闸极氧化物垂直炉管	台	2			沉积设备	台	15	
	化学气相沉积垂直炉管	台	2			屏障和种子沉积设备	台	3	
化学气相沉积	氮化钛沉积设备	台	2	42	研磨抛光	硅片平坦仪	台	1	12
	氮化物沉积设备	台	4			金属化学机械抛光设备	台	2	
	氮氧化物沉积设备	台	1			浅沟槽化学机械抛光设备	台	1	
	氧化物沉积设备	台	12			氧化物化学机械抛光设备	台	2	
	氧化物沉积设备	台	1			钨化学机械抛光设备	台	1	
	含氟氧化物沉积设备	台	6			铜化学机械抛光设备	台	5	
	含碳氧化物沉积设备	台	3		检测	表面电荷分析仪	台	3	50
	薄膜沉积设备	台	3			X射线光谱分析设备	台	1	
	浅沟槽氧化物沉积设备	台	2			X射线荧光光谱仪	台	1	
	碳化物沉积设备	台	3			暗区缺陷检测仪	台	3	
	钨化学气相沉积设备	台	2			半自动目测光学台	台	1	
	锗硅沉积设备	台	5			表面电荷分析	台	1	
	闸极氧化物沉积设备	台	2			电子束检测机	台	1	
涂胶机	光阻涂布机	台	1	7		电阻测量仪	台	1	
	深紫外涂胶显影机	台	2			分析仪	台	1	
	涂布机	台	3			覆盖度测量仪	台	2	
	紫外涂胶显影机	台	1			关键尺寸测量扫描电镜	台	5	
光刻机	深紫外浸式涂胶曝光机	台	4	8		光罩缺陷检测仪	台	1	
	深紫外涂胶曝光机	台	3			光罩扫描仪	台	1	
	紫外涂胶曝光机	台	1			宏观检测器	台	1	
刻蚀	保护层刻蚀设备	台	2	25		厚度检测设备	台	5	
	介电质刻蚀设备	台	7			剂量检测机	台	1	
	刻蚀设备	台	4			检测仪	台	4	
	连接层刻蚀设备	台	1			亮区缺陷检测仪	台	2	
	铝接点刻蚀设备	台	2			晶片盒检测	台	1	
	浅沟槽刻蚀	台	2			缺陷分析仪	台	1	
	湿法氮化物刻蚀设备	台	1			缺陷复查器	台	4	
	闸极刻蚀设备	台	3			缺陷检测仪	台	1	
	掩膜刻蚀设备	台	3			自动宏观缺陷检查机	台	3	
检测	自动目测光学台	台	3	50		氮浓度测量机	台	1	
	自动目检仪	台	1			光罩仓储机	台	1	
	光学显微镜	台	1			包装机	台	1	
测试	测试探针	台	8	33	其他	擦片机	台	5	17
	测试仪	台	17			打印机	台	1	
	晶圆最终测试探针	台	7			粒子计数器	台	2	
	纳米探针仪	台	1			掩膜版绑定机	台	2	
清洗	金属硅化物选择性去除设备	台	1	17		紫外处理设备	台	3	
	晶背清洗设备	台	4			条形码打印机	台	1	
	清洗机	台	2						
	清洗设备	台	9						
	闸极清洗设备	台	1						

资料来源：天津市环境保护局，中芯国际，长江证券研究所

台，刻蚀设备25台，离子注入设备13台，物理气相沉积设备24台，研磨抛光设备12台，清洗设备17台，检测设备50台，测试设备33台，其他设备17台。共计需要278台。而在台积电目前生产14纳米到10纳米器件的厂房中，全部都是设备，有3000多台，完全没有人，是完全智能的生产线。

从极致性能上讲，半导体制造的精密不仅表现在速度、尺寸与功耗，还表现为极致的稳定。如图4-6所示，无论是车规级芯片，还是消费电子芯片，都有其不同的苛刻之处。消费电子芯片通常的考虑维度主要是性能、功耗和成本，到了智能时代，芯片的性能强弱成为最重要的指标，我们看到包括苹果在内的手机厂商，最为炫耀的是其使用了多么先进的芯片，以实现对手难以企及的超凡脱俗的应用功能。先进制程确保了芯片在获得更高性能的同时降低其功耗，在避免了机身发热的同时使待机时间延长，充分提升了用户体验。相反，若功耗不加以控制，则会产生大量的动态功耗、短路功耗和漏电功耗，不仅会出现计算错误的结果，甚至能将电路的一些部分熔接在一起，使芯片不可修复。例如，苹果于2022年3月发布Mac Studio中使用的M1 Ultra芯片，由台积电代工，采用了5纳米制程工艺，集成了1140亿个晶体管，拥有20个CPU核心和64个GPU核心。在最新的PassMark天梯榜上，M1 Ultra处理器的综合测试得分超越了英特尔12代酷睿全系产品，要知道M1 Ultra的设计功耗只有65W，比酷睿i9-12900KF的125W几乎低了一半，而性能只是低了8%。即使不是那么先进的消费电子产品，我们对于平常使用的计算机或手机的偶尔死机还能容忍，但如果是用在汽车的自动驾驶或飞机的自动巡航下，就要求芯片必须100%准确可靠了。

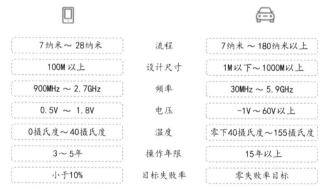

图4-6 手机与汽车集成电路对芯片性能的要求对比

资料来源：Synopsys, Deloitte Analysis

汽车作为每家每户必备的出行工具，其智控芯片非常看重可靠性、安全性和长效性。首先，相对于消费电子芯片更适合人机操作的界面环境而言，汽车于户外的运行环境要恶劣得多，发动机舱的温度范围在 -40℃～150℃，汽车芯片需要满足这种大范围温度工作范围，而消费芯片只需满足 0℃～70℃工作环境。另外，汽车在行进过程中会遭遇更多的震动和冲击，汽车上的环境湿度、粉尘、侵蚀都远远大于消费芯片的要求。还有，相对于手机 3～5 年的生命周期，汽车设计寿命普遍都在 15 年或 20 万千米左右。因此，汽车芯片的产品生命周期要求在 15 年以上，而供货周期可能长达 30 年。在这样的情况下，如何保持芯片的一致性、可靠性，是车规芯片首先要考虑的问题。汽车芯片安全性包括功能安全和信息安全两部分。手机芯片死机了可以关机重启，但是汽车芯片如果宕机了可能会造成严重的安全事故，对消费者来讲是完全没有办法接受的。所以，汽车芯片在的时候，从架构开始就要把功能安全作为车规芯片非常重要的一部分，采用独立的安全岛设计，在关键模块、计算模块、总线、内存等都有 ECC、CRC 的数据校验，包括整个生产过程都采用车规芯片的工艺，以确保车规芯片的功能安全。

我们知道，芯片也广泛应用于国防军工上，那么除了准确可靠，还要考虑在超出设计标准甚至极端的军事环境下，能尽可能长时间地保持正常工作。换句话说，越是极端的环境越是考验芯片运行系统的鲁棒性[①]，这也是芯片产业反复强调良率是生命线的原因所在，因为只有高良率才意味着高品质，高品质意味着高可用，没有人愿意看到在国防工业和军事上，由于芯片品质问题而发生不可控制的意外，所以在军工和车规上，稳定耐用是压倒一切的品质要求。

所以说，消费级电子芯片追求制程工艺先进性，而车规级芯片往往优先考虑制程工艺的成熟性，而军用级芯片是先进与成熟兼而有之。芯片制造在一定时期表现出先进与成熟两种特性，主要是市场需求和厂商商业模式驱动的原因，其结果主要体现为终端产品可接受的性价比。其实对于芯片制造本身来说，最终目标是既要先进性又要成熟性。半导体制造在越发精密和苛刻的路上正勇往直前。台积电的研发负责人、技术研究副总经理黄汉森（Philip Wong）认为，晶体管在 2050 年将有可能被做到氢原子的大小，即 0.1 纳米，而台积电预计将在 2026—2027 年量产 1.2 纳米的芯片。

从极致性能上讲，芯片制造对于水电能源的消耗是巨大的。其中电力的使用大户就是光刻机，EUV 光刻机的大量使用将会对台湾的供电能力提出巨大挑战。EUV 的能源转换效率只有 0.02% 左右，而造成转换率低的一大原因是极紫外光本身的损耗过大。极紫外光物理特性与一般常见的紫外光差异极大，这种光非常容易被吸收，连空气都无法透过，所以整个生产环境必须抽成真空。同时，极紫

---

① 鲁棒是 Robust 的音译，也就是健壮和强壮的意思。它也表述在异常和危险情况下系统生存的能力。

外光无法以玻璃透镜折射，必须以硅与钼制成的特殊镀膜反射镜，来修正光的前进方向，而且每一次反射仍会损失三成能量，一台 EUV 机台得经过十几面反射镜，将光从光源一路导到晶圆，最后大概只能剩下不到 2% 的光线。一台输出功率 250W 的 EUV 机器工作一天，将会消耗 3 万度电。如此大的耗电量也不可避免地带来了很大的发热量，因此需要部署相应的冷却系统，同样非常耗电。

根据 2020 年《台积电年度气候相关财务揭露报告》，台积电的用电量为 169 亿度，比 2019 年增长了 18%，超过整个台北市的用电量。而中国台湾全年的用电量为 2710 亿度，相当于台积电一家就消耗了台湾近 6% 的电力。目前，台积电有不到 20% 的电力来自可再生能源和核能，由于可再生能源的不稳定性，加上台湾明确在 2025 年前弃核，台湾未来的选择只剩下煤电和气电。在台湾整体于 2030 年减少 20% 的碳排放、2050 年减排 50% 的总体目标下，台积电于 2021 年 9 月承诺，到 2050 年实现净零排放，100% 使用可再生能源。台积电发言人高孟华表示，能源消耗产生的碳排放占台积电总排放量的 62%。可再生能源的广泛使用或许可以帮助半导体产业减少碳排放。台积电于 2020 年与丹麦能源公司沃旭能源（Ørsted）签署了一项为期 20 年的协议，由 Ørsted 专门为其在台湾海峡建造 920 兆瓦的海上风电场，如图 4-7 所示。这笔交易被称为全球最大的企业可再生能源采购协议，除了保证清洁电力的供应外，台积电还能以批发价格支付电力成本，避免电价波动带来的冲击。

图 4-7　为台积电供电的沃旭能源海上风电场

资料来源：沃旭能源官网

台积电除了大量消耗电力，还有水资源，因为芯片清洗必须使用超纯水。根据台积电《2020 年度企业社会责任报告》，新竹、中部、南部三个厂区每日用水量分别为 5.7 万吨、5.4 万吨和 8.2 万吨。尽管台积电已实现 86% 的废水回收利用率，平均每升水可重复利用 3～4 次，但仍然消耗巨大。2020 年台积电消耗了约

7000万吨水，2021年台湾又遭遇了半个世纪以来最严重的干旱，台积电的用水问题成为一个有争议的话题——芯片厂商与农民争夺水资源（为了保住"用水大户"半导体产业，台湾当局采取多种措施，如抽取地下水、休耕停灌大量农田等）。

集成电路今天这种能够容纳充分的复杂性，且复杂性还持续叠加的体系，一是得益于在物理和化学科学方面不断的探索与进步，这造就了工艺、设备、材料的突飞猛进；二是得益于计量科学的加持，以万分精确的逻辑进行推演和进化。但有趣的是由科学家创造的复杂性在不断混杂迭代的今天，它似乎已超出了人类可以通过传统方法得以控制的边界。全球所有先进的半导体公司都在通过智造软件，特别是以数据科技、AI为代表的智造软件来推动半导体产业沿着摩尔定律继续前行。有趣的是，在数据科技、AI为代表的智造软件，特别是在深度学习取得重大突破之前，摩尔定律应该是终止了，但AI不仅创造了半导体未来发展的巨大市场，同时又在推动半导体自身的工业革命。

所有这一切都表明，人类需要通过整合人类的智能以及人类创造出的机器智能来应对各种挑战，以AI为代表的智造软件不仅内嵌于各种生产设备之中，也在芯片生产的各个环节中发挥作用：出于对品质和核心竞争优势的追求，首先要提升良率；出于市场规模增长的需求，主要是产能扩张；出于成本的控制，涉及人、机、料、法、环各个维度的降本增效；出于可持续的发展，涉及生态圈的构建与碳中和、碳达峰的要求。在数智化的时代，数据成为新生产资料，计算成为新生产力，人机合一成为新生产关系与模式，算法框架和优化模型成为新生产要素，当人类开始为已取得的伟大创造欢欣鼓舞的时候，总会遇到新的更为艰巨的挑战，因此更宏伟的创新就会接踵而来，压力与动力是相辅相成的。

4.2.2 工业互联数据汇聚的平台化

半导体制造产线数据收集、分析、管理和排产等能力的不断提升，需要依赖一套统一的规范与标准，这在诸多的设备制造厂商之间应获得认同与遵循。SEMI（国际半导体产业协会）为半导体制造设备提供了完整的SECS/GEM协议标准，它定义了消息传递、状态变量和应用场景，基于此，软件与软件可以实现通信并对生产设备进行控制和监督。协议适用于所有的制造设备，从而降低了设备的集成成本，并支持日益增加的应用程序，获得业界的大力支持。多年来，SECS/GEM一直是半导体产业工厂/设备通信和控制系统的支柱。自20世纪90年代末以来，300mm半导体工厂一直基于SECS/GEM协议进行通信，而台积电、三星、美光、英特尔、东芝等大厂，在其7×24小时的全自动化运行中都是基于SECS/

GEM 协议。平板显示器、高亮度 LED 和光伏等其他行业也正式开始使用 SECS/GEM，因为它们认识到 SECS/GEM 可以应用于任何制造设备之间的互联，以支持对关键任务的执行。

基于 SECS/GEM 协议的数据共享如图 4-8 所示。

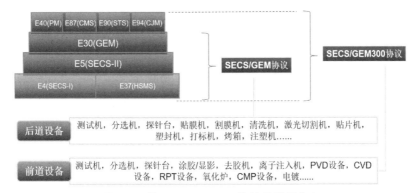

图 4-8　基于 SECS/GEM 协议的数据共享
资料来源：SECS/GEM 相关网站

具体来说，SECS/GEM 指的是一组用于管理制造设备和工厂主机系统之间通信的半导体产业标准。消息层标准 SEMI E5 SECS-II 定义了一个通用的消息结构和一个包含许多标准化消息的库。协议层标准 SEMI E37 高速消息服务定义了使用 TCP/IP 传输 SECS-II 消息的二进制结构。SEMI E30 GEM 则定义了一组最低要求、附加（可选）功能、案例和部分 SECS-II 消息的用户场景，具体如下：

- SECS/GEM 是在设备上实现的，工厂通过它来实现命令和控制功能。任何符合 SECS/GEM 的主机软件都可以与任何符合 SECS/GEM 的设备进行通信。该标准在设备上全面实施后，工厂软件可通过其 SECS/GEM 接口对设备进行全面监控。
- SECS/GEM 降低了设备集成成本。尽管半导体厂商每种设备的控制软件都不一样，但要求工厂对设备进行整合，使设备协调运行。对于定制化软件，无论是由设备厂商还是工厂开发的，研发创新和维护都很昂贵，而且往往质量低于预期。相比之下，SECS/GEM 标准定义了如何在任何制造设备上创建标准化接口。设备厂商受益于为所有客户开发一个接口，工厂通过为它们购买的所有设备采用相同的集成软件而获益。工厂和设备厂商对该软件和技术的重用提高了软件质量，降低了成本，并允许研发和迭代更多的功能。设备厂商和工厂不仅可以在所需的最低需求功能上投资，还可以实现在其他方面的高级功能。如果它们只需要支持 SECS/GEM，那么设备厂商就可以发布更多的数据，支持更先进的控制。反过来，工厂可以利用这些额外的数据来提高产品质量和生产率。

- SECS/GEM 适用于所有制造设备。SECS/GEM 被划分为基本需求和附加功能，可以在任何制造设备上实现，而不考虑其大小和复杂性。SECS/GEM 也可以很好地根据设备数据的大小进行规模的缩放。例如，一个非常简单的设备可能会发布 10 个不同的采集事件，而一个复杂的设备可能会发布 5000 个不同的采集事件；然而，两者都可以使用相同的 SECS/GEM 技术。

- 使用 SECS/GEM 接口可以支持无数的应用程序。SECS/GEM 使得设备上发生的一切都可以被追踪，并支持任何远程控制功能和系统配置。设备发布的数据越多，工厂可以实现的软件应用程序就越多。SECS/GEM 接口使统计工艺控制、故障排除、预测性维护、前馈/反馈工艺控制、设备利用率、材料跟踪、配方验证以及更多应用程序的实现成为可能。这些应用程序通常减少了设备人机操作界面的需要，从而减少了工厂中操作员的数量。工艺配方管理允许工厂最小化报废材料。例如，使用 SECS/GEM 接口将黄金配方存储在工厂的中央存储器，并确保在材料上使用正确的配方。

- SECS/GEM 非常有效地使用网络带宽。每个 SECS/GEM 接口都充当消息代理。由于代理在设备上运行，未订阅的数据不会在网络上发布。如果主机软件要接收警报、收集事件或跟踪数据消息，必须先订阅。由于每个对警报、收集事件和跟踪数据的订阅都是单独管理的，因此设备可以实现单个 SECS/GEM 接口，该接口发布所有工厂应用程序的请求警报、收集事件和跟踪数据，而不会因为不必要的数据浪费网络带宽。此外，当主机订阅跟踪数据时，它可以指定数据收集速率，这使得 SECS/GEM 比以硬编码速率发布数据的协议更有效。另外，所有 SECS/GEM 消息总是以高效率的二进制格式传输，这比 ASCII 格式的协议使用更少的带宽。尽管使用二进制格式，SECS/GEM 消息也很容易和标准的 XML 符号进行互转。

- SECS/GEM 是自描述的。虽然该标准要求 GEM 文档随设备一起提供，但是 SECS/GEM 仍支持多种方法让主机软件自动适应设备的 SECS/GEM 接口。主机软件可以通过一些消息请求可用报警、状态变量以及设备常量的列表，对于较新的 SECS/GEM 实现，主机软件还可以请求可用采集事件和数据变量的列表。这些消息使得 SECS/GEM 接口即插即用。此外，设备厂商还可以提供一个标准化的 SECS/GEM 接口及完整描述其特性的 XML 文件。

数据标准接口是数据汇聚的第一步，半导体制造业的数据采集与汇聚的挑战还有很多。首先是产生的数据量太大。在工艺执行过程中发生的交易可能有数百个甚至数千个数据收集点。即使是来自标准接口的数据也可能产生成千上万的数据点。高端制造业的一个典型例子是接口A（SEMI 300标准），它超出了任何正常/传统的MES部署所能处理的范围。传统上，工艺工程师会预先定义一些要测量的参数，然后用于分析，往往结果却不理想，因为完整的数据集群从来没有被捕捉到，也没有被场景化和关联化以发现可能的缺陷和问题。第二个挑战是数据的结构化方式。虽然来自SECS/GEM和其他标准接口的数据可能是结构化的，但来自手工收集、电子表格、第三方和低级机器的非结构化数据需要标准的格式才能被处理。第三，在整个过程中，设备每秒产生数千个数据点。即过程中的控制和监督应用发出报警数据和其他状态指示的范围，可能涉及设备中的数千个点。所以半导体制造工厂仍然需要一个类似物联网数据平台来捕捉生产过程发生的一切有价值的信息，其中包括来自所有生成源的数据。独立的数据平台消除了对任何第三方应用程序的需求，因为它与自动化和设备集成，允许在数据收集的基础上进行复杂分析，无论是叠加分析还是叠加映射，都是实时的，以有效地保障良率和质量管理的需要。

4.2.3 数据科技在半导体制造中崭露头角

随着半导体制造工艺变得越来越复杂和精密，生产缺陷变得越来越普遍，预测的难度也随之加大。传统的过程控制技术，如统计制程控制（SPC）如今在应用中明显受到限制，无法可靠地预测缺陷。此外，由于制造过程固有的波动性，生产数据通常分散且不平衡。不同的产品、机器甚至是同一台机器上的漂移都会产生异构和不一致的数据。在半导体制造中，操作的规模和复杂性使良率杀手——缺陷很常见，而且在最终测试之前很难捕捉到，所以在晶圆代工中，晶圆报废率达到15%～20%的情况屡见不鲜。

曾担任台积电良率专家的简祯富教授参与执行的半导体智能制造项目包括：建构半导体制程改善之失效模式与效应分析架构及其应用研究、建构半导体制程数据挖掘架构及其实证研究、抽样策略之统计决策与其在半导体应用之实证研究、优化晶圆曝光的反复切割程序法、半导体晶圆图分类及其实证研究等。他对于台积电在数据科技方面的进展和经验，大致可总结如下：

- **自主研发大数据分析平台**。对于是否可采用成功的商业软件来做晶圆制造的大数据分析，他说：商业软件可以支持大数据分析没有错，但是并不是把数据导入进去就会自动产生结果，导入大数据分析，不是买一些软件、把员工送去教育训练就好。

- **大数据分析赋能工程师决策**。高科技产业在自动化制造和检测过程中，随时累积巨量的数据，以往工程师要花很多时间搜集资讯、向上传递，最后才能做出决策，现在通过大数据分析不仅工时缩短，且不影响先进制程进度，最重要的是，让每个工程师能迅速做出决策，这是提高效率的关键。

- **通过大数据归纳法改进制程**。每一个先进制程技术的开发都是无人区的探索，需要挑战它的物理极限，因此传统或原有知识的局限性就暴露出来。像是原来20纳米制程技术，现在缩小为10纳米，这个制造过程中会出现很多原本没有的限制。例如20纳米原来的误差可能为2纳米，只占10%，但制程当缩小到10纳米时，若误差范围还是维持在2纳米就会发生问题。以晶圆生产机台来说，通常会历经千道制程工序，中间经过制程站点很多，而且会产生回流，回流过程还不一定走同样的机台，因此容易造成很多"噪声"发生，甚至过程中也会出现复杂的交互作用，进而产生共线性问题。大数据分析对半导体发展先进制程的重要性，就体现在靠着在探索过程中不断累积大量资料，从中不断归纳找到潜在有用的范式（Pattern）。很多时候，大数据分析并不是要直接挖到宝，反而是要用来缩小范围。

- **大数据分析加速产品研发与生产**。半导体制造应用大数据分析也可提升制程效率，即使两家半导体厂最后都能做出百分之百合格的产品，但较快做到的一方和较慢做到的一方，这中间就会有一个差距，毕竟市场价格是随时间在下降，越快做到的半导体厂，其产品溢价也就越高。另外，大数据有时也会解决半导体制程上的盲点，即便是半导体专家或工程师，在寻找问题时也会遇到新的问题，而大数据分析则协助专家们找到并解决这些盲点，从而产生额外的效益。

这些理念对于今天我国半导体制造厂商来说，依然是行之有效的宝贵经验，当大家的意识逐步加强，再加上有更多资金和人才投入，行业必然会进一步发展。

早在2014年，台积电即使用HBase资料库作为大数据分析底层的数据基础设施，并导入平行处理系统的Hadoop平台，通过SPSS、SAS及R语言等统计分析工具，将所有机台制程数据，通过数据预处理、过滤、特征提取等步骤，进行数据挖掘并找到关键因子，最后将分析结果通过数据可视化工具展现出来。就当时的成果来看，台积电运用数据分析来提升制程效率、优化良率，平均一年的回报可达4.25亿元。张忠谋表示：台积电在工时缩短的同时提升了效率的原因，就是利用最新的大数据分析技术，让工程师把时间花在较具附加价值的分析、判断，而不是知识金字塔中最低级的数据搜集工作。行业认为，台积电过去曾和三星电子缠斗，但现在台积电已经遥遥领先三星，良率是台积电胜出的关键，而简祯富的研究在台积电改善良率过程中发挥着相当重要的作用。

在获取数据后，领先的晶圆代工厂使用 AI 工具将设备专业知识和制造统计数据结合起来，管理大量故障检测（Fault Detection，FD）数据，就像汽车的轮胎压力监测系统有助于保持车辆安全行驶的充气水平和防止事故一样。AI 能够实时收集和监控大量处理数据，然后向系统管理员发出任何硬件故障或其他制造异常的警报。AI 还可以对可提高处理效率的方法进行反馈，采用 Run-to-Run（R2R）控制来对制造过程进行调整和校正。此外，虚拟量测还可以取代人工抽样检测，实现全面质量控制，使代工厂提高良率，降低成本并增强竞争优势。

如表 4-3 所示，通过数据建立知识分为七个步骤。

表 4-3　KDD[①] 的七个步骤

序号	管理维度	管理内容	含　义
1	数据整合	收集和整合来自不同来源的数据	将来自几个不同来源的异质数据合并到一个共同的来源，也就是数据仓库
2	数据选择	分成相关的集合	根据质量、重要性、可及性和便利性，对这些数据进行选择并将其分成相关的集合。这些标准对数据挖掘的过程非常重要，因为这些标准负责为其创造基础。此外，它也会影响到所形成的数据模型
3	数据清洗	通过清洗确定数据正确有效	在数据清洗过程中，有几种策略参与其中，如寻找缺失的数据、去除噪声、去除多余的和低质量的数据。这些策略的应用是为了提高数据的可靠性和有效性。在数据清洗中，一些特定的算法也被用于寻找和删除不相关或不必要的数据
4	数据转换	数据被放在一起，以便将其交给各种数据挖掘算法	将数据转换为进一步挖掘程序所需的适当形式的过程。数据转换的过程有两个步骤 ● 数据映射：元素从源基地被分配到目的地，以便捕获转换 ● 代码生成：实际的转换程序被制作出来

[①] KDD（Knowledge Discovery in Database，数据库中的知识发现），被定义为一种从原始数据库中寻找、转换和完善有意义的数据和模式的方法，以便在不同领域或应用中加以利用。

续表

序号	管理维度	管理内容	含义
5	数据挖掘	算法被用来从转换后的数据中提取相关和有用的模式,从而有助于预测模型的建立	分析工具被用来从一组数据中找到各种模式和趋势。简单地说,AI、先进的数字和统计方法以及专门的算法被应用于数据,以提取不同的模式和趋势。聚类和关联分析是这个过程中存在的两种不同技术 它是整个数据库中知识发现的主要过程或骨干过程
6	模式评估	从生成的模式中挑选有效的模式和方法	从前面的步骤中获得趋势和模式后,这些趋势和模式需要被表示出来,为此,使用了诸如饼状图、条形图、直方图、时间图等图表。这些图形的可视化使用户更容易研究和理解数据的影响
7	知识呈现	从前面的步骤中提取的"知识"以可视化的形式应用于某个应用或领域,可以是表格、报告等形式	它是数据工程的最后一步,从数据产生知识,作为指导特定应用的整体决策过程,这一步至关重要

资料来源:根据 KDD 有关知识整理

总而言之,数据产生于各种不同类型和不同格式的来源,如交易、收入、生物识别、科学、图片、视频、文本等。因此,在每秒交换大量信息的情况下,从这些大型数据集中提取相关和重要的信息,从而提供真实和富有成效的数据,这样就可以用来做出更好的决策,这就是 KDD 的作用。KDD 提供了从数据中获得知识的办法,它是一种技术手段,当我们真正需要使用这种技术的时候,并不能只关注于技术过程的实现,而是需要以终为始,即通过数据呈现来关注决策的内容是什么,通过决策需要达成何种商业目标,就如同台积电在 2014 年建立大数据平台框架的顶部是需要追求商业价值并在竞争中获胜一样。利用数据产生商业价值的步骤通常是这样:首先,通过制造执行系统(MES)收集和集成来自各种设备的大量数据;然后,通过软件分析生成实时工厂生产状态,通过系统平台和人机界面的组合将生产数据可视化;最后,数据在云中进行实时分析,预测和预防故障,以帮助增加容量和降低成本。该方法甚至能够进行物料清单(BOM)预测,从而允许上游和下游供应商之间更好地协作。当然,这是业界 2017 年左右的做法,目前仅依靠 MES 来处理这些数据实践证明是远远不够的,MES 不能承担海量数据分析的工作,作为"生产自动化"的重要核心,它的任务是保障工厂以 365 天×24 小时不间断地稳健运行,保证产能的饱和,而不是强行植入所有"工程自动化"的工作。当数据变得越来越多,半导体制造厂商需要建立单独的大数据平台,这个平台与底下的物联网平台相连,且一定不是原先某个工业软件的子集或附属。

随着人们越来越认识到智能工厂必须超越自动化以专注于智能,物联网的发展正在引发行业范式转变。所有信息——从设备状态和制造过程统计到现场环境数据——都需要通过传感器收集。在时间紧迫的场景中,将所有传感器数据返回到云端进行处理既耗时又不切实际。这就是边缘计算能充分发挥价值的地方。半导体厂商正在通过实施边缘计算解决方案来克服各种挑战。边缘计算将传统半导体制造流程转变为自动化和智能操作的示例包括[1]:

- **高精度自动化**。激光切割:随着芯片组越来越小,厂商面临着激光切割精度提高、激光功率调整以及无法提供实时触发控制反馈的挑战。智能边缘计算方案是解决激光切割挑战的关键,它可实现视觉对准和运动控制以及快速定位、激光功率调整。封装测试过程中的一个步骤是分拣,厂商需要将合格模具与有缺陷模具分开,然后进一步进行质量控制以确保它们符合规格。然而,由于速度和准确性不足导致的瓶颈始终存在,利用智能方案可以提供高吞吐量所需的快速反馈和精度。

- **机器状态监控**。干泵监控:如果低压化学气相沉积(LPCVD)的干泵出现故障,它会产生背压,将不纯空气和外来颗粒推入工艺制程并污染整个晶圆运行的空间。边缘端的智能干泵监控解决方案可以持续监控该设备并提供实时数据,确保操作不会出现意外故障和浪费。边缘数据采集使半导体厂商能够更好地了解工艺和设备健康状况,并建立生产数据历史记录,有助于改善整体运营,更轻松地满足客户要求。

- **通过 AI 支持人员安全和 SOP 合规性**。货舱危险品:半导体工艺涉及多种危险化学品,包括金属、有机溶剂、光敏物质和有毒气体。传统的卸载流程使员工必须靠近这些化学品,尽管程序通常是安全的,但可能会威胁到工人的健康安全。基于机器人和边缘计算的解决方案可以使流程自动化,以便员工可以保持安全距离进行操作。再者就是操作员标准操作程序(SOP)分析:机器人、协作机器人、AI 和其他自动化技术比人工操作员更容易跟上生产速度并始终遵守 SOP。

如图 4-9 所示,除了良率提升外,半导体产业也开始逐渐将大数据分析提升

---

[1] Ray Lin,ADLINK,2022,*How Edge Computing Is Transforming the Semiconductor Industry*。

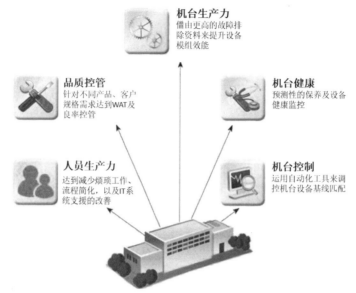

图 4-9　台积电大数据分析应用的五个场景

资料来源：台积电 iThome 2014 年整理

到预测的层面。过去厂内大多将大数据分析运用在故障排除上，像是在发生晶圆变异时，用来查出变异原因或是底层资料的问题。而现在，台积电也开始将大数据分析提升到预测分析（Predictive Analytics）或机器学习（Machine Learning）应用，例如，提前预测机台的变异或对可能产生异常的机台提前修复，甚至是通过与自动控制系统或工具结合，向自我诊断（Self-Diagnostis）及自动控制（Automatic Control）的目标迈进。

简祯富基于之前与台积电的合作基础，于 2010 年启动了产学合作计划——"通过制造智能与数据挖掘协助先进纳米制程提升良率"，这一年也是台积电启动大数据架构之年，设计了多变量事故分析、晶圆图诊断等分析功能模组。简祯富以"搜集人体健检数据"作为参照，搜集晶圆工厂内机台产生的几万种即时监控资料、电性测试参数，通过交叉分析比对，开发出警示系统，预先告诉现场工作人员哪些机台可能快要发生故障，并提前进行检修。即使机台真的发生故障，工程师也不用花费大量时间去恢复数据，而可以把心力放在分析数据、判断问题、寻求解决方案上。

台积电是全球最早建立晶圆工艺与 AI 跨界协作团队的晶圆工厂之一，为了建立更多统计分析模型来改善制程或良率的问题，台积电在 2014 年就将数十位成员投入大数据分析的开发，这些数据科学家来自不同的科系，包括统计、化工、材料、心理、经济等硕博士，而研究背景除了半导体产业也涵盖了不同类别，比如癌症分析、农业病虫害分析、财务分析及花卉交易分析等，研究领域可以说是五花八门。尽管是来自不同领域，但过去他们所学的内容其实都跟数据挖掘相关，只是运用的领域不一样。事实证明这种尝试不仅是必要的，也是成功的，因为要提高良率，涉及的问题会十分复杂，这些问题的解决方案可能来自工业界本身，也可能需要跨界的联结与想象。

4.3 智能学习仓库与数字孪生

在过去 30 年中，智能制造升级的一个重要的里程碑是网络物理系统（CPS）或数字孪生（DT）的诞生，这也是工业 4.0 的象征性突破。数字孪生正朝着更细致、更彻底和高保真的方向发展，成为未来智能工厂的标配，数字孪生体的保真度将在未来 20 年内逐步提高。数字孪生并非只需要建立一个数据平台，它的大数据基础通常需要考虑两个维度：操作数据库和良率数据库，这可以理解为前者归属于生产自动化的范畴，而后者则归属于工程自动化的范畴；前者侧重于稳健生产，后者侧重于品质提升。这两个维度对数据提出了不同的要求，包括数据的类型、数据产生的频率和存储效率等，甚至包括用于分析数据的 AI/ML 技术。同时，这两类数据库又需要进行同步与整合，共同构建完整的数字孪生体以作为工厂实体的虚拟映射。如图 4-10 所示，右边在良率数据库中收集了大量的生产性信息，并提供了流程所需的深度学习模型，但在左边，即由操作数据库驱动的工厂调度控制需要整合来自良率数据库的统计数据，才能在下一刻或未来 24 小时内执行完整的智能控制。国际器件和系统路线图（IRDS）已将数字孪生愿景定义

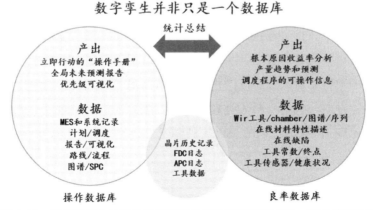

图 4-10　智能工厂中的操作数据库和良率数据库需要交换、汇总统计数据

资料来源：john.behnke @ inficon

为"所有工厂运营的实时仿真作为现有系统的延伸,动态更新的仿真模型"。各个层面的应用——从设备到 MES 和 ERP——将利用大数据能力,以及高水平的纵向和横向整合,提供对虚拟领域的扩展,以支持预测、假设分析和规范性操作等能力。

尽管这些数据库在智能工厂中通常是相互通信的,但它们仍然没有充分地连接起来,以发挥智能工厂在分析和控制方面的全部潜力,因为这涉及多方面的管理与数据技术。为解决这个问题,一些供应商已经提出了"智能学习仓库"("数据库"在这里已经成为一个过于局限的术语)的概念,这个仓库用于收集、分析和学习工厂产生的大量信息,当这些信息能够以更为丰富的方式连接起来并产生全新洞见时,改变游戏规则的应用就有可能产生。事实证明:左右两套数据源缺一不可,不同工厂领域的用户需要从这些共同的数据源中提取不同的信息,并基于特定开发的应用程序和门户——换句话说就是"视图"——进行调整和控制。虽然 12 英寸晶圆工厂已经比较智能了,但目前的 12 英寸厂尚且没有达到未来十年面向工业 4.0 智能工厂的预期目标,只有当工厂最终整合了所有不同的数据源时,才能够将所有这些不同的数据作为一个共同的计算基础。此时,智能工厂才有能力自我优化其未来的行动并对实时事件做出快速反应。

最大的半导体厂商倾向于自行开发这些智能应用,其余的半导体工厂需要与其他工厂及其解决方案供应商合作,共同开发这些智能应用。半导体行业在为全球提供数字化动力的时候,同时也为自身的智能改造创造了所有的数字化技术:计算能力、网络和网络标准,也出现了具备独特能力的供应商。物联网的成熟允许厂商从广泛的传感器网络中收集生产制造数据以及设备工具的健康数据,然后就可以对数据进行存储、清洗……从中挖掘知识和经验,以便将其应用于更智能的决策。随着大量传感器的出现,物联网将更为密集地将物理空间连接起来,向仓库提供大量的数据。那么所有这些数据都将进入数字孪生体中。所有这些可访问的数据将对高级调度产生重大影响。尽管在过去二十多年中取得了突破性的自动化进展,包括机器人处理,但仍然很难决定工厂中每一个批次的"地点、内容和时间"。今天,世界上没有任何工厂比半导体工厂更复杂,优化半导体制造过程是世界上最复杂的制造优化任务,这使在制产品的谱系更全面、详细、实时。

如图 4-11 所示,这是由一系列工艺步骤组成的制造工艺流程。在每个步骤中,可能有来自多个设备传感器的跟踪数据。例如,力度和温度传感器读数将在

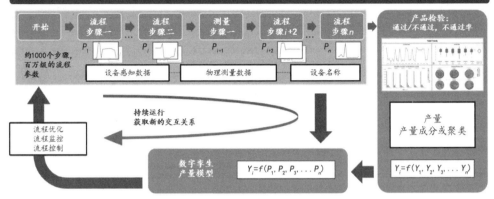

图 4-11 半导体制造良率的数字孪生

资料来源：Vinoth Manamala

整个工艺步骤的过程中不断变化，并且可以通过传感器对轨迹进行可视化。

数字孪生代表着企业生产运营方式的变革与启动新的科研投资，企业可以把投资回报率作为衡量项目成败的关键指标。一旦真正智能的、整体的工厂运营计划得到确定——而不是一个调度或基于规则的调度清单——那么你就能创建一个基于"运营预期"的智能工厂。目前，基于调度系统的规则主要关注生产设备、以设备为中心的相关资源，尽管它们结合了来自当前晶圆在制品和制程专业经验，其根本问题并没有得到解决。智能工厂数字孪生的优势是它并不仅仅是关于生产设备和在制品，而是利用工厂中每台设备和批次的状态，进行以工厂为中心的优化。例如，可以挖掘产线潜能并对缩短生产周期提前交货做出分析。当我们确切地看到在晶圆工厂内，每个生产周期内的每一个批次、每一片晶圆载体以及工厂的每一个设备的每一个出入端口所发生的细节，那么自然就可以发现和充分利用工厂的闲置时间，包括利用这段时间进行最佳的预防性维护，也会知道如何最好地重新安排材料或人工资源从而最大限度地提高产量。可以为工厂里的每个维护人员制定一个明确的时间表，了解每位员工的技能和设备的停机时间，这样就不会对工厂的生产力产生负面影响。因此，向智能工厂的过渡并不是简单的技术改进，它代表了巨大的系统性工程的配套实施。

图 4-12 的仪表板显示了关于半导体制造良率的大数据分析，它将一种故障模式的良率损失与所有不同过程的传感器读数进行比较。它的每一行代表一个传感器和处理时间组合，而条形图显示了我们应该检查哪些传感器和处理时间，以了解导致集群良率损失的根本原因。

图 4-12　基于数字孪生的半导体制造良率管理系统

资料来源：Vinoth Manamala

4.4　智造软件提升芯片制造的 KPI

4.4.1　良率是晶圆生产的生命线与终极挑战

曾在中芯国际负责技术研发 20 年的吴汉明[①] 院士表示：芯片制造工艺中有三大挑战，其终极挑战就是良率，如表 4-4 所示。在这三大挑战之中，智造软件对良率的提升最为重要，而在实践中也是最为明显的。

表 4-4　吴汉明院士提出芯片制造工艺中的三大挑战

基础挑战 Fundamental Challenge	核心挑战 Core Challenge	终极挑战 Final Challenge
精密图形 Patterning	新材料 New Material	提升良率 Yield
193 纳米光源曝光出几十纳米图形（130 纳米，90 纳米，65 纳米）	64 种材料（铜、镴……） 每种材料需要数千次工艺实验 新材料支撑性能提升	工艺流程中累积大量统计误差

资料来源：根据吴汉明院士公开演讲整理

[①]　吴汉明，1952 年出生，微电子工艺技术专家、博士生导师。浙江大学微电子学院（微纳电子学院）院长、中国工程院院士。主要从事高密度等离子体深亚微米刻蚀研究，研发了世界上第一套等离子体工艺模拟的商业软件并得到广泛使用。2001 年进入中芯国际集成电路制造有限公司后，曾担任技术研发副总裁，组建了先进刻蚀技术工艺组，在中国实现了用于大生产的双镶嵌法制备工艺，为中国首次实现铜互连提供了工艺基础。

我们对良率重要性的理解有三个层面：

一是关乎国家战略。台积电 5 纳米从量产开始，苹果首批包揽了其三分之二的芯片产能，随后轮到华为，意味着我国智能总差一截；台积正积极考虑在美建厂生产 2 纳米芯片，"美国制造"将长期无法再为我国本土企业代工，意味着国产智能产品在设备性能上的差距将进一步拉大；还有，受全球最大可编程芯片（FPGA）厂商赛灵思委托，台积电在为美军 F-35 战机生产军用芯片，F-35 战机属于第五代战斗机，获得先进制程、高良率芯片的国家在军工上也将获得设备性能上的绝对优势。

二是良率关乎芯片厂商的生死。良率达不到一定要求会引发客户退单（如低于 85%）。2018 年，三星及海力士先后于 5 月起传出 18 纳米制程出现质量疑虑，并遭到数据中心客户退货，所有相关投资血本无归。反之，若达到量产标准良率（如 92%），对 3D NAND 晶圆工厂而言，每提升 1% 的良率意味着每年额外获得约 1.1 亿美元的净利润；而对于头部的逻辑芯片代工厂商，每提升 1% 的良率意味着产生额外约 1.5 亿美元的净利润。

三是良率关乎社会生命。低良率代表工艺稳定性或健壮性不足。缺陷不仅影响良率，还会影响运行的可靠性，低可靠意味着系统运行的安全隐患。例如现在广泛使用的自动驾驶/飞行控制芯片涉及航天科技、深海工程与军工国防，更是不容丝毫闪失。目前的折中方案是为了稳定和安全而损失一部分的性能，当然，这种损失会控制在应用场景可接受的范围内。

4.4.2 数据科技应用于制程良率管理

全球对各种半导体芯片的需求出现爆发性增长，半导体工厂正在努力释放产能。同时，由于终端市场多样化需求的产生，比如更多与新的计算应用（如 AI 和自动驾驶）场景层出不穷，这使得半导体工厂一边需要扩大产能，同时又要面对小批量、多批次、定制化芯片的制造竞争压力[1]。扩产至少需要几个月的时间来购买新的设备工具，并且需要更长的时间进行安装调试以达到量产的要求。在这种建厂扩产的重投资没有发生之前，更好的选择是提高良率，即提升每块晶圆上的"好"芯片量与总芯片数量的比例，从现有产能中获得更多好的芯片。这可以增加工厂的利润，即使小幅提高也会受益匪浅。

---

[1] Brian Mattis，2021，*Data Science in Semiconductor Process Yield - Using Machine Learning to Improve Fab Throughput and Profitability*。

在半导体制造的数周到数月的周期中①，产品因缺陷而需要返工或报废的良率损失，对生产周期和盈利能力都有重大影响。常见问题包括：从晶圆的第一次加工到成品芯片的生产周期包括一系列中间质量控制测试、良率损失和测试成本可能占到总生产成本的 20%～30%。即使数据高度可用，但由于这些跨工具组的数据源没有进行链接和整合，而无法应用于系统的分析。正确的做法是，通过先进的生产设备获得数年的详细生产数据，然后使用 AI 引擎将质量控制、良率数据和过程控制数据联系起来分析，为识别良率损失以及找出其根本原因奠定基础，这种能力使工厂可以调整生产流程和芯片设计以避免出现问题。例如，Qualicent Analytics 正在构建 AI 引擎，该引擎可以确定最佳工艺或产品操作条件，从而大幅减少制造缺陷。Motivo 提供的系统可以基于有监督和无监督机器学习预测良率降低关键因素所处的位置，从而优化芯片设计。基于 AI 的算法用于将已知问题分解为关键组件，通过机器学习，可以在新设计和现有设计中自动识别出这些问题，甚至以此类推，发现之前未被侦测到的类似问题。使用基于 AI 的算法对降低测试成本非常显著，它的优势涵盖了多个领域：AI 识别根本原因的能力可以降低废品率，从而提高良率和产能；AI 可以通过减少对设备和维护的要求来提高设备的整体效率；当测试程序经过 AI 优化时，它们的成本就会降低。通过此类应用达成的综合效果表明，良率在爬坡过程中最多可以提升 30%。

在数据科技兴起之前，半导体制造设备工程师们会通过人工的方法，有条不紊地在现有的数据中寻找与良率有关的任何线索或关联性。人类思维的局限性是无法分析过多繁杂的数据，通常习惯性地将结果归结为单一因素，因此会预测良率与一个特定的工艺参数的强相关性，可能是薄膜沉积率、蚀刻率、光刻尺寸公差等，或是任何数量达到数千的工艺参数。生产实践中的情况并没有那么简单，由于制造先进半导体芯片的工艺不断地相互复合，需要新的设备和良率工程师来处理不断增加的工艺复杂性和大量的计量数据，对设备的物理性分析和工艺的深刻理解必须与数据科技工具包相结合，才能更快找到提升良率或缺陷产生的触发因素。

1. 处理重叠的变量问题（Variables Overlapping）

为了帮助理解这个问题，可以用一个铝制布线层来举例。在这个简单的过程中，有一个铝的沉积步骤，通过光刻形成图案，再进行等离子体蚀刻来定义特征，最后是清洗。如果我们有一个简单的良率故障，例如相邻的线路被短路，最为可能的原因是铝沉积得比预期的厚（防止蚀刻完全分离线路），或者蚀刻的速度比预期的慢。然而，在大多数过程控制中，最常见的答案是这两个过程都在统计制程控制

---

① Micha Dyzma, 2018, *How AI Helps in Semiconductor Manufacturing*?

（SPC）系统的范围内，因此是在可接受的范围内运行的。那么到底是什么原因造成了芯片缺陷呢？在这种情况下，沉积比正常情况下厚一点，蚀刻比正常情况下慢一点，这两种情况的交织成了良率杀手。提取哪些变量的组合来分析导致失败的原因，这是一个非常适合机器学习来解决的问题。实际上，如果我们的问题像这个铝制路线案例一样简单就好了，实际的晶圆生产要复杂很多，问题也严重更多。

再如，一个在先进节点（16纳米或更低）工艺上运行的芯片设计中，像电气短路或电气开路这样的物理故障是很简单的。然而，器件可能会因为电路时序路径阻止芯片执行它所期望的功能而无法工作。也许晶体管的开启电压偏离了目标，或节点电容很高引入了延迟。在一个包含数百个工艺步骤的半导体工艺流程中，我们将如何去寻找根本原因呢？这样的复合性问题也适合通过机器学习来解决。

2. 突破计划（Plan of attack）

借助大数据和 AI 的好处是能够同时评估多个变量的影响，通常可以纳入四种主要类型的变量。

- 在线测量（Inline metrology）。在加工过程中对晶圆进行的物理测量，包括薄膜厚度和密度、光刻尺寸精度和校准、污染物颗粒缺陷等；
- 线末电测（End-of-line electrical test）。来自分立划线器件（印在芯片之间的器件）的数据，在切割之前，在生产线的末端进行测试。划线中的单个器件被设计用来找出某些工艺依赖性，并提供独特的工艺洞察（如开尔文接触电阻）；
- 工具工艺鉴定运行（Tool process qualification runs）。是指工具定期在可直接测量的测试晶圆上运行的一套工艺（与生产过程相同或非常相似）。沉积率、蚀刻率或不均匀性等结果在统计制程控制（SPC）系统中被跟踪，并注有相关的日期戳；
- 产品电路性能（Product circuit performance）。根据芯片和所需的测试设备的类型，产品模具在生产线末端（切割前）、切割后或封装后进行测试。无论怎样，这种性能或良率是工厂试图优化的因变量。这可以是一个合格/不合格的标准（分类）、性能分级（也是分类），或原始性能（回归）。

将所有四种变量类型结合起来使用，使工程师有能力将结果（测量的性能）深入到物理根本原因，通过工艺工具进行调整。

3. 游移与优化（Excursion versus Optimization）

当特定的晶圆或批次的芯片良率出现急剧下降的情况，就需要及时寻找晶圆级的制程变量变化，这时可以对所有四种变量类型进行平均取值。例如，使用

Caret（R）中的 varImp() 或 Scikit-learn（Python）中的 feature_importances() 等函数进行简单检查，就能迅速了解哪些变量对良率有直接影响。相反，如果我们有一个相当稳定的工艺，即使每个晶圆上只有 70% 的裸片是有效的（或有足够高的性能可供销售），晶圆良率也还有进一步优化的空间。我们要分析，失败的芯片是随机分布在晶圆上，还是都集中在晶圆的一个物理区域？仅仅这一点就可以告诉我们，故障是基于缺陷的（如颗粒在加工过程中掉落在晶圆上），还是基于工艺的不均匀性，这可以使我们过滤许多潜在的变量。值得注意的是，晶圆级工艺往往具有独特的非均匀性特征，比如许多是径向形的，但梯度形更为常见，偶尔也会出现索贝罗形剖面（图 4-13），当多个工艺重叠在一起，它超出了人眼进行挑选分析的范畴，因此是数据科技应用的典型价值。

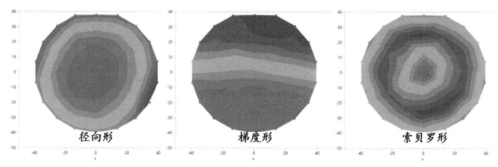

图 4-13　常见的晶圆级工艺概况

为了进行精确的分析，首先要为晶圆级良率工程优化做好数据准备。虽然我们可能有生产线末端划线测试数据和计量数据与每个产品模具相关联，但要找到与工具合格性数据的类似关联是很困难的，因为这些数据通常是在无图案的晶圆上测量的，比如具有均匀分布的 9、13 或 39 点径向坐标图。对于数据，需要将每个裸片映像到物理上最接近的测量，这通常包括以下步骤。

- 在定性数据中，将（半径，θ）坐标翻译成（x，y）笛卡儿坐标，并确保数据收集是正确的日期与时间格式；
- 根据日期与时间来填充产品数据集，完成该批产品在每个流程中相关的质量数据；
- 对于一个给定的批次/晶圆，我们将迭代质量数据，以过滤到最接近日期的运行数据，并找到最接近产品模具坐标的测量值；
- 一旦数据以这种方式组合起来，我们就有了一个内容丰富的变量数据集，可以自动寻找任何变量和因变量（产品模具性能）之间的简单的相关性过程。当然，要真正深入到变量之间的相互联系，需要创建机器学习模型来分析。

4. 建立模型（Modeling）

我们的目标并不是在起始阶段就创建最高精度的良率预测模型，而是创建一个能够合理应用的模型，即它能被良率工程师轻松使用和解读。通常建议使用决策树、线性/逻辑回归、拉索回归或奈何贝叶斯等算法。一旦找到一个合适的算法，就可以深入了解模型的"思考"逻辑，从而驱动工厂采取行动来提高良率。

5. 预测良率（Predictive Yield）

如果能在晶圆加工完成之前就预测其良率，会怎么样？这种信息可以推动工厂做出重要的批次决策，例如：

- 触发一个返工过程（恢复和重复某个步骤）；
- 向客户提供一份里程碑式的报告，说明某批产品的健康状况良好；
- 报废一个批次，以减少损失，防止今后在一个"死"批次上花费工具和时间；
- 补充批次，以取代一个低良率的批次，尽量减少对客户的交货延迟。

因此，在制造过程中可以探索更广泛的模型，一旦模型选定，就可以根据变量重要性，运用递归特征消除等工具来检查哪些数据推动了良率的检测能力。有了这些数据，就可以消除一些现有的计量数据收集，以进一步降低成本和工艺周期时间。有了足够好的模型，还可以实现虚拟过程的窗口模拟，通过改变过程可接受的 SPC 范围，看看扩大或收紧控制限制会如何影响良率。通过反复操作的尝试，工厂中每个过程的控制限制可以直接与晶圆良率联系起来，这将影响如何进行预防性维护，如何将新工具引入生产线，甚至是合格程序的频率。因此，利用数据科技的力量，可以重塑我们分析良率偏差的方式，改善整体生产线的良率，并在晶圆完成加工之前预测其良率。在了解制造物理学的半导体设备工程师手中，这些预测建模能力对晶圆工艺良率和工厂利润有巨大的影响。

4.4.3 AI 模糊神经网络赋能良率预测与生产排程

半导体晶圆制造系统（SWFS）是最复杂的制造系统之一。这种制造系统的特点是管理不同类型的晶圆工艺（批量和单一工艺）、数百个工艺步骤、大型和昂贵的设备，生产不可预见的情况和重叠流程。自 20 世纪 90 年代以来，半导体制造订单通常是全球性的、动态的和客户驱动的。因此，半导体厂商努力使用先进的制造技术（如工艺规划和调度以及数字化指标的预测技术）来实现高质量的产品。近年来，生产排程和良率预测始终是复杂 SWFS 中的两个关键问题[1]。

---

[1] Jie Zhang, Junliang Wang and Wei Qin, 2015,《人工神经网络在半导体晶圆制造系统的生产调度和产量预测中的应用》(*Artificial Neural Networks in Production Scheduling and Yield Prediction of Semiconductor Wafer Fabrication System*)。

这两个关键问题可以通过两种模糊神经网络来优化解决。首先，基于模糊神经网络（FNN）[①]的再调度决策模型，可以根据当前系统波动快速选择再调度策略来优化半导体晶圆生产线。FNN 方法具有适应性和鲁棒性，非常适合 SMS 重新调度问题。其次，为了提高芯片良率的预测精度，建立一种新的基于模糊神经网络的良率预测模型，该模型同时考虑良率的影响因素和关键电气测试参数，并将其作为自变量。比较实验验证了所提出的良率预测方法在预测准确性方面比三种传统的良率预测方法有所提高。

晶圆工厂的竞争优势越来越依赖于它对市场变化和机遇的反应，以及对不可预见的情况（如机器故障、紧急订单）的反应，因此除了良率之外，减少库存和周期时间，提高资源利用率也非常重要。因此，需要生产排程来优化 SWFS 的运行。重新排产被视为应对外部环境和内部生产条件带来的不确定性的有效方法。在作业车间和流水车间，启发式算法和离散事件模拟方法主要应用于解决排产问题。近十年来，在 SWFS 中提出并应用了许多改进传统作业车间重新调度方法的策略。这些使用单一重新调度策略的方法对于实时动态制造环境来说是不够的，因为每天都可能有破坏性事件的发生，环境变得更加复杂。为此，需要一个分层的重调度框架来根据当前系统状态选择 SWFS 中的最佳方法。

为了对不稳定环境下的 SWFS 进行重新安排，图 4-14 给出了一个分层的重排框架。在重排框架的过程中使用了三层重排策略。这三层是机器层、机器组层和系统层。重新安排的策略实现了全局调度、动态调度和机器调度。

- SWFS 的全局调度。如果大规模的 SWFS 有一些变化或干扰，就需要进行重新调度，在机器组层调整后的调度目标下，在机器组层应用局部动态调度算法进行调度。最后，随着机器组层调整后的调度目标，机器调度被实时处理，并实现最佳的机器实时调度方案。

- SWFS 的动态调度。如果中等规模的 SWFS 有一些变化或干扰，就需要在机器组层进行重新调度，对 SWFS 的局部动态调度进行管理。为了调整机器组的本地调度，采用了本地动态调度算法。考虑到机器层的调整后的调度目标，SWFS 的机器调度被处理。

- SWFS 的机器调度。如果大规模的 SWFS 有一些变化或干扰，重新调度就会完成，同时，机器调度也被处理。虽然它们在批次的操作顺序上是相同的，但它们在延迟批次的操作开始时间上是不同的。

[①] 一种模糊逻辑和神经网络的巧妙结合，继承了模糊系统和神经网络的优点，具有以模糊算法处理模糊信息和以高速并行结构学习的特点。

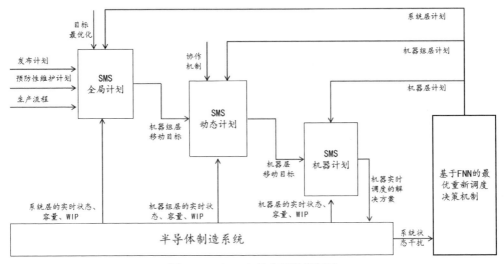

图 4-14 SWFS 的分层重排框架

资料来源：人工神经网络在半导体晶圆制造系统的生产调度和良率预测中的应用

为提高 SWFS 的总良率，需要通过准确的良率预测模型，在故障被检测到之前给出警示，帮助工厂提前采取主动措施，减少缺陷晶圆的数量。对良率的准确预测对于发布生产计划和优化生产过程同样具有重要作用，这将缩短周期时间并降低平均单元的制造成本，提供合理和可接受的价格并让客户满意，如果产品仍在开发中，则有必要对产品的制造成本进行预测。为了与客户保持良好的关系，应保证订单的到期数据，准确预测良率在这方面也很有用。位于晶圆上的一些随机问题，如微观颗粒、簇缺陷、光刻胶、关键工艺参数等，将成为影响半导体晶圆良率的因素。但使用统计分析模型和传统的人工神经网络（ANN）模型，则难以预测半导体制造系统的良率。基于 FNN 的半导体制造系统良率预测的良率模型可以提高良率预测的精度。在该系统中，应同时考虑成簇缺陷、缺陷关键属性参数、关键电气测试参数等影响因素。基于 FNN 的良率预测模型由输入层、输出层和若干隐藏层组成。这三部分分别专注于各自不同的工作。

- 输入层用于接收与良率相关的输入参数。
- 输出层负责获得预测模型的良率响应。
- 隐藏层用于计算和转换基于模糊逻辑理论的输入参数。

FNN 预测模型中的输入变量包括以下参数：关键工艺参数、晶圆物理参数和晶圆缺陷关键参数。

- 关键工艺参数是指通常在晶圆加工结束时测试的电性测试参数，它们对良率有显著影响。

- 晶圆物理参数主要指芯片的尺寸。
- 晶圆缺陷关键参数包含缺陷数量、聚类参数、每个芯片的平均缺陷数量和单位面积的平均缺陷数量。

机器学习（ML）在辅助自动化和优化半导体制造过程及相关的数据分析领域具有强大的潜力。一方面，随着 AI 应用的深入，各种各样的 ML 算法和模型已经被开发出来[①]。根据是否为训练数据提供标签，ML 算法可以简单地分为监督学习和无监督学习。另一方面，存在判别模型和生成模型。鉴于从现有的制造过程中收集到的大量有良好标签的历史数据，有监督的判别模型通常从经验中获得，以加速未来的制造和设计效率。例如，为避免在模具印制过程中的人为干预，可以开发一个多层感知器分类模型，通过细致的后处理程序来自动识别故障图中的着墨点。此外，监督生成模型通常被用来进一步探索设计空间，并促进甚至取代人工设计，以提高可制造性。鉴于其出色的性能和巨大的广泛性，生成对抗网络（GAN）引起了广泛的关注。在布局设计方面可以使用基于条件 AN 的 WellGAN（CGAN），这是一个有监督的 GAN 版本，可以为模拟和有源信号（AMS）电路自动生成良好的布局，这在以前是完全依赖人工设计的。

无监督学习模型被用来描述和学习正常的晶圆数据分布，以进行有效的异常检测。相关的研究包括多种无监督的多变量异常点建模方法，包括基于生成协方差的建模和判别性单类支持向量机（SVM），以捕捉和分析罕见的用户故障。此外，无监督学习有助于发现未知的生产问题，这些问题很难事先被标记。例如，通过一个无监督的生成模型——变异自动编码器（VAE）来识别和聚类晶圆图模式。智能软件通过实时预测每个处理单元的质量测试结果来解决问题，其技术依赖于深度学习和迁移学习，使我们能够在稀疏的生产数据上达到高预测性能，并在流程发生变化的情况下保持这种性能。深度学习和迁移学习相结合，可以在有限和不平衡的数据上部署神经网络（可用的最先进的建模技术），其作为一种受人脑功能启发的建模技术，在建模非线性系统（如机器）方面的表现无与伦比，它尤其能够提取特征并进行概括，以便在多个参数之间建立复杂的关系。迁移学习是一组用于优化深度学习模型训练的技术，它使类似的数据源能够对目标数据集进行建模，这意味着如果需要预测特定机器处理过程中特定的产品缺陷，就可以使用与其他产品和其他机器相关的数据来完成这项任务。基于深度学习/迁移学

---

① Chen He，Hanbin Hu，Peng Li，2021，*Applications for Machine Learning in Semiconductor Manufacturing and Test*。

习的可靠的多功能质量预测软件[①]，可在生产环境中提供最佳和稳定的预测性能，对机器等复杂系统进行建模。在数据有限的情况下，尽管生产过程发生变化，软件仍会利用类似的数据源来保持性能。这些智能软件还能用于预测等离子蚀刻、化学气相沉积（CVD）和化学机械抛光（CMP）工艺的质量。例如，对等离子蚀刻工艺进行建模，以准确预测 c.1k 晶圆初始数据集上的关键尺寸，即使输入数据变化很大，系统也可以保持良好的性能。

当然，AI 并不会解决所有的问题，在有些领域，AI 还有很长的路要走。在 2020 年 IEEE 国际电子器件会议（IEDM）上，专家们认为随着行业努力应对物联网、大数据和 AI 所带来的挑战和机遇，半导体产业正处于重塑期。2018 年是机器生成的数据超过人类的第一年，其中大部分数据从边缘迁移到云端。AI 和大数据支持的应用程序已使电子行业开辟了新的道路，EUV 的出现从器件扩展的角度来看是有益的，但它未能解决在晶体管性能、互连电阻和电容以及可靠性等其他领域仍然存在的关键挑战。

---

① Serena Brischetto，2020，*Neural Networks and Transfer Learning Empowering Semiconductor Manufacturing*。

第 5 章
智造软件为半导体产业提供全程价值

5.1 头部半导体厂商对 AI 应用的洞察

AI 的发展经历了从量变到质变的过程,实现质变的一个重要支撑就是半导体算力的大幅提升。最初计算机被用来处理单一类型的数字或文本数据,例如通过 Word 处理文字、通过 Excel 或计量经济模型处理数字及搜索引擎等。如今需要处理的数据格式层出不穷——文本、图像、音视频——它们并不能统一地放入单一的软件中进行计算,那么这些数据应如何更好地处理呢?以图像文件为例,如何把成千上万张数码照片进行分类,只识别那些显示特定内容的照片呢?这个问题是 ImageNet 的焦点。数百万幅图像的数据库,这给学者们建立模型来正确分类图像提出了挑战。2010 年,机器和软件算法的准确率为 72%,而人类能够以 95% 的平均准确率对图像进行分类。2012 年,由多伦多大学的杰夫·辛顿领导的一个团队使用深度学习,使他们能够将图像识别的准确率提高到 85%。如今,基于深度学习的面部识别算法的准确率已经超过了 99%。

尽管 AI 的运算逻辑与真正的人脑相去甚远,但 AI 从人脑的运算机制中借鉴了精髓。人类大脑平均有 1000 亿个神经元,每个神经元与 10000 多个其他神经元相连,使其能够快速传输信息。当一个神经元接收到一个信号时,它会发出一个电脉冲来触发其他神经元,这些神经元又会将信息传播给与之相连的神经元。每个神经元的输出信号取决于一组"权重"和一个"激活函数"。利用这种类比和大量数据,研究人员通过调整权重和激活函数来训练人工神经网络,以获得期望的输出。人工神经网络已经存在了几十年,但突破来自一种叫作"卷积神经网络"的新方法。实际上,这种方法表明,使用网络的单个层只能识别简单的模式,但是使用多个层可以找到模式的模式。例如,网络的第一层可能会将照片中的物体与天空区分开;第二层可能会将圆形与矩形分开;第三层可能会将圆形识别为面,以此类推。就好像随着每一个连续的层,图像越来越聚焦。现在通常使用 20 ~ 30 层的网络。这种被称为深度学习的抽象水平是机器学习和 AI 进步背后的原因，而这种进步明显给 AI 在半导体产业的应用展示了新的曙光。

就 AI 如何应于半导体产业的企业实践方面，作为一种内部的核心竞争技术，很少有厂商主动展示其应用细节，因为大家都不会把基于大量投资和实践产出的核心技术和关键经验拱手相让。另外由于其特殊的专业性，以及跨界应用创新带来的某种不确定性，大众化媒体也极少对其进行报道。还有，从整个庞大的产业链来说，AI 应用崭露头角，尚且没有遍地开花，对于诸多厂商来说还处于观望阶段。所以获得这些资料并不容易，不过，紧跟行业内部顶级会议，阅读知名行业媒体对专业人士的访谈，依然可以获得不错的信息作为参照对标。本章基于多篇 *Semiconductor Engineering* 上关于 AI 在半导体产业特别是半导体制造中的应用文章做了摘要。对于我国的半导体产业来说，可以充分借鉴并找到大致的发展方向，然后运用 AI 技术尝试对产线制程进行优化，通过在各种工艺制程中发现提升智造能力的关键线索，分析、提炼、总结成自己的策略，然后逐步推广应用于更为丰富的场景。

5.1.1 英伟达

英伟达（Nvidia）是一家 AI 计算公司。公司创立于 1993 年，总部位于美国加利福尼亚州圣克拉拉市。美籍华人黄仁勋是创始人兼 CEO。1999 年，英伟达定义了 GPU，这极大地推动了 PC 游戏市场的发展，重新定义了现代计算机图形技术，并彻底改变了并行计算。2017 年 6 月，英伟达入选《麻省理工科技评论》"2017 年度全球 50 大最聪明公司"榜单。2020 年 7 月 8 日美股收盘后，英伟达首次在市值上实现对英特尔的超越，成为美国市值最高的芯片厂商，这也是 2014 年后再次有新面孔站上美国芯片企业市值第一的位置。

英伟达的制造业和工业全球业务发展主管 Jerry Chen 在接受访谈时表达了如下观点：

- AI 的作用令人惊讶，今天的事在不到 10 年前还被认为是不可能完成的。归根结底，AI 是另一个高性能计算（HPC）的运行载体，与其他运行载体一样具有独特的计算特性和工具。就像我们知道如何为图形和 HPC 建立伟大的架构一样，我们也学会了如何为 AI 训练和推理建立伟大的架构。事实证明，所有这些工作都有很多架构上的优势。
- 基于第一原理的物理学方法始终是基础性的。但有时物理学没有被完全理解，或者模拟它们的计算成本不可能或不实际。在这些情况下，研究人员开始使用混合方法将基于物理学的模型与 AI 模型注入，以获得两个环境下的最佳效果。这种混合方法将物理学与测量所捕获的物理行为的数据相结合，在制造操作中，这种方法可以帮助缩小基于物理学的模型预测与传感器实际感知之间的差距。

- 光刻（Lithography）是一个很好的例子，这种方法变得非常有价值，因为过程窗口对建模错误非常敏感。物理驱动的方法和数据驱动的方法在 GPU 上似乎都非常好用。
- 对于通过 AI 来提升准确度的要求，显然是毋庸置疑的。最好的 AI 模型之所以有效，是因为它们善于从嘈杂的数据中提取真正的信息。半导体产业有大量的数据，也有大量的技术人才，但最大挑战是如何将这些较新的数据驱动方法整合到生产工具和工作流程中。
- 英伟达开始应用这些技术来帮助优化设计，以提高性能和可用性，这对于英伟达和代工制造伙伴都是有利的。无论是在设计方面，还是在制造方面的成果也开始显现出来。行业中的领导者显然正在积极投资于机器学习和 AI，而落后者也会意识到这一趋势是不可避免的。

5.1.2 科磊

科磊（KLA）是一家美国公司，提供半导体制造相关的制程控管、良率管理服务。该公司是 1997 年由 KLA 和 Tencor 两家公司合并形成的，前者成立于 1975 年，后者成立于 1977 年。合并后称为 KLA-Tencor，2019 年 1 月 10 日宣布改名为 KLA。据 Bloomberg 数据，2018 年全球五大半导体设备厂商分别为应用材料（AMAT）、阿斯麦（ASML）、东京威力科创（TEL）、泛林（Lam Research）、科磊（KLA），这五大半导体厂商在 2018 年以其领先的技术、强大的资金支持占据着全球半导体设备制造业超过 70% 的份额。科磊的营销和应用副总裁 Mark Shire 表达了如下观点：

- 机器学习算法仍然需要用标记的数据进行训练。在检测方面，最初需要投入时间来建立分类缺陷库，然后算法才能在准确性和纯度方面产生很好的效果。最终，通过产生更好质量的数据，可以减少识别缺陷源和采取纠正措施所需的时间。
- 机器学习的主要应用之一是缺陷检测和分类。第一步是用机器学习来检测实际的缺陷，而忽略"噪声"。在很多案例中，相对通过人工方式来完成从工艺和模式变化的嘈杂背景中提取实际的致命缺陷信号，机器学习的表现要好得多。第二步是利用机器学习对缺陷进行分类。我们面临的挑战是：当光学检测仪以高灵敏度运行以捕捉最关键、最细微的缺陷时，也会检测到其他异常情况。这时，机器学习首先被应用于检查结果，优化送审的缺陷样本计划；然后，对这些部位拍摄高分辨率的 SEM 图像，并使用额外的机器学习对缺陷进行分析和分类，为工厂工程师提供有关缺陷群体的准确信息——可操作的数据，进而推动工艺改进的决策。

- 一个新兴的应用是利用机器学习来对检查和测量的位置进行更多的预测。如果聚集更多的工厂数据并建立关联，那么就能更智能地确定检查的位置。这可能是一个非常强大的解决方案，可以提高收益率和扩展摩尔定律的经济价值。

- 通过今天的机器学习算法帮助建立明天的 AI 芯片是令人兴奋的，我们乐观地认为无监督的机器学习应用将继续在整个半导体生态系统中增长。

5.1.3 泛林

泛林（Lam Research）是一家美国科技公司，生产、设计、销售半导体产品。该公司由 David K. Lam 于 1980 年创立，总部位于硅谷。1984 年 5 月在纳斯达克挂牌上市。2018 年时它是旧金山湾区仅次于特斯拉汽车的第二大厂商。泛林的计算产品副总裁 David Fried 表示：

- AI 应用大多属于工艺控制的一个大类，但基本上是调整工艺配方，以满足目标晶圆上的规格。它始于改善晶圆性能，并使用蚀刻端点控制或气体流量调整等应用。每个晶圆到达控制工艺的条件略有不同，这是基于先前工艺操作时发生的变化，而工艺设备是基于其环境和所有先前的状态。如果设备能够为每个晶圆自动调整配方参数，如终点时间或气体流量，那么后处理晶圆的均匀性就可以得到改善，并且可以减少预先存在的变化。这是一个重大的胜利。之后，你可以继续通过控制卡盘温度区等参数来改善跨晶圆的均匀性。为了进行这些控制性配方调整，你需要有数据来帮助监测工艺结果对控制参数的敏感性，然后对这些关系进行建模并实施控制方案。

- 在机器学习的过程控制应用中有四个象限：感知、预测、优化和控制。泛林的一个工作重点是试图理解蚀刻反应器或沉积反应器中传感器的输出，试图从传感器数据和配方信息中预测晶圆上的结果，优化这些结果以满足客户的规范要求，然后控制反应器以在量产制造中产生这些晶圆上的结果。泛林为什么要采取感知、预测、优化和控制，而不是传统的方式，即用纯物理学来预测反应器中或晶圆上发生的事情呢？纯物理学可以解决一部分问题，就如同过去大家已经这样做了很多年。如果只考虑一个蚀刻或沉积反应器，有一些相当复杂的化学作用，如等离子体物理和热效应，还有时间效应。对于这些领域中的每一个反应器，你可以有 50 个不同的方程来描述物理学，有大量的参数和许多未知数。你可以尝试从第一原理物理学开始对这些影响进行编码。不幸的是，这基本上是一项难以完成的任务，因为这些方程中的每一个量都是相互参照的，而产生一个精确的解决方案在计算上变得非常昂贵。

- 数据科技仍在兴起，但执行这些数据科技所需的计算能力现在几乎是免费的。我们开始达到中间这个有价值的区域，在那里你可以开始将物理治理方程与数据科技相结合。使用这种技术，可以减少准确解决方案所需的数据要求，也可以开始提高解决这些问题的概率，使其具有足够的准确性，而且计算成本在这个中间范围内是合理的。这就是基础物理学与先进计算技术可以结合起来的地方。
- 我们一直在开发虚拟晶圆，以使工程团队能够测试设备的各项设置，可调节的变化程度比他们在物理生产环境中能够做到的更丰富。
- 机器学习是解决某些计量问题的方法，目前越来越多问题的出现使机器学习变得适用，但它不是灵丹妙药，也不是所有事情的正确答案。泛林已经建立并拥有软件、计算能力和数据科技，以达到纯物理学和数据科技的结合。

5.1.4 欧洲微电子研究中心

欧洲微电子研究中心（IMEC）成立于 1984 年，总部设在比利时鲁汶，是世界领先的纳米电子研究中心，其研究内容比该产业的需求往往超前 3～10 年。特别是世界顶级的综合设备制造商、设备与材料供应商、系统公司和电子设计自动化供应商都直接参与了 IMEC 的项目合作开发。IMEC 雇员超过 1700 名，包括超过 350 名常驻研究员及客座研究员。研究方向主要集中在微电子、纳米技术、辅助设计方法，以及信息通信系统技术（ICT），并拥有一条 0.13 微米 8 英寸试生产线，并已通过 ISO 9001 认证。其他还包括太阳能电池以及微电子领域的高级培训。IMEC 的年收入超过 12000 万欧元，均来自合作者的授权协议及服务合约。IMEC 的先进光刻技术项目主任 Kurt Ronse 认为：

- 从传统做法上讲，所有生产工具已产生了大量的数据，EUV 光刻机是目前最复杂的设备，同时刻蚀机也会产生大量的数据，而这些数据看起来彼此之间没有任何关系，也没有人试图找到其中的关联。最近，对于生产设备接二连三出现宕机的情况，我们开发了一个机器学习项目，通过机器学习试图找到该工具所产生的数据和不同类型的数据之间的关联，以便在接下来的时间里能够预测这种类型的数据，从而可以预测宕机的可能性。

- OPC（Optical Proximity Correction，光学邻近效应修正，是一种光刻分辨率的增强技术，通过修正掩膜图案来改善晶圆光刻性能的方法）在引入深度学习后的性能改进非常明显。在引入 OPC 的早期，它足以模拟空间像，空间像模拟器预测了线条将偏离目标的位置，然后需要控制一系列参数的阈值。随着要求越来越严格，准确性变得更加重要，那么仅有空中影像还是不够的，需要在抗蚀过程中增加控制旋钮来进行制程优化，以确保模拟器对工艺模仿的精准性。在抗蚀处理之后，还有蚀刻，蚀刻过程的影响也会使最终特征偏离品质要求，那么就产生了一系列的控制旋钮。如果手动来处理这个过程，那么需要花很长时间来适应典型的过程模型。因此，这就是我们试图用机器学习来完成的场景，我们先建立模型和所有的控制旋钮，然后以某个随机选择的参数作为起点，让模拟器运行检查它，机器学习会自我纠正一些旋钮，有些并不重要，而有些则至关重要，对最终结果有巨大影响。因此，工艺越复杂（特别是在 EUV 中，控制细节的旋钮越来越多），意味着必须依靠机器学习来确保在合理的时间内找到所有旋钮的最佳匹配设置。OPC 中的模型生成可以通过机器学习完成，这将加快模型生成的速度。如果这么多的变量用手动操作（变量可能是相关的，也可能是不相关的）要花很长时间才能有一个好模型。机器学习以很快的方式自动进行迭代，以更快的速度达到最佳点，实现偏差最小化。

- 有了强大的算力，通过分析数据就可以判断一个趋势出现的可能，这些关系可以运用到其他需要解决或感兴趣的问题上。

- 另外需要讨论的是避免 AI 应用于错误的目的，其基本要求是数据库的安全性必须得到保障。除了正确合法的使用外，特别需要专门的安全软件来保护数据以防范被黑客攻击。同时也要保护正在生成的智能算法。所以，类似基于 AI 的完全自动驾驶并不会在明天就突然发生，解决这些顾虑的措施都必须落实到位，还有隐私也十分重要。

5.1.5 迈康尼

迈康尼（Mycronic）源自瑞典，其发展历史可追溯至20世纪70年代，是全球高精密生产设备供应商，推出过全球第一台激光光刻机，长期帮助电子产品和显示屏厂商保持竞争力、盈利性和与时俱进。SMT、半导体和汽车行业的领导企业使用迈康尼的创新产品、服务和解决方案，打造创新电子产品——从先进的显示屏到挽救生命的医疗植入物。迈康尼的Romain Roux表达了如下的观点：

- 在业界，机器学习为工程师提供了一套工具，就像光学、图像处理或其他领域一样。它的前提条件是数据的可用性，这在产品的前期设计中就需要被考虑其中。问题是我们如何收集数据？如何保护数据？以及如何在生产线的所有设备中追踪数据？数据的质量是成功的关键。另外，数据应该描述所有模型能够很好处理的典型案例。要做到这一点，需要直接从真实的生产环境中获取数据。如果我们希望为客户提供高端设备，那么必须与工业伙伴紧密合作。
- 在学术界，强化学习正变得非常有吸引力。它允许一个模块通过与环境的互动从经验中学习，而不是像监督学习那样只是静态地标记和观察。与数字孪生相结合，人们可以模拟环境，强化学习甚至可以取得令人难以置信的结果。
- 如果能收集到一个系统的输入和相应的输出，就可以尝试用这种技术来为系统建模，也可以反推它。深度学习是一门经验性的科学，真的很难预测将获得的模型的准确性，这必须通过尝试才能确定。一旦有了正确的数据，训练一个神经网络来模仿将输入转化为输出的物理过程是相对快速和容易的。
- 系统建模是很复杂的，有时候得到一个准确的模型根本不可能，而深度学习在寻找数据中隐藏的相关性方面非常有效。
- 物理学仍然是我们建立模拟器的唯一可靠基础。基于机器学习的模块可以模仿一些行为，但需要物理学来区分相关性和因果性。物理模型可以给你带来准确性和深刻的理解，而机器学习可以提供速度并解决一些具有挑战性的逆向问题。这是两个非常不同的领域，它们相互喂养并相互促进。

5.2 半导体服务厂商的智造方案

5.2.1 DataProphet 的 AI 即服务方案

DataProphet 成立于 2014 年，总部位于南非开普敦，它是一家由机器学习专家创建的工业 4.0 "AI 即服务（AI-as-a-Service）"公司。从 DataProphet 的观点来看，AI 的价值不仅要赋予某一个工艺节点，还要赋予整个产线，也正是因为整个产线的数据得以获取，对某些工艺节点的改进判断随之也更为准确。他们认为，信息技术（IT）和运营技术（OT）的融合为利用半导体的数据提供了新的机会，AI 通过部署与目标紧密相关的数据检索、存储、选取、可追溯性及上下文关系理解等关键任务，推动生产效率的提高。

"AI 即服务"特别适合于解决数据管理和良率威胁的挑战。具有人机闭环系统（Humans-In-The-Loop，HITL）[①] 的模块化方法可以将自适应的 IIoT 平台与主动的 AI 驱动解决方案无缝结合起来。"AI 即服务"被证明可以减少企业采用 AI 方案的复杂性，消除企业完全自建过程中的项目风险，也大大降低了企业数字化转型的成本。无监督的深度学习最适合于预测性分析，因为它可以前瞻性地确定最有可能实现最佳生产运行模式的可调节变量。半导体设备厂商可以基于历史和实时数据，借用这种数据驱动的解决方案进行建模，从而发现工艺变量和质量指标之间的复杂关系。例如，深度学习算法可以帮助研究光刻、蚀刻与剥离过程中的参数，是如何与良率、产能、计量数据输出等质量相关的变量共同发挥作用的。考虑到晶圆工厂现在必须面对数字化转型所面临的挑战，AI 的成熟性就尤为重要。与其他关键垂直领域一样，如果半导体制造厂商以智能方式定位数据，则可将数据与 AI 结合实现良率的最优化，从而领先对手。取代破坏性、成本高昂和冗长的故障排除方案已成为当务之急，通过先进的深度学习，可以将系统性的良率威胁转化为挖掘产能的潜力。

DataProphet 的 "AI 即服务"方案可用来解析历史工艺行为：从晶圆外延到光刻和化学机械平坦化（CMP）等掩膜制造子步骤，一直到芯片粘接、烧录测试和装配，如图 5-1 所示。在此过程中，系统的"规定性分析技术"全面工作，以稳定特定的制造线；嵌入良率学习，并在所有可控参数中提供精细的控制计划，以提高最终良率并从产能爆发中获取最大价值。

[①] 人机闭环系统是指操作员在经过第一次指令输入后，仍有机会进行第二次或不间断的指令更正。

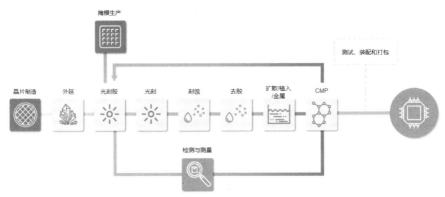

图 5-1　DataProphet 认为的 AI 将赋能晶圆制造的整个过程
资料来源：DataProphet 官网

良率的自动化学习工具可分析来自工具和前导工艺步骤的传感数据，捕捉工艺时间和结果之间的非线性关系。它利用这些信息来预测半导体制造的良率和缺陷，这些预测使工程师能够采取纠正措施，显著降低半导体制造成本和周期。在制程控制方面，分析法使识别组件故障的模式成为可能，预测新设计中可能出现的故障，并提出最佳布局以提高良率。将深度学习算法应用于历史数据，对多步骤半导体制造过程进行有针对性的分析，并基于可调优的参数提供一个精细的控制计划，以实现更大的准确性和良率优化；这避免了集成电路设计中的错误步骤和昂贵的复杂迭代。

先进的"规范性 AI 算法"通过识别复杂故障的根本原因、对已知的良率影响因素进行分类并标记新的警示点，来降低良率损失的风险。因此，AI 和机器学习辅助设计显著提高了终端良率，降低了商品成本，并缩短了新产品的上市时间。对于半导体厂商来说，AI 可引导持续流程优化、提高整个半导体生产线的 KPI。

5.2.2　Onto Innovation 的创新数据驱动解决方案

Onto Innovation 是一家美国半导体公司，于 2019 年由 Rudolph Technologies 和 Nanometrics Incorporated 合并而成。它与全球各地的客户合作，开发创新的、以数据为导向的解决方案，以提高微电子和显示器制造业务的良率和盈利能力。Onto Innovation 有着全面的、先进的测量、检测、数据分析和光刻解决方案，用于半导体制造和封装工艺，加速产品和工艺的开发，提高良率并降低成本。Onto Innovation 的高级营销总监 Yudong Hao 在 AI 应用方面，表达的观点如下：

- 计量学中的第一件事是需要有敏感性，因此工具必须对过程中发生的尺寸变化具有敏感反馈，否则机器学习或任何其他技术都无法实现功能价值。

其次，由于灵敏度低和我们正在测量的设备的复杂性，使用经典的基于物理学的建模技术已经不够了，这正是机器学习发挥作用的地方。还有，机器学习本身可能不是唯一的解决方案，物理学仍然很重要，物理模型和机器学习模型都是预测性模型。我们发现，将物理学和机器学习结合在一起可以获得最佳性能。机器学习是对物理学的补充，它可以帮助物理学，但它不会取代物理学。

- 机器学习虽然很好，但对于每一个案例需要看一下具体问题是什么，以及没有实现全部制造潜力的障碍是什么，然后思考什么是理想的解决方案，这个解决方案可能是机器学习，但也可能是纯物理学。例如，在计量学中，对于薄膜工艺涉及薄膜沉积的厚度测量，物理学是非常成熟和准确的，而且计算速度也很快，所以为普通的薄膜工艺改进部署机器学习实际上没有意义。在多大程度上使用机器学习取决于不同类型的应用。例如，涉及 ADC 检查或自动缺陷分类是机器学习的一个理想应用，因为它是基于图像分析和图像分类的。通常情况下，检查中会使用许多标记的数据，这就是深度学习最容易应用的地方。

- 机器学习是一个模型。我们建立一个预测模型，可以把一些输入映射到一些输出。所以有新的数据进来，然后可以预测输出会是什么。其应用包括检查、图像处理、自然语言处理等。在检查方面，深度学习是基于大数据的，并不能只用几个方程来解决大量的未知数。然而，在计量学领域，有一些技术可以用一个小的标签集来部署深度学习。

- 在光学临界尺寸计量学中，有更多的样品复杂性，仅仅建立一个准确的模型变得非常困难，需要太多的时间来实现，这就是机器学习的用武之地，模式匹配是机器学习的一部分。例如，对于逻辑器件，你可以用它来测量翅片（fin），包括翅片轮廓和翅片高度（fin profiles and fin height）。还有一个非常关键的参数叫接近度，它决定了器件的性能。

- 我们创建了很多可以重复使用的标记数据集，数据集可以随着时间的推移而增长，这意味深度学习可以更容易地被应用。在计量学中，标注的数据集主要来自参考计量学。就如同切割晶圆一样，每个工艺步骤或层基本上都是一个特定的应用，而这个标签数据集通常需要在改变工艺时重新生成。

- 在半导体产业，部署机器学习需要大量的专业领域知识。像亚马逊和谷歌这样的公司将机器学习民主化，使其更容易被我们使用。然而，在我们的行业中，为了使解决方案坚实有效，我们需要将机器学习技术与专业领域知识结合起来，简单地把数据扔给深度学习算法是行不通的。
- 我对机器学习和 AI 持乐观态度。在未来，AI 将在生活的各个方面帮助人们。它还将促进技术进步，帮助物理学发展，这是一切的基础。机器学习帮助我们建造更好的芯片，这反过来又给了我们更多的计算能力来做更多的物理学研究分析。

5.2.3　D2S 的 GPU 加速方案

D2S（Design2Silicon）成立于 2007 年，总部位于美国加利福尼亚州，是一家为半导体制造业提供 GPU 加速解决方案的供应商。该公司利用 GPU 在模拟自然、图像处理和深度学习方面的优势，开发创新能力以应用于纳米级的设备制造。D2S 是 eBeam Initiative 的管理发起人，也是电子制造业深度学习中心的创始成员，全球三大 EDA 设计软件公司的 Cadence 是他们的投资人之一。D2S 的 CEO Aki Fujimura 表达了如下观点：

- 深度学习相对较新，所以在各方面仍有很多改进的机会。它是机器学习的增强模式，不是一种语言而是一种特殊的软件方法，在某种程度上是自动编程。深度学习不是一个软件工程师坐下来写代码，而是一个工程师坐在那里操纵使用哪种神经网络，如何进行调整并训练神经网络，这样产生的神经网络才会被自动编程并按我们的需求进行运行。
- 这在一定程度将帮助提升整个半导体产业的发展，加速超级计算将在每个企业使用，而不仅仅是科学计算。对于基于深度学习应用的生产部署，特别是在半导体制造业，需要数字孪生的支持，因为深度学习需要大量的数据。此外，深度学习程序员主要通过对网络中训练数据的操控，来改善深度学习的性能。如图 5-2 所示，一个能区分狗和猫的深度学习网络，被一只少见的狗的图片所迷惑，程序员需要拿出更多狗和猫的图片来训练网络，反复教会它识别"这是一只狗"或"这是一只猫"，深度学习才能提升它的识别能力。

图 5-2　深度学习分类猫与狗

资料来源：根据 Tran Mau Tri Tam 在 Unsplash 上拍摄照片加工

- 对于半导体制造应用来说，绝对有必要拥有一个基于模拟或基于深度学习的数字孪生，从而可以随意生成虚拟图片，这样程序员就不会因为无法获得足够的训练数据而烦恼。在某些领域，一个成功的深度学习应用原型或许只需要用到千张到万张级别的图片来训练，但在生产环境部署中可能需要数百万张。数字孪生是获得这些资源的唯一途径。从总体趋势看，深度学习应用在 2021 年进入生产部署阶段。

- 深度学习使计算或处理变得自由。例如，让机器花费一周时间计算能用的神经网络，然后当你真正运行它时（在深度学习术语中被称为推理），并不需要很长时间。最后，当你使用那个参数化的网络时，推理就会很快。这种计算模式通过利用 SIMD 的位宽扩展而变得实用，GPU 在经济上是可行的，深度学习技术和神经网络计算恰好特别适合于 SIMD。

- 毫无疑问，深度学习在光罩领域的应用将越发普遍。光罩厂商虽然还在继续使用传统方法，但将逐渐纳入新的能力。深度学习的特点之一是可以非常迅速地创建确定可行示范，任何操作员执行的烦琐和易于出错的过程，特别是涉及视觉检查的过程，都是深度学习的最佳应用场景。深度学习在检测和计量方面有很多机会，在软件方面也有很多机会。例如，帮助解决掩膜车间的周转时间问题，将掩膜车间的大数据和机器日志文件与机器学习联系起来，进行预测性维护。

- 深度学习在光罩领域的应用，总的来说有两大类：大数据和图像处理。大数据应用可能不需要深度学习，甚至不需要基于神经网络。但机器学习作为一类普遍的技术，可以帮助分析大量的数据，提取趋势或进行相关性预测。同时，图像处理并不局限于对 SEM 图像等图片进行分析处理和缺陷分类，它可以广泛地应用于任何需要分析或处理像素数据的事物。因此，掩膜或晶圆模拟，以及 OPC/ILT（光学接近校正/反光刻技术）也是该类别的一部分。在设计掩膜形状时，OPC/ILT 使用深度学习既能加快计算时间，又能提高结果的准确性。深度学习是一种基于密集模式匹配的统计方法，所以不能只用深度学习来取代 OPC/ILT。但是，由于深度学习是一个优秀的快速估算器，许多公司在改善运行时间同时提高结果质量方面取得了很好的效果。

- 我们已经实施了 20 多个用于半导体制造的深度学习项目，特别是掩膜制造、晶圆设计、FPGA 设计和 PCB 组装自动化，在所有这些不同的领域发现了非常有价值的应用。这 20 个项目先是可行性研究，然后进入原型阶段，并取得了良好的结果，特别是三个项目已处于产品化的过程中。

第 6 章
来自世界头部半导体制造厂商的智造验证

广泛应用的 AI 离不开算数、算法和算力的互补促进发展。深度学习三巨头 Geoffrey Hinton、Yann LeCun 和 Yoshua Bengio 对 AI 领域的贡献众所皆知，他们围绕神经网络重塑了 AI 和算法；在数据层面，2007 年李飞飞创建了世界上最大的图像识别数据库 ImageNet，使人们认识到了数据对深度学习的重要性，也正是因为通过 ImageNet 识别大赛，才诞生了 AlexNet、VggNet、GoogleNet、ResNet 等经典的深度学习算法。前几次 AI 繁荣后又陷入低谷，一个核心的原因就是算力难以支撑复杂的算法，而简单的算法效果不佳。黄仁勋创办的 NVIDIA 公司推出的 GPU，很好地缓解了深度学习算法的训练瓶颈，释放了 AI 的全新潜力。

图 6-1 列出了在 AI 领域呼风唤雨的人物，他们的同框体现了 AI 与半导体的交融与相互促进。先进芯片与多样化芯片的问世，使泛在的传感、万物互联与大数据的采存成为可能。算力支持数据、算法的应用立竿见影地推动了人类社会的智能升级与财富增长，这使整个社会又产生了泛在算力的需求，从云端到边缘侧，摩尔定律被再次推动，更先进和更多样化的芯片被生产出来，以此循环往复。如今芯片的先进制程已向埃米级迈进，未来的智能进化充满了想象空间。成就算力的英伟达如今也不仅仅是提供算力，它的商业生态涉及算力市场的方方面面，例如基于强劲的算力来构建信息物理系统、数字孪生甚至元宇宙的应用。

图 6-1　AI 算法、算数与算力的突破代表人物

资料来源：根据 OPPO 数智技术内容编辑

AI作为New IT的一员，并不等同于传统的信息技术。信息技术系统关注的是捕获、存储、分析和评估数据，以将最佳输出作为一条信息进行交流。AI旨在构建能够像人类一样学习、推理、适应和执行任务的智能系统，是IT行业将其系统转变为智能系统以扩展IT功能的垫脚石，其核心功能是自动化、优化以及面向未来发展的自治化。从软件开发来说，构建任何系统的基础是运行一个高效和无错误的代码。AI系统的建立是为了提高整体生产力。例如，AI系统使用一系列的算法帮助程序员编写更好的代码或克服软件的错误，还能根据开发人员的表现为他们建议一套预先设计好的算法，通过检测和消除软件错误来优化开发时间。与深度学习网络集成的AI系统旨在实现后台流程的自动化，以减少时间和成本。一个基于AI编程的算法在执行任务时逐渐从其错误中学习，并自动优化代码以实现更好的功能。从软件的部署来说，在部署软件之前，一个IT系统关注的两个主要问题是确保质量和开发时间，由于AI系统是关于预测的，在软件原型的开发过程和部署过程中就能够整合AI，从而预测并帮助克服开发和部署软件系统时的漏洞。它减少了部署时间，开发人员不再需要等到部署的最终节点。部署过程的自动化通过检测和消除开发过程中的错误，保证了开发系统的质量。从信息安全来说，AI智能系统可以识别威胁和数据泄露，还可以在第一时间提供预防措施和解决方案，以解决安全相关问题。

AI所呈现的魅力需要特定行业的算数和算法支持，好在半导体领军企业的盈利状况都非常好，这个对技术有着天生偏执的行业，在以AI为代表的New IT刚出现的时候，就积极地投入AI技术应用的浪潮中。事实证明，由于企业及时把握了包括率先应用New IT技术在内的诸多机遇，建立了各自行业领域的领导地位。英特尔多年以来一直是半导体产业销售规划的老大，并根据美国政府新一轮先进制造业的重振计划，开始切入台积电的晶圆代工领域；台积电毫无疑问是全球晶圆代工的老大，在5纳米和3纳米的晶圆代工量产上的优势越发明显，能之与匹敌的目前只剩下三星一家，但台积电显然不同于三星的IDM模式，它们的产品供不应求，不断攀升的利润与市值，让它们有足够资金和资源全力以赴投入埃米级晶圆制造工艺的研发；中芯国际毫无疑问是多年来中国大陆晶圆代工老大，它持续吸引来自台积电的特有做法和模式，其领先的地位在可见的未来不可动摇。对这些企业来说，AI是能持续到下一代产业竞争中的法宝。在浩如烟海的AI产业中，半导体应用的行业也逐步增多，尤其是在半导体芯片制造的头部厂商中，AI已是数十年以来不断实现技术突破的重要推动力量。

6.1 英特尔 20 年的 AI 智造之路

6.1.1 AI 在英特尔整厂应用的方法论

半导体制造很复杂：有几十层掩膜、几百个工艺步骤、几千台设备，每台设备有几十到几百个独立的传感器，每块晶圆有几十到几千个集成电路，包含数十亿个晶体管和互连线、数百个电气和物理测量点，而且每周有数万块晶圆在多个工厂生产。这种复杂性导致在产品制造过程中产生了数百 PB（Petabyte，千万亿字节）的数据。半导体公司一直是产生和分析数据的领导者。目前的问题是 AI 能否用于半导体制造？如何从所有这些收集的数据中获得洞察力？近年来，英特尔一直在技术开发（Technology Development，TD）和大规模量产（High Volume Manufacturing，HVM）的各个方面开发和使用 AI 方法，包括机器学习、深度学习、机器视觉和图像处理、高级多变量统计、运筹学等。TD 的复杂性和 HVM 的规模迫使英特尔稳步地用基于学习（AI）的系统来取代基于规则的系统[1]。

在过去的 20 年里，英特尔已经部署了大量的制造业 AI 解决方案，涉及数千个 AI 模型。每个成功的 AI 解决方案都在英特尔所有工厂的所有产品中得到推广。通过对开放式 AI 平台的大量投资，将 AI 用于更多的企业、更多的场景、更多的应用，是英特尔的首要任务。从在线缺陷检测到生产线末端的良率分析以及中间的许多分析步骤，英特尔应用于大规模制造的 AI 解决方案已经产生了数百万美元的商业价值，加速了整体的制造过程，并有助于提高良率和生产力。

如图 6-2 所示，英特尔工厂对 AI 的应用场景主要分为七类：基于机器学习的先进制造控制、制程工具匹配、自动缺陷分类、探针卡缺陷检测和校准、预测"晶粒杀手"及减少测试时间、晶圆地图模式分类和基于机器学习的溯因分析。

在最终实现销售之前，芯片必须经过多个步骤，每一个步骤都会产生数据。半导体制造中的 AI 解决方案必须至少包括以下一项。

- 在第 n 步检测出一个问题；
- 利用之前 $n-i$（$0 < i \leqslant n$）步收集的数据迅速找到其根本原因；
- 利用之前 $n-i$ 个步骤的数据预测步骤 n 的结果（$0 < i \leqslant n$）并设计控制方法以优化步骤 n 的结果。

在英特尔的制造环境中，大规模部署 AI 技术应用包括以下内容：联机缺陷检测、工具工厂匹配、多变量工艺控制、自动化的晶圆图模式检测和分类、快速根

---

[1] Rao Desineni、Eugene Tuv，2022，*High-Value AI in Intel's Semiconductor Manufacturing Environment*。

本原因分析、在分类测试中检测异常值以减少测试时间并提高下游发货产品的质量等。在这些应用的背后，根据不同的使用情况，使用了多种 AI 技术，如高级统计（Advanced Statistics）、机器学习、优化和各种形式的机器视觉。一旦基于 AI 的特定应用被开发出来，验证其商业价值后，就会在英特尔的整个工厂生产线上推广，从而优化投资回报，促进工厂之间的一致性。

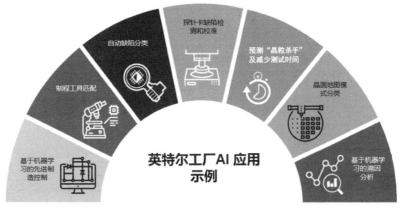

图 6-2　英特尔工厂对 AI 的应用

资料来源：英特尔研究报告

这些应用都可以解决步骤 $n\text{-}i$、步骤 n 的问题。包括：

- 根本原因分析。来自步骤 $n\text{-}i$ 的数据被用来寻找在步骤 n 观察到的异常的根本原因。
- 机器学习用于高级过程控制。来自步骤 $n\text{-}i$ 的数据被用来控制步骤 n 的过程。
- 预测"晶粒杀手"和减少测试。使用来自步骤 $n\text{-}i$ 的数据建立机器学习模型，以预测下游步骤 n 的故障。
- 自动缺陷分类。设计应用来检测异常情况并量化给定步骤 n 的基线非系统缺陷。

6.1.2　优化 AI 应用排序以提升商业价值

定义一个优先考虑和部署的 AI 框架对成功至关重要。因为每天都有大量的数据从生产运营中产生。同样重要的是，工程师和高管对 AI 的兴趣日益高涨，以及自学课程的普遍性使创建 AI 解决方案试点相对容易。确定优先排序的过程如图 6-3 所示，包括三个主要成分：实质性的商业价值、评估可行性和价值实现时间。具体来说，关键是要回答以下问题，以评估是否需要用 AI 实现现有业务流程和工作流程的自动化。

- 是否在降低成本、提升生产力或良率方面带来收益？
- 目标应用是否具备一定的容错性？换言之，偶尔的误报可否接受？
- 该方案能否实现大规模的自动化？换言之，它能不能被集成到现有的制造自动化系统中，使 AI 模型的建立、监测和更新都能以最小的人工干预来部署完成？
- 该解决方案是否能及时产生预期的业务影响？

图 6-3 英特尔 AI 项目优先排序过程

资料来源：英特尔研究报告

在 AI 立项后，取得项目的成功还需要采取更全面的方法，涵盖四个基本要素：理解问题、解决方案的部署、建模和数据管理，如图 6-4 所示。忽视一个成分会使整个项目面临失败风险。正如网上报道的那样，尽管各行业在 AI 方面的投资巨大，但 AI 项目失败率在 60%～85%。我们认为，AI 项目失败的主要原因之一是，大多数项目在创建时没有考虑到明确的使用案例，而停留在对技术的兴趣上。

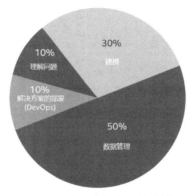

图 6-4 先进分析方案的建模

资料来源：英特尔研究报告

- 理解问题（Understand the problem）占先进分析方案建模饼图的10%，但理解问题至关重要。专业领域的专业知识是无可替代的，AI的实施不能脱离最终将部署解决方案的业务职能。我们首先成立方案小组，包括专业领域专家（制程工程师、设备工程师和良率工程师），了解问题陈述和相关的商业价值，然后产生一个概念验证（PoC）的AI解决方案。该PoC由领域专家进行彻底验证，并在下一步之前进行反复完善。
- 解决方案的部署（DevOps）也占了10%。它是复杂算法在整个组织内实现技术民主化的唯一途径。即使在PoC阶段，我们已经在计划HVM的部署，其中包括将解决方案整合到我们的工厂自动化系统，以确保采用。
- 建模（Modeling）占了先进分析的30%。在这里，我们遵循两条规则：一是从简单的可解释技术开始，如稳健的线性模型或单一的决策树，然后再采用透明度较低的AI方法，如集合或更复杂的神经网络；二是使用为数据领域定制的尽可能成熟的AI引擎（算法），具体来说，我们已经在性能极佳的引擎上进行了大量投资，这些引擎可以处理半导体数据的独特特征——高度不平衡的数据、缺失的数据、分类数据，以及经常出现的"脏数据"。持续地将定制的AI引擎的性能和准确性，与世界各地数以百万计的数据科学家所使用的开源引擎进行比较，因地制宜地决定使用我们的定制AI引擎、开源引擎，或者对两者混合使用。
- 数据管理（Data Management）是先进分析建模的最大部分，也是最麻烦的部分，约占50%。因为数据的问题非常复杂，包括以不同的格式存在——结构化和非结构化、视频文件、文本和图像——它们存储在不同的地方，有不同的安全和隐私要求。我们的数据挑战与其他公司类似。我们已经解决了这些问题，并继续通过多种数据倡议来改进它们。

6.1.3 英特尔实现AI智造的典型案例

1. 通过AI转变手工良率分析方式[①]

英特尔是世界领先的大批量制造商之一，在全球10个地区拥有15个晶圆制造厂（Fabs）。像所有制造商一样，英特尔努力在不增加成本的情况下提高制造良率。AI具有巨大的潜力，可以帮助实现这一目标，使其更接近工业4.0的愿景，即制造过程完全自动化。在半导体制造中，一块硅晶圆由几十到几百个独立的微电子集成电路单元组成，称为晶粒。硅片是以"批次"为单位生产的，意思是在

---

① Intel，2021，*Transforming Manufacturing Yield Analysis with AI*。

一个特定时间段内生产的产品。每个晶圆在通过工厂时都要经历许多制造线步骤，其中每个步骤都涉及先进的制造工具和电化学——机械工艺之间的复杂相互作用，可能会出现各种问题，如图6-5所示。这些复杂性带来的问题包括：一个工具开始失效、工具群运行不匹配或一个加工步骤的变化无意中影响到另一个加工步骤。所有这些问题以及其他许多问题都会带来生产线的变异，对生产线末端的良率产生负面影响。

图6-5　晶圆上的特征图案（不同问题导致不同特征）
资料来源：英特尔研究报告

良率分析工程师检查生产线末端晶圆的芯片级功能健康指标。他们要寻找的是总故障区域（GFA），它以图案的形式出现，表明晶圆生产制程中发生了问题，且不同的问题导致的图案也各有差异。良率分析工程师目前还在使用一些手工技术，从生产线末端的角度来推断生产线上出了什么问题，把这种模式识别的练习作为问题根源分析的切入点。在多年的晶圆分析经验中，良率分析工程师已经编列了几十种与特定问题有关的基线模式。确定GFA的传统方法涉及许多挑战：

- 耗费时间。GFA检测是一项重复性和劳动密集型的工作。随着制造环境中产品数量的增长，雇用足够的良率分析工程师来审查和记录100%的生产线末端材料是不现实的。由于人力资源的限制，这种手工方法既费时又不可扩展。

- 经验有限。良率分析工程师需要多年的时间来获得制造工艺技术的经验，以准确地进行GFA检测。这项任务往往是艺术和科学之间的平衡，工程师需要多年的经验来学习如何准确区分随机统计"噪声"和真正的GFA特征。因此，分析的结果和一致性在很大程度上取决于工程师的技能。

- 因多个故障而变得复杂。两个或更多的内联问题可能影响到一个晶圆，有可能导致一个晶圆上出现多个图案。由于资源和经验的限制，良率分析工程师可能只会识别和描述出一个内联问题，而其他问题没有被发现和解决，这可能会阻碍解决两个问题的根本原因。

- 孤立的信息导致知识迁移低效。由于英特尔在几个地点平行生产晶圆，良率分析工程师之间的知识转换需要开会，这是一种低效的知识共享方法。
- 问题发现延迟。制程中会出现不在已有基线模式清单上的新问题，而这些问题没有被发现，直到重复出现被有经验的工程师所捕捉。由于视觉采样或经验有限，新问题检测的延迟可能会给稳健生产和良率带来重大损失。迅速检测和量化由于工厂事件或偏离而导致的材料风险是非常关键的。英特尔的晶圆厂7×24小时运行，每小时处理成千上万的晶圆。失效的工具、不匹配的机群或无意的工艺转变在未得到控制的情况下运行的时间越长，材料面临的良率下降的风险就越大。一个自动化的GFA分类解决方案可以通过提醒良率分析人员注意在线问题来帮助提高良率，然后使问题得到迅速解决——防止更多的晶圆受到影响。

英特尔正在改变良率分析的模式，从上述这种手工的、被动的"拉"式方法转变为主动的"推"式方法，这有助于快速而准确地发现问题，如失效的工具、机群不匹配和工艺参数的转变。这类问题发现得越快，它们就越早得到解决，整体良率也就越高。

随着英特尔产品组合的扩大和复杂，未检测到的问题、不正确的特征归属以及识别已知特征所需的时间等业务风险不断增加。英特尔IT部门正致力于通过基于AI的解决方案帮助制造部门加速问题检测，并提高准确性。AI执行重复的、劳动密集型的检测，然后将结果推送给良率分析工程师进行根本原因分析。该解决方案包括三个关键因素，在行业中独树一帜。

- AI模型。英特尔开发了一个专门的AI工作流程，使用机器学习、深度学习和图像处理技术来进行自动模式识别。AI可以识别和记录每个晶圆的多个GFA，并学习捕捉影响良率的模式。
- 自主的端到端检测。虽然算法对整个解决方案的成功很重要，但自动化才是真正改变游戏规则的因素。传统的GFA工具是有限的，需要人工干预和手动查询。现在，自动化的推送方法产生了用于根本原因分析的数据，并计算出良率影响趋势。
- 系统的整合。算法的结果被无缝集成到现有的制造工作流程方法和工具中，这提高了易用性和我们将算法的商业价值扩展到其他应用的能力。

该解决方案的其他重要方面包括结构化的数据收集，无须人工记录，从单调的模式分类转变为更关注根本原因分析，并以一个中央系统取代本地执行，该系统可以处理和存储远多于本地客户端能力的数据。一个重要的说明：我们的解决方案不是为了取代良率分析工程师。相反，机器执行它们最擅长的工作，而工程师则执行更复杂的智力任务，如应用业务知识寻找检测到的问题的根本原因。这个综合解决方案（算法、自动化和集成）目前提供两种服务。

- 基础特征模式检测（Baseline Pattern Detection）。该方案可以对全部晶圆在制品提供特征实例，自动确定晶圆是否有已知的基础性问题，而无须人工干预。
- 未知特征模式检测（Unknown Pattern Detection）。该方案可以报告有关目前影响良率的所有特征以及影响程度的信息。良率分析工程师可以使用该报告来识别新的问题并提出见解，如新的特征、定义有变化的已知特征或良率影响水平的变化，从而帮助工程师设定他们的调查分析优先级。一旦工程师完成了对以前未知特征的根本原因分析，新特征就会被添加到基础模式库中，AI模型会被重新训练以识别它。

该解决方案从现有的晶圆厂数据湖中获取数据，例如以前标识过特征模式的晶圆列表以及关于整个晶圆群体的信息。基于AI的模型使用基础特征模式进行训练，一旦训练完成，模型就会对所有流媒体材料进行推理，并向现有的良率分析工具提供分类结果，以及良率的影响测量。同时，AI模型正在运行以识别晶圆上存在的新的特征模式。与现有的下游可视化和分析工具紧密结合，使工程师能够在必要时对数据进行深入研究。如果有必要，他们还可以进行额外的自定义分析。例如，良率分析操作管理工具允许工程师定制他们的数据分析视图，也允许工厂用户拥有简化的基于网络的评估，以查看数据和输入数据。与基于AI的GFA检测解决方案集成的其他工具包括一个根本原因分析工具和一个仪表板和报告工具。英特尔在整个过程中使用行业标准软件（如表6-1所示），还使用模块化方法，以便随着方案的发展可以增加更多的模型，支持更多的产品类型。这些算法结合了几个模型，包括机器学习和深度学习。在2021年底，英特尔的晶圆厂在生产环境中部署了16个模型，每天标记约2500个晶圆——随着持续向基础特征模式库添加新的特征并增加对其他产品的支持，这些数字将继续增长。

表6-1 自动GFA检测解决方案软件

软 件 类 型	软 件 名 称
程序语言	Python
机器学习和深度学习框架	Python、TensorFlow、Seldon
分析业务流程	Argo、基于Confluent平台的Apache Kafka
存储	MinIO Database、网络文件系统（NFS）、ElasticSearch

续表

软件类型	软件名称
容器	Docker、Kubernetes
操作系统	Linux、Ubuntu

资料来源：英特尔研究报告

这一解决方案加快了识别、标记和随后解决在线问题的速度，以提高总体良率。该方案可以帮助良率分析师在时间有限的环境下提高良率。换句话说，该方案有助于在不增加良率分析团队人数的情况下保持高质量的产品。虽然制造业之前已经采取了自动化 GFA 检测的措施，但英特尔使用机器学习操作（MLOps）来推动加速和可扩展性是独一无二的。该解决方案提供的变革性商业价值如表 6-2 所示。

表 6-2 基于 AI 的 GFA 特征检测所产生的变革性商业价值

价值维度	手工分析	AI 分析
AI 价值	有限的可扩展性。只对一个产品或多个产品的终端量的子集进行分析	高度可扩展性——每批产品的每块晶圆都要进行分析，这样可以捕捉到更多的问题，并可作为准确的数据集用于根本原因调查并可迅速扩展到多个产品
	每批产品只能有一个总故障区域（GFA）的识别和记录	每个晶圆可以发现和记录多个 GFA
	问题识别的质量是基于良率工程师的经验——它可能是有偏见的，而且因人而异	对已知的特征模式进行一致的、客观的和可重复的标记，加上发现新的 GFA 的能力，以便及时调查分析。随着时间的推移，对各种产品的所有基础特征模式的识别准确性，有可能达到经验丰富的人类的水平
端到端自动化价值	对 GFA 搜索采取"拉式"被动方法	"推式"主动方法，帮助自动检测活跃的 GFA
	需要大约两天时间来更新汇总的良率影响总结报告	良率影响汇总是自动化的
	人工创建"根本原因分析、趋势和良率影响"数据集，属于劳动密集型的工作	能够为"根本原因分析以及长时间的趋势和良率影响计算"轻松生成数据集
	知识共享是基于会议和演示的，减缓了在线问题修复的速度和效率	虚拟工厂的集成是自动和快速的，能够轻松地捕捉和分享知识，这反过来又加速了对在线问题的修复
与制造环境垂直整合的价值	分析结果与其他分析和数据探索工具是隔离的	结果与现有的流程和工具完全整合，使该解决方案易于使用

资料来源：英特尔研究报告

这个独特的解决方案使端到端的检测能够识别同一晶圆上的多个问题，并对每批晶圆进行 100% 的检查。AI 和良率分析工程师的知识相结合，使他们能够支持检测更多的产品，使用各工厂共同采集的知识，并缩短解决问题的时间。总的来说，该方案正在推动英特尔朝着工业 4.0 的方向前进，实现根本原因分析过程的完全自动化和更好的良率。

2. 带有机器视觉和机器学习的 ADC[①]

ADC 是英特尔十多年前在 HVM 中部署的第一批 AI 解决方案之一。相对于机器视觉，训练员工以 90% 的准确率对缺陷进行手动分类通常需要 6～9 个月。即使在培训完成后，专业操作员通常也只能保持 70%～85% 的准确率，这是因为分类工作具有高度的重复性，而流程的改变可能导致新的缺陷类型，那么就需要进一步培训。当然原因还在于对集成电路缺陷进行分类本身就非常困难，有些缺陷需要和设计布局对照才能准确诊断，而有些缺陷根本无法被人眼和大脑所感知。因此，英特尔成立了一个由制程、良率、缺陷量测和设备工程师组成的跨职能团队，实施机器学习（包括深度神经网络）ADC 解决方案。此后，该解决方案被部署在英特尔生产的每个技术节点的 TD 和 HVM 中，包括英特尔至强可扩展处理器和英特尔 Optane 技术。部署本身需要巨大的努力和投资，以将 AI 算法整合到工厂自动化系统中。集成包括以下几个层面。

- 缺陷检测系统的输入端；
- 用户端。允许缺陷工程师和技术人员对图像进行标记，并配置相应的目标布局信息；
- 在统计过程控制（SPC）中自动报警，必要时将相应批次搁置。

ADC 能够以要求的准确率对工厂生产晶圆的大多数缺陷进行测量和分类。与其他解决方案相比，总拥有成本（TOC）没有增加。另外，工厂还能利用晶圆制造过程中的现有成像设备，在以前没有采用机器视觉和机器学习的地方实施 ADC，帮助在制造早期预防错误，提高良率，而不增加成本。

3. 溯因分析

规模化机器学习和高级分析的另一个成功应用是溯因分析（Root Cause Analysis，RCA）解决方案。在半导体制造业中，迅速找到良率和质量问题的根本原因，对盈利能力和客户满意度都至关重要。要解决这个问题，通常需要在电子测试、SPC、工具、操作、缺陷、排队时间、工艺时间、晶圆槽顺序、设备日志和许多其他数据类型中挖掘数十亿个参数，这类似于在干草堆中寻找一个针头。

[①] Intel，2021，*High-Value AI in Intel's Semiconductor Manufacturing Environment*。

一个精通分析的工程师，拥有强大的领域知识和多年的经验，也许能够在几个小时或几天内智能地挖掘所有可用的数据；但这种知识甚至很难在两个工程师之间共享，更无法在英特尔的所有工厂之间共享，换言之，这无法标准化也无法实现高效的知识迁移。

为了实现 RCA 的技术民主化，英特尔开发了可解释的机器学习引擎（包括增强的决策树、特别委员会方法、特征选择和规则归纳技术），可以处理大量、嘈杂、异质和经常失踪的非随机（MNAR）制造数据。这些引擎为 RCA 等任务提供了解决方案，将数据转化为可分析的形式。英特尔应用半导体领域的专业知识创建了一个定制的大数据存储基础设施，为 RCA 所需的多维数据提供了非常快速的访问。与之前的几小时或几天相比，工程师现在可以在几分钟内找到潜在的根本原因。通过在即插即用型快速数据基础设施上无缝集成机器学习分析，工厂大大减少了寻找、提取、清理和连接数据的重复性工作。

4. 分类测试探针卡检查

分类测试是晶圆制造的最后一步，是对晶圆上的各个芯片进行测试以确定良率。技术人员使用一种称为探针卡的硬件，将测试模式传送到晶圆上的晶粒，其中测试针与探针卡进行物理接触，而正是物理接触造成了问题，探针卡会受到磨损，这反过来又会使测试结果混乱。传统的方式是技术人员定期使用显微镜手动检查探针卡，这项工作费时费力，而且有很大的人体工程学风险。因此，英特尔采取了一个多阶段的方法，为探针卡建立一个完全自动化的检查系统，通过在每个阶段建立中间应用程序，以减少技术员的工作量。现在的整体解决方案集成了这些应用程序。例如，当探针卡在测试设备上时，一个应用程序自动收集图像数据，审查工具只标记探针卡上的异常区域。另一个应用程序允许技术人员轻松标记数据，这反过来又允许创建一个标记的数据集来训练一个深度学习的 AI 系统。通过从最小可行产品开始，逐步增强功能，该系统现在已经完全自动化，并部署在多个工厂，实现了显著的生产力提升。以前每个工厂每周需要 46 个小时的任务，现在已经减少到 60 秒以内。

英特尔工厂使用各种 AI 解决方案已有近 20 年的历史，并在良率、成本和生产率的优化方面发挥价值，这些应用说明让机器来完成人类本要辛苦完成的重复性任务是有意义的。在这些例子中，AI 技术提供了更精确的结果，特别是与一个经验不足的工程师所做的工作相比尤其如此。然而，AI 并不是魔术。每个应用中，在理解问题所在后，AI 算法必须由机器学习专家从头开始选择、采用或开发。PoC 解决方案必须经过用户的广泛验证，完善的算法必须通过 DevOps 整合到工厂自动化系统。此外，虽然产生了数百 PB 的数据，但关键是将 AI 应用于那些能够提供实质性商业价值、具备评估可行性和最快价值实现时间的应用。一旦应用被优先考虑，关键是要对计算资源、DevOps 和将算法整合到现有工作流程和自动化系统进行适当的投资。投资对于为领域专家释放潜力也很重要，好在新信息技术的发展趋势正处于 AI 的春天——存储和计算变得更加廉价，这个 AI 的春天至少会持续到下一个十年。在整个半导体制造业中，OEM 供应商、EDA 供应商、数据基础设施供应商对 AI 的认识不断提高。正如工业革命需要一段时间才能成熟一样，"AI 无处不在"的愿景也需要一段时间成为现实，但英特尔确信后者将比前者发生得更快。同时需要建立新的与之匹配的企业文化，作为纯技术解决方案的必要扩散，企业文化也将有助于打造一个基于 AI 的新型组织。

6.2 台积电 11 年的 AI 智造与大联盟 OIP

台积电由张忠谋先生于 1987 年在台湾新竹科学园区成立，它的创立事实上同时创造了两个全新的行业——一个是台积电本身的晶圆制造的代工行业（Foundry），另一个则是与它成为上下游关系的无晶圆厂半导体公司（Fabless），如今两个行业都非常成功。台积电是晶圆代工模式的成功典型，而目前半导体全球十强中的两家：高通和博通，都是 Fabless，所有顶级 FPGA 公司也是 Fabless。所谓晶圆代工是指专注于生产由客户设计的芯片，本身并不设计、生产或销售自有品牌的芯片产品，确保绝不与客户竞争。因此，台积电的代工模式造就了全球无晶圆工厂集成电路设计产业的崛起。自创立以来，台积电一直是世界领先的专业集成电路制造服务公司。在 2021 年，台积电公司以 291 种制程技术，为 535 个客户生产 12302 种不同产品。台积电公司的众多客户遍布全球，为客户生产的芯片广泛地运用在各种终端市场，例如行动装置、高效能运算、车用电子与物联网等。如此多样化的芯片生产有助于缓和需求的波动性，使公司得以维持较高的产能利用率及获利率，以及稳健的投资报酬。

台积电在台湾设有 4 座 12 英寸超大晶圆厂、4 座 8 英寸晶圆厂和 1 座 6 英寸晶圆厂。2020 年 5 月，台积电宣布有意于美国设立先进晶圆工厂，使得台积电能为客户和伙伴提供更好的支持，也为台积电提供了更多吸引全球人才的机会。此座将设立于亚利桑那州的厂房将采用台积电的 5 纳米制程技术生产半导体芯片，规划月产能为 2 万片晶圆，该晶圆工厂于 2024 年开始量产。至 2021 年年底，台积电及其子公司员工总数超过 57000 人。

作为全球最大、最先进的芯片技术和代工服务商,台积电在与 IDM 的竞争中成为了技术领先者。台积电持续部署多项技术以启用"智能晶圆厂自动化"(图 6-6),以提升质量,降低成本,缩短上市周期,这包括打造一个集 SoIC、CoWoS 和 InFO 于一体的全自动智能工厂,并由其最新的先进材料处理系统提供支持。此外,台积电还开发了一种制造系统 SiView^{Plus} 来支持集成[1]。台积电的"智能工厂自动化"由多个专家系统集成,包括制造执行系统(MES)、高级过程控制(APC)、自动化物料搬运系统(AMHS)。除了自动化系统,Advanced Packaging 还利用 AI、人机闭环系统、机器学习、大数据分析和边缘计算技术来监督控制智能系统设备。

图 6-6 台积电近乎无人的自动化生产厂房内景

资料来源:台积电官网

台积电已在台湾证券交易所上市,股票代码为 2330,另有美国存托凭证在美国纽约证券交易所挂牌交易,股票代号为 TSM。台积电股价于 2022 年 10 月 11 日大跌,并创下了自 1994 年以来的最大跌幅,其重要原因之一是美国 2022 年 10 月初出台新的晶圆出口禁令,导致投资者担心其商业前景暗淡。

6.2.1 台积电的智造战略

英特尔的 AI 智造体现了三步骤方法论与典型应用,台积电的智造则更体现出了智造逐年发展的演化进程。从 2016 年开始,我们都会看到台积电智能精密制造的蓝图,如图 6-7 所示。

在敏捷和智能运营方面,台积电整合 AI、机器学习、专家系统和先进算法,

---

[1] 资料来源:台积电先进封装技术与服务负责人 Marvin Liao 博士在 SEMICON Taiwan 智能制造论坛的主题演讲。

构建智能制造环境。具体场景包括：生产调度、员工生产力、设备生产力、过程和设备控制、质量管控和机器人控制，以优化产品品质、生产产能、效率和柔性，同时最大限度地提高投资收益并加速整体的创新。其中一个典型应用是整合智能移动设备、物联网和移动机器人等新应用，打造智能自动化物料搬运系统（AMHS），该系统通过收集与分析晶圆制程中的数据，有效利用物料资源，最大限度地提高制造效率。系统通过快速启动、缩短搬运周期，使制造过程更为稳定，以保障总体质量的满意度和准时交付，它的柔性表现在可以针对客户需求的变化而进行调整，比如对客户紧急需求的响应。

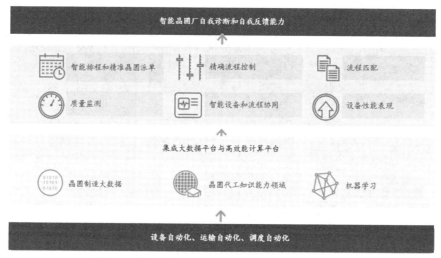

图 6-7　台积电智造软件体系发展路径图（2016）
资料来源：台积电官网

英特尔表明自己在晶圆厂使用 AI 已有 20 年的历史，而早在 2010 年，台积电启动了智能制造，它在 AI 的应用上可能晚于英特尔，但从公开的资料来看，台积电的智造战略则更为体系化。2011 年，随着先进制程复杂性的增加，公司将 AI 应用于晶圆制造过程以提高良率并稳定产能。如图 6-7 所示，在台积电 2016 年的智造软件架构中，他们在设备自动化、运输自动化和调度自动化方面引领行业，成功建立了该公司的第一个自动化 12 英寸 GIGAFab 设施。为了加强其现有的自动化基础设施，台积电也加强其大数据和机器学习能力。集成数据和高性能计算平台这些新的智造能力，也被应用于智能调度和精准的生产排程、精确的工艺控制、质量监控、设备智能化以及性能改进等。这在台积电称之为智能精密制造（Intelligent Precision Manufacturing，IPM）。IPM 使工厂的基础设施实现了数字化升级，使生产线具备了自我诊断和反馈的新能力。同时，台积电还采用创新的工艺能力迁移方法,达到了各厂智造能力的一致性(Fab Matching),在这方面台积电的实践与英特尔是一致的,即通过 AI 加速表现优异的工厂快速向滞后的工厂迁移复制其智造能力,即确保各厂性能一致、共同实现工艺优化、缩短良率学习曲线和生产时间,通过不断校准和跨厂区同步学习,为客户提供最佳产品良率和性能。台积电还利用云计算技术和数据分类机制进行专有信息的保护,仅通过从一个单点就能管理全厂的信息,在保证核心商业机密资料安全的同时又提高了运营效率,这一切基于 AI 的智造与运营都在持续提升台积电在全球的竞争优势。

如图 6-8 所示,2017 年台积电的 AI 智造架构有了进化,大数据、专家知识库与机器学习已独立出来,这意味着每一部分都更为完善和强大。机器学习作为一个重要的智能中介,使大数据可以作用于五大应用场景:智能排程和精准派工、人员生产率提升、设备利用率优化、制程和工具控制及质量管控。表 6-3 列出了 AI 架构在 2016 年和 2017 年的区别,智能设备与设备性能全部归入了设备利用优化,增加了"人员生产率提升"的部分。人员生产率的提升得益于智造软件中的专家知识库的进一步增强,减少了不可避免的人工误判与盲区。根据公开报道,台积电从 2017 年开始每年计划培养 300 名机器学习专家,并建立自己的机器学习开发平台,用高性能的计算能力、全面的晶圆工艺大数据和开源的机器学习软件库来支持各类场景应用的快速开发。机器学习和深度学习被深入研究,这些基于算法的 AI 分析技术被应用于系统中,增强了自我诊断和自我反馈的制造能力。

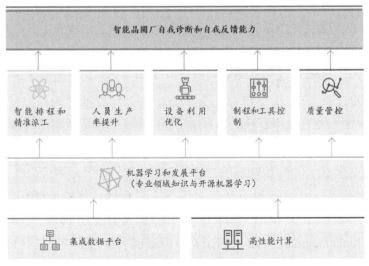

图 6-8　台积电智造软件体系发展路径图(2017)

资料来源:台积电官网

表 6-3　台积电智能制造软件体系 2016 年与 2017 年比较

年　　份	2016 年	2017 年
应用场景	智能排程和精准晶圆派工	智能排程和精准派工
	设备性能改进	设备利用优化
	质量管控	质量管控
	精确的制程控制	制程和工具控制
	智能设备和工艺调整	人员生产率提升
	工艺匹配	

资料来源：根据台积电官网资料汇编

在工程优化方面，台积电独特的制造基础设施专为处理多样化的产品组合而量身定制，该组合使用严格的工艺控制来满足更高的产品质量、性能和可靠性要求。为实现品质与制造的卓越，台积电的制程控制系统整合了多项智能功能，通过制程的自我诊断、自我学习及自我反应取得了显著的成果，包括提高良率、质量管控、故障检测、流程优化、降低成本和缩短研发周期等。随着 5G 时代对高性能计算、汽车和物联网的更高质量的要求，台积电进一步拓展了大数据、机器学习和 AI 的架构，系统性地将晶圆制造专业知识和数据科技知识及方法论整合起来，建立基于 AI 的工程自动化（Engineering Automation）管理体系。

2018 年，按台积电的原定计划，已拥有一支由近 1000 名 IT 专业人士和 300 名机器学习专家组成的团队。该团队在公司的机器学习平台上共同工作，收集大量的晶圆制造数据，开发创新的分析技术，在高性能计算和开源机器学习软件的协助下，改进和扩大智能制造系统。台积电的智能制造技术已经应用于智能排程、精确调度、提高人员生产率、优化设备生产力以及制造过程和工具监控。以台积电的智能排程和精确调度为例，每个产品的生产路径已经根据其制造环境的复杂性进行了优化，晶圆制造周期和队列等待时间都降到了历史最低水平。例如，对一个拥有 4000 个工具、月产 30 万片晶圆的工厂来说，每个掩膜层的周期已缩短到 1～1.2 天。台积电坚定不移地追求卓越制造，旨在通过智能精密制造为全球集成电路行业注入创新活力和动力，并成为客户长期信赖的制造技术和产能供应商。

如图 6-9 所示，台积电 2018 年 AI 智造框架是其历史上第一次对智造发展历程的汇总。左边列出了自 2010 年以来的重大里程碑，首先是 2010 年完成的生产自动化（Automatic Manufacturing），然后在此基础上于 2011 年推动智能制造（Intelligent Manufacturing），其中包括构建的晶圆大数据基础设施并将 AI 产生的分析结果引入制造系统中，这个系统通过两个平台来支撑，一是整体的数据平台，二是高性能云计算。2013—2016 年，台积电进行了大量跨界的人才开发，与科研

第6章 来自世界头部半导体制造厂商的智造验证

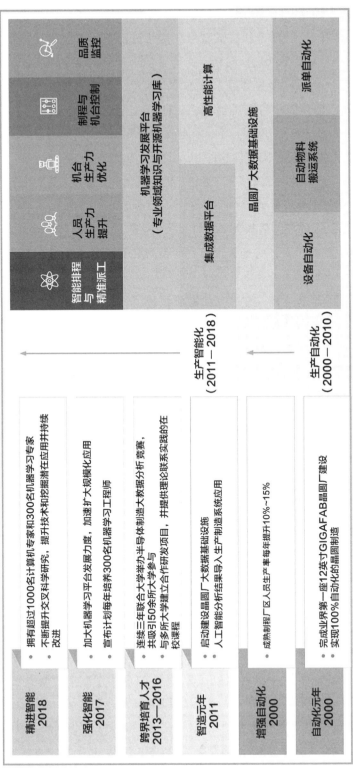

图 6-9 台积电智造软件体系发展路径图（2018）

资料来源：台积电官网

院所及高校合作，连续三年举办半导体制造大数据分析竞赛，共同完善大数据课程，并在课堂上同时提供理论和实践教学。在此过程中，来自半导体专业领域的人才与大数据、AI 人才得以融合创新，构建了基于开源机器学习库的机器学习开发平台。2017 年，台积电增强智能系统建设，构建机器学习发展平台，加快扩大应用规模；另外，培养 300 名机器学习专家的计划也正式启动，到 2018 年形成了由 1000 名 IT 专家和 300 名机器学习专家组成的研究库。

台积电认为，如果要迈向智能型的制造工厂，必须做到以下几点：

- 联网大数据，由复杂的在线产品分析来提供，建立自己的巨量资料分析资源库。
- 建立基于企业私有云的云端数据中心（Cloud Data Center）。
- 基于开源技术建模，用模型来控制生产参数。许多大的解决方案，都是来自开源软件定制开发，例如管理用户的图形化界面、添加管理报表等增值的附件。
- 整合领域知识来建模，即时监控提前预测。
- 利用机器学习主动控制生产参数，降低生产线的异常波动。
- 自动图像，让机器具备类似人的分析能力。

表 6-4 是智造软件在英特尔和台积电应用场景的比较。

表 6-4 台积电与英特尔的智造软件应用场景

智造软件体系应用场景分类	
英特尔	台积电
先进制程控制	智能排程和精准派工
制程工艺与工具匹配	设备利用优化
自动缺陷分类	质量管控
探针卡缺陷检测和校准	制程和工具控制
预测性晶粒杀手及测试时间减少	人员生产率提升
晶圆特征模式分类	
基于机器学习的根本原因分析	
良率分析	

资料来源：作者编辑

2019 年台积电披露了更为详细的 AI 智造细节，对每一项内容重新做了补充总结，其框架如图 6-10 所示。台积电在 2019 年的创新专题中，对其智能制造作了更完整的介绍。在制造指挥中心，工程师和操作人员专注于高价值环节的监控和分析，而一般的生产运营则可交付给 AI 智造系统进行日常管理，这意味着两套系统——生产自动化与工程自动化的完美并行。

图 6-10 台积电智造软件体系发展路径图（2019）

资料来源：台积电官网

在台积电 2020 年的 AI 智造蓝图上（图 6-11），对过去 10 年的 AI 智造历程又作了一次梳理。我们可以看出，台积电在 2000 年就对 12 英寸晶圆厂实现了 100% 的生产自动化，自动化包括三个方面：

- 机台自动化（Equipment Automation）：自动制造链接执行系统与工程控制系统，执行最优化的制程参数，产品高良率与高品质。
- 自动化调度（Dispatching Automation）：机器的即时状况与生产的优先顺序，更准确地安排产品派系的执行，动态调配的台面，在各个客户的订单整合顺序。
- 传输自动化（Transportation Automation）：淘汰了生产过程中的人工包装运送，降低了影响质量的污染源。

2020 年的蓝图与之前相比，主要是更新了 2019 年对于 AI 与行业知识的整合，让专家和专业人员参与到人才知识和 AI 智能模型的整合开发中来。台积电与哈佛大学、辛辛那提大学和俄亥俄州立大学就 AI 在半导体制造业的最新应用和发展进行跨学科交流；同时，也对 2011—2019 年在整合专家知识进入 AI 模型的过程中，就专家知识基本做了四点总结，即分析研发目标、把握制程的特点、清晰制程的相互依赖性、进行数据预处理。其后给出了五个应用场景，分别是智能排程和精确派工、增强人体工程学的生产力提升、设备生产率优化、生产过程和设备控制、质量监测与管控。台积电此次更新的启示是半导体智造软件体系有三点很重要：一是要有大数据框架与平台；二是一定要有跨学科的合作与研究，特别是与顶级高校的合作很重要；三是要有清晰的生产经营应用场景。

2020 年台积电的 AI 智造蓝图保留了 2019 年的大部分，增加了把 2020 年作为数字化转型的一年，数字化转型包括了四项内容：增强与混合现实、基于 AI 的质量控制、数字化晶圆厂（Fab）与远程工作系统。整体目标依然是智能精密制造（Intelligent Precision Manufacturing），这种制造有两个新的特点：一是可以实现跨 Fab 的远程协同；二是在 Fab 实现技术的迁移，这与我们前面描述的台积电的两项秘密武器的第二项是一致的，与英特尔积极采取 AI 的重要原因也是一致的。台积电认为，使用 AR 和 MR 技术可以实现跨工厂的远程协作，减少人员的来往，并进一步提升厂间的技术迁移能力，这一点在 2022 年 8 月台积电董事长刘德音接受采访时也间接获得了证实，他说："台积电是把半导体技术视为一门科学，但同时也是一门生意，不是组装零部件而已，当然这一切都得归功于与我们合作的伙伴。我们的工程师因为疫情甚至利用增强现实与远在荷兰以及加州的工程师合作，共同推进最先进的半导体技术"。2020 年的这次更新的意义是重大的，当台积电

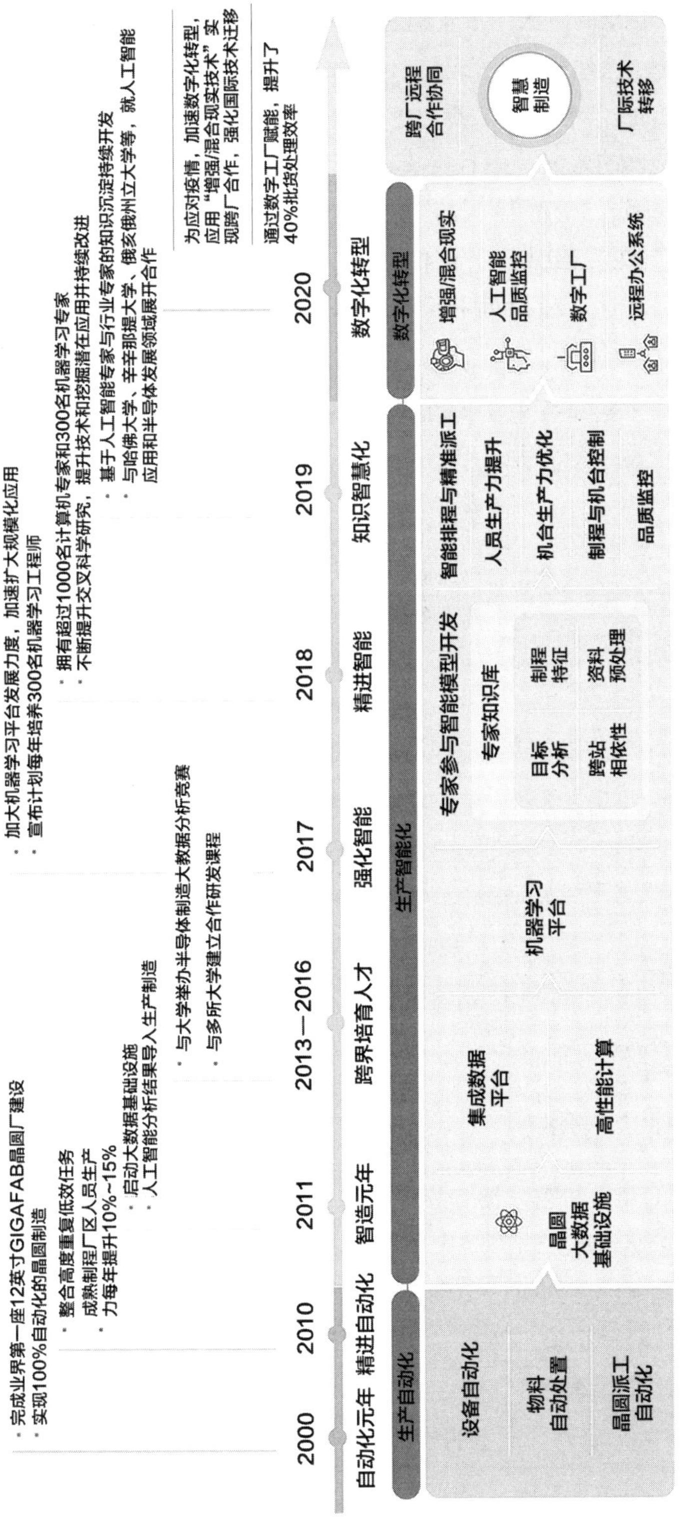

第6章 来自世界头部半导体制造厂商的智造验证 177

图 6-11 台积电智造软件体系发展路径图（2020）

资料来源：台积电官网

宣布进行数字化转型的时候（事实上是数字化转型的高阶状态），是否会引领半导体市场集体的智造软件升级呢？

从 2021—2022 年的报告来看，台积电在智能制造上对 2020 年提出的未来的卓越制造有了明确的定义，而且定义在两年连续的报告中是一致的，其包括三个维度：智能精密制造、跨晶圆厂的交互远程协同以及厂间的内部技术迁移。另外，从 2021 年智能制造的蓝图来看（如图 6-12 所示），2021 年启动了智能平台项目，涉及工作流程自动化、AI 判断和机器人助理。台积电首次对过去 12 年的智能制造过程作了总结梳理，并第一次将智能制造分为三个阶段，如表 6-5 所示。

表 6-5　台积电智能制造三阶段（2000—2022 年）

智能制造阶段	时　　间	应用场景
阶段一	2000—2012	设备自动化 自动化物料搬运系统 自动派遣
阶段二	2012—2017	晶圆大数据基础设施 集成数据平台与高性能计算 机器学习平台 专家知识库
阶段三	2017—2022	AI 虚拟/增强现实协同与支持 数字化 Fab 智能平台 四个应用场景：智能排程与派工、设备效率提升、人员生产力提升、产品质量优化

资料来源：作者编辑

书首的彩页提供了台积电 2022 年的报告内容，体现了台积电全球晶圆厂合一运营管理（ONE FAB）的概念。

6.2.2　台积电的智造案例

1. 基于 AI 的商业机密注册和管理系统

作为台积电最重要的知识产权，商业机密不仅对台积电可持续竞争优势至关重要，也是台积电持续创新的驱动力。台积电秉承创新文化和追求卓越的态度，不断完善商业机密登记管理制度，积极应用 AI 技术，紧跟技术趋势和集群的更新。2019 年，台积电率先将智能自动化（Intelligence Automation）和 AI 等先进技术引入系统，继续加强其"商业机密注册和管理系统"[①]，以格式化记录的形式主

---

① TSMC，2021，*TSMC Continues to Use Artificial Intelligence (AI) for Trade Secret Management to Sustain Innovation and Strengthen Competitiveness*。

第6章 来自世界头部半导体制造厂商的智造验证

图6-12 台积电智造软件体系发展路径图（2021）

资料来源：台积电官网

动、系统地管理其关键商业机密。该系统为技术开发人员提供了智能提醒和 AI 聊天机器人功能，该 AI 聊天机器人可提供对常见问题的快速答复，并具有用于数据可视化的最新分析功能。这种智能的商业机密管理系统增强了公司的竞争力，并在台积电 2019 年运营理念论坛上获得了特别奖。截至 2021 年 1 月，已有 30000 名员工在系统中登记和记录了超过 100000 个商业机密。公司还建立了人才库，最大限度地提高商业机密登记管理系统的运营效率和收益，以实现可持续的技术创新，增强整体竞争力。通过 AI 来保护商业机密分为八个维度，如图 6-13 所示，其中五个是原先的系统功能，包括链接合同管理系统、智能提示、AI 聊天机器人、实时数据可视化分析、集成人力资源系统。之后又新增了三项功能：人才列表、关键字分析与技术集群。

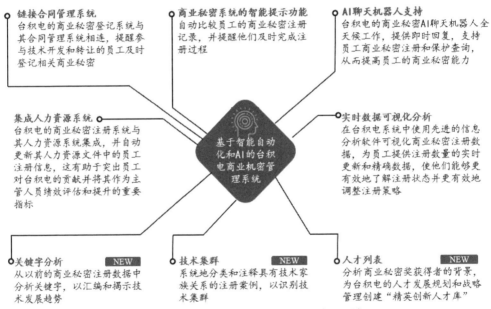

图 6-13　台积电基于 AI 的商业机密管理系统

资料来源：台积电官网

2. 晶圆仓库自动化处理系统

台积电在其新推出的 Fab 18A 首次实施晶圆仓库自动化处理系统，如图 6-14 所示。该系统采用传送带、自动导引车（AGV）和机器人，帮助 Fab 18A 仓库减少了 95% 的人工搬运重量。每个仓库每天每人可减少 1.8 吨的运送工作量。该系统将仓库员工从日常的运输工作中解放出来，让他们可以参加物资供应链管理部组织的在职培训课程，进一步培养和发展他们更高级别的技能和优势。经过培训，仓库员工可以将工作从人工运输转移到供应链管理或流程集成。

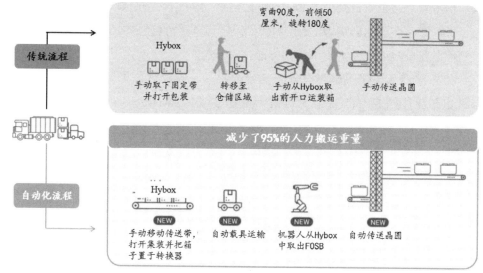

图 6-14　台积电晶圆仓库自动化处理系统的操作流程
资料来源：台积电官网

此外，台积电在洁净室中使用自动化封装和拆包工具——"自动化晶圆进出系统"，以消除人体工程学危害并提高运输效率。截至 2022 年 1 月，台积电已将这些系统部署到台湾所有 8 英寸晶圆工厂、12 英寸 GIGAFab 晶圆工厂和两个后端晶圆工厂，平均每年可以减少 1300 万个手动任务。

3. 智能环保项目

2019 年，台积电于率先在其节能系统中引入了 AI，它使用机器学习（ML）的神经网络算法来构建低能耗模型[①]。台积电成功创建了业界首个"AI 动力冷冻水节能系统"，该系统可即时、准确地确定最佳能效参数，并将平均能效提高 10%～19%。截至 2020 年 1 月，台积电已在 12 个 12 英寸工厂中实施了该系统，每年节省了 180 GW·h 的电力，并减少了 95000 吨的碳排放量，这相当于一年内需要 950 万棵树木来吸收的碳的总和，是巨大的环保成果。

2020 年，在晶圆仓库自动化处理系统[②]实施的一项环保计划中，台积电与材料供应商合作，为所有封装材料制定回收标准。经过不断的测试和修改，成功开发出可重复使用、可靠的标准化封装材料，以用于晶圆仓库的自动化处理系统。通过更换旧的一次性封装材料，台积电每年减少 1717 吨纸箱和 288 吨聚苯乙烯

---

① TSMC，2021，*TSMC Introduces Industry's First AI Powered Chilled Water Energy Saving System, Saving 180 GWh of Electricity per Year*。

② TSMC，2020，*TSMC Develops the World's First Automated Handling System for Wafer Warehouses, Effectively Reducing 95% Manual Handling Weight*。

泡沫塑料盒,这相当于减少了 2410 吨碳排放、1345 吨水排放和 1.1 GW·h 电力。为了扩大绿色能源的影响力,台积电也将这一成功经验分享给上游的硅片供应商,鼓励他们在日常运营中实施系统和标准化封装材料。

2021 年,为加强原材料检验与安全管控,加快材料异常事件根本原因分析,台积电于 3 月建成台湾首个先进材料分析中心(AMAC),同时建立原材料中 CMR 物质特征谱数据库。同时,在 AMAC 中,通过高效的有害物质筛选机制,12 小时内即可完成对所有有害材料的分析和识别,这比过去 7 天的周期时间快了 93%。台积电 AMAC 的五个特点如图 6-15 所示。

图 6-15　台积电 AMAC 的五个特点

资料来源:台积电官网

4. 台积电智能封装工厂

基于晶圆级制造执行系统(MES)的经验,台积电还开发了先进封装厂采用的独家芯片级 MES,以提供即时芯片级信息、进行实时调度和指令传输、全面缺陷拦截和分类、自动良率预测与优化。如前所述,台积电不仅部署了自动缺陷分类来控制和操作工具,还在工艺流程中实施了高级缺陷分类,从而实现了良率和质量防御控制自动化。此外,台积电良率分析引擎使用人机闭环系统(human-in-loop, HITL)和先进算法检测缺陷并精确隔离缺陷材料。智能封装晶圆厂(Intelligent Packaging Fab)将这些不同的系统连接起来,可以在工厂内提供智能路由、排序、精确的工作流程、高质量的防御和缺陷预防,以加快产品上市时间和量产时间。

作为世界上第一个部署自动化系统的封装工厂,台积电将自动化应用于 5

个维度：设备自动化、载体和容器标准化、基于MES的自动化物料搬运系统（AMHS）、实时调度系统和产品良率分析。先进封装制造利用台积电晶圆制造的卓越和专业经验，在基于晶圆的制造执行系统的基础上，设计并创新了独家封装MES。台积电为晶圆和模具制造业务设计了多种容器，并构建了3种类型的容器主端口。不仅如此，4个不同的载体可以在同一条轨道上同时运输，并按照MES和AMHS指令精确到达目的地。除了MES的接入和AMHS的成熟度，实时调度系统和集成设备自动化也在晶圆厂自动化中发挥着重要作用。为应对因材料多样、形式多样而导致的复杂封装制造工艺，台积电通过指导前期准备、调整设备、载体和劳动力的负载平衡来优化调度决策，以提高工具利用率和效率。

在台积电中，机器学习用于实现自动缺陷分类并保持高级缺陷分类识别的准确性。其使用的机器学习方法是人机闭环系统，它利用人类和机器智能来创建机器学习模型。有了足够的数据和人工调整，这些机器算法可以快速且非常准确地识别和分析图像，而无须工程师不断地训练机器，告诉它缺陷究竟是什么样的。因此，人工智能将在机器学习中发挥重要作用，这意味着所提供的经验和算法对于成功的机器学习模型至关重要且与众不同。台积电在边缘计算缺陷分类和离线云计算缺陷分类中广泛部署了机器学习，尤其关注"刀具缺陷防御"的关键制造阶段，缺陷分类的功能和好处是每天处理数百万张以上的图像，提高图像缺陷检测采样率。对于在线边缘计算缺陷分类——所谓的"鹰眼"，它被嵌入在工具之中，在处理和隔离材料的同时检测缺陷，同时并入到进程中，然后共同对批次进行质量监控，以防止进一步的损失。机器学习的灵活性得到开发和扩展，以支持不同的工程要求，例如尺寸测量、缺陷分类和颗粒检测，以扩展质量管理的规模。

为了增加客户的信任，现在批量级和晶圆级的可追溯性是不够的。更重要的是，对材料和芯片的全面追踪是对封装制造的可靠性要求。台积电不断加强全面可追溯性的数据管理，甚至使每个晶粒都能映射到所在晶圆的位置。台积电已经使用二维码对所有的产品数据进行编码，并追溯所有的可追溯信息，如晶粒位置、料仓代码和工程实验标签。二维码标记是为每个包装单独生成的。生成的二维码与每个包装的独特光刻图案结合在一个图案软件系统中，当上传唯一的标记时，所有的工艺和产品信息，包括工艺历史、工具记录、材料和良率，将被搜索并列出，即所谓的"产品简历"。利用这个产品简历，我们可以快速定义有问题的材料或工艺问题的影响范围，并通过数据关联分析低良率的根本原因，从而最大限度地减少缺陷影响范围。

6.2.3 台积电向客户提供的虚拟晶圆厂

台积电的目标是帮助客户获得成功,并成为他们可信赖的商业伙伴。为了向客户提供最好的服务,台积电建立了客户服务团队,提供专门作为沟通界面的门户,并提供世界一流的沟通体验,在生产的每个阶段提供世界级的服务,包括设计、掩膜制作、晶圆制造、加工和测试。台积电还承诺以最高标准保护客户的机密。为了评估和满足其客户的需求,台积电每季度进行一次业务和技术审查,每年对其主要客户进行一次客户满意度调查。

基于这些努力,客户可以利用多样化的渠道向台积电提供反馈,包括公司在技术、质量、良率、设计等方面的表现,以及其他对未来的期望。季度审查包括六个方面:技术、质量、良率、设计、制造和客户服务。这些审查是由台积电客户服务团队和客户共同进行的。每年的客户满意度调查包括行为、印象和执行情况,并由中立的第三方咨询公司通过访谈或在线问卷调查获取结果。台积电将客户的反馈和意见视为发展良好客户关系的基石,并对后续的改进计划和时间表进行定期审查。

作为数字孪生一部分,台积电为客户提供了一个虚拟晶圆厂(Virtual Fab),如图6-16所示。客户信任是台积电的核心价值之一,这也是客户选择台积电作为其代工服务供应商的主要原因。建立客户信任的关键因素是即时沟通和信息更新,以及对客户机密信息的全面保护。在即时沟通和信息更新方面,台积电在线(TSMC-Online)[①]是一个专门提供设计、工程和综合后勤服务的系统,允许客户可以随时访问关键信

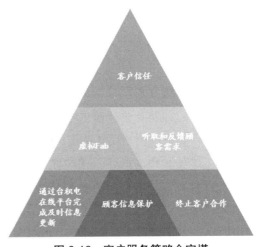

图6-16 客户服务策略金字塔
资料来源:台积电官网

息。该系统还提供基于每个客户的管理重点和需求,以提高客户的晶圆管理效率。通过TSMC-Online,客户可以完全监视和管理自己的产品和制造信息。在后台,台积电为客户提供了全面透明的晶圆制造和加工服务信息,并协助他们的产品在

---

① 台积电在线是台积电为客户提供的一个高效的电子商务服务平台,其提供从技术选择到售后服务的全面信息。

市场上取得成功，比如苹果公司的新一代手机。

作为客户的"虚拟工厂"，台积电在整体生产过程中采取了最高标准的特殊的安全监控机制，来保护客户的商业机密，并每年对所有控制点进行审计。台积电通过对客户产品和信息保护的年度检验，来巩固台积电与客户之间的信任，加强彼此的合作关系。

早在2018年，台积电就能够通过TSMC-Online分析客户的晶圆加工和信息查询需求，将分析所得数据汇编成册，然后作为"一体式晶圆加工报告"精准推送。与以前的流程相比，这份新报告提供了覆盖制造过程每个阶段、完整的晶圆信息供客户查阅，包括新产品试运行、订单报告和晶圆在制品（Wafer in Process，WIP）状态。此外，该报告还可根据每个客户的需要进行个性化定制。客户只需要用之前一半的点击量和5分钟时间，就可以生成在过去经常需要数天才能完成的定制报告，这大大提高了整体的效率和便利性，满足了客户在生产过程中每个阶段的实时需求。

6.2.4　台积电大联盟的开放式创新平台

对于正处于第五次工业革命浪潮中的半导体产业来说，生态系统（企业朋友圈）就是产业的竞技场，企业既相互竞争又相互合作，已不再是单打独斗能够胜出。比如芯片制造商相互竞争，但在先进制造设备上又可能会相互合作。半导体产业的优势企业正变得越来越集中，"大而不倒"的垄断趋势愈发明显，这也是无论哪个国家和地区在发展集成电路行业方面，往往都会优先集聚领军企业以发挥带动协同、互补合作及发挥规模优势的原因。地理空间上的集聚是行业得以发展的基础，实现了产业链运营所需的相对完整性，那么剩下的就是要推动与促成产业链的业务协同，业务协同又涉及共赢的商业模式，在这个商业模式中，至少包括三个要素：互补相当的产业链分工、共同的利益目标及支撑高效运营的产业数字化平台。对台积电来说，这三项要素分别对应其晶圆的代工模式和以台积电为龙头的上下游分工、共同的利益目标——在摩尔定律的道路上走得比对手更快更远、虚拟的超级IDM与基于开放式创新平台（Open Innovation Platform，OIP）的产业协同数字化平台。

台积电大联盟被誉为半导体行业中最强大的创新力量之一，大联盟的目标就是帮助客户、联盟成员和台积电赢得业务并保持竞争力，成员包括苹果、英伟达、高通、博通、ASML、ARM、ADI等行业巨头，它将台积电的客户、电子设计自动化（EDA）合作伙伴、硅知识产权（IP）合作伙伴以及关键设备和材料供应商齐聚一堂，以实现始终领先和更高层次的合作。作为一个伟大的商业结构，大联盟创造了共赢的局面，并正在创造一个"大加速"的行业协同模式，它不仅加快了后摩尔定律的技术进步，更重要的是加快了新芯片产品的上市。特别是随着算力爆发而呈现不断增长的技术智能的优势，这个"大联盟"已经变成技术和应用的高速驱动器。这种商业模式允许每个优秀人才从事最擅长的事务，汇集了几乎难以想象的人才和资源，从而在越来越多的领域取得更大的进展。可以预见，台积电将在技术的广度和深度上有很大的增长，通过 MEMS/ 纳米技术与越来越复杂的 InFo 封装相结合，还将产生一些非常令人兴奋和惊人的成果。这已经演变成一种范式（Pattern），在行业、公司和个人层面上创造赢家，加速在全球智能领域前行的步伐。作为大联盟的关键组成部分和协同平台，OIP 帮助客户在设计一代又一代的先进芯片上取得了巨大的成功。经过 14 年的发展，OIP 已是一个无与伦比的设计生态系统和交付设计成果的基础设施。OIP 使合作伙伴在获得客户需求的早期就能够提供优质服务，这些密集的协作包括：获得增强 EDA 工具，提供经过硅验证的关键 IP。

台积电把截至目前的半导体产业发展分为四个时代：IDM、ASIC、Fabless，以及现在的 OIP 时代，如果说台积电的代工模式是首次重大的商业模式创新，那么 OIP 是继代工模式之后的第二次重要创新。OIP 是一个强大而充满活力的生态系统，通过降低设计障碍和提高流片成功率，不断推动世界各地的硅片创新。作为一个涵盖所有关键 IC 实施领域的综合设计技术基础设施，OIP 生态系统合作伙伴能够使用台积电的工艺技术和后端服务在半导体设计社区快速创新。OIP 是台积电早在 2008 年就创立的，这基于台积电一直与设计合作伙伴和客户的密切关系，它的目标是基于新的商业模式，通过新的协作范式、跨组织的工艺技术、共享的 EDA、IP 和设计方法，来应对半导体设计日益复杂的挑战，从而使合作伙伴在早期开发阶段就能访问台积电的技术库，以实现与生态成员和客户的并行开发。通过这种更紧密和深入的合作，可以极大缩短芯片产品上市时间并积极影响整个行业的发展轨迹。随着时间的推移，OIP 的行业优势之一是将 EDA 和 IP 可用性与台积电最先进的工艺同步起来，这使客户能够采用台积电的最新工艺，其 EDA 流程已启用并全部打通，并且还提供了 IP 设计套件与 DRM 和 Spice 模型。

OIP 甚至比谷歌的安卓市场做得更好，因为它可以明确地将协同价值货币化——任何使用台积电平台设计其最新芯片的人，都不可能将该芯片的制造订单交给台积电之外的厂商。另外，如果客户因为性价比或与产业融合度更好的缘故，也将自己的研发纳入平台体系，那么这个圈子就越来越大，台积电从平台直接获取的订单自然就越来越多。这就好比是为喜欢吃鱼的人提供鱼池的同时，又为其加工成美食，台积电通过创造设计环境来持续地就近收获利益。随着合作越来越紧密，出于技术和商业同盟的双重身份，企业间的关系也发生着变化，它们除了客户关系，还可能交叉持股，也可能就特定的前沿技术提前共同投资以赢得未来的竞争优势。同时，这也有助于台积电在集成设计制造仍占主导地位的芯片产业领域中大展拳脚。从新市场开拓来说，150亿美元的电源管理芯片市场仍然是高度定制的，台积电基于平台的协同就有可能将其流程标准化。从共同的研发投资而言，台积电及其客户在研发方面的投资已超过了前两大半导体IDM的总和。

1. 2016 开放式创新平台

2016年，时任台积电董事长张忠谋表示：OIP已超出传统"晶圆代工"范畴，可望加速IC产业创新和增长。随着台积电宣布跨入前段设计服务与后段封测领域，晶圆代工业者扮演IC产业上、下游黏合剂的角色愈来愈重要，凭着以往晶圆代工业者为客户代工所累积的庞大生产信息与工艺技术知识，相当适合扮演串联起IC设计业者、自动化设计工具、硅知识产权与制造、封测各个环节的平台。张忠谋指出：未来半导体摩尔定律仍将延续，但在摩尔定律之下，半导体产业增长必须仰赖持续不断的创新，但晶圆代工已不再是传统的代工，逐渐超出制造的范畴，必须要有崭新的做法。台积电提出全新的整合型运营模式，从客户的早期设计阶段便与客户开启合作，将之命名为OIP，在这个平台之中，融合了台积电的工艺技术、硅智财、庞大的生产制造数据库以及与之兼容的第三方硅智财、设计工具套件等。通过OIP运作，台积电得以提供垂直整合技术（包括设计、生产与封测），协助其客户大幅缩短IC生产流程，降低整体IC研发成本。与传统整合组件厂商（IDM）不同之处在于，IDM厂商自己负责设计，台积电则是提供设计工具和IP等作业平台来帮助客户来执行设计。半导体业者认为，台积电提出OIP之后，首要影响层面将会是EDA公司与IP、设计服务生态，一方面将促使这些产业与原来晶圆代工的界线日渐淡化，另一方面，也将推动其产业内部趋于整合。

与当年张忠谋提出代工模式以避免与IDM的直接竞争而形成合作的客户关系一样，他再次提出的OIP同样意味着台积电不与客户竞争，而是作为合作伙伴，帮助客户实现创新的理念。OIP计划是一个全面的设计技术基础设施，涵盖了所有关键的集成电路实施领域，通过减少设计中的障碍来提高流片成功率。自2008年创立以来，OIP持续扩大，到2016年其硅IP的组件库中已包含了12000多个项目。OIP通过其门户入口——TSMC-Online向客户提供了8200多个技术文件和

270多个工艺设计套件，2016年客户下载量超过10万人次。2016年9月，台积电举办了OIP生态系统论坛，10月在北京又举办了一次论坛，OIP的合作伙伴以及台积电的高管都发表了主题演讲。论坛谈到了最新一代技术的发展，并展示了通过OIP培育创新的合作价值。2016年OIP架构设计如图6-17所示。

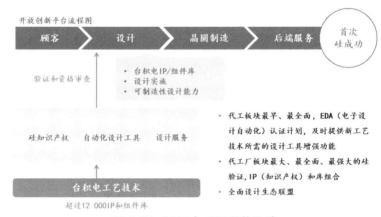

图6-17　2016年OIP架构设计

资料来源：台积电官网

2. 2017开放式创新平台

到2017年，台积电在两年内为其最新的7纳米、12纳米和3D集成电路设计启用了基于平台的先进技术，开发了1000多个技术文件和200个方法论创新。EDA工具、功能和IP解决方案可随时供客户采用，以满足他们在不同设计阶段的产品要求。台积电于2017年9月在美国加州举行了OIP生态系统论坛。台积电设计与技术平台副总裁Cliff Hou博士强调，为了帮助优化客户产品的上市时间，台积电扩大了设计生态系统解决方案，包括移动、高性能计算（HPC）、物联网（IoT）和汽车四个特定应用设计平台。此外，台积电继续加强3D集成电路解决方案，在集成扇出型封装（InFO）设计流程上集成高带宽内存（HBM），以满足客户的系统集成和高内存带宽要求。台积电率先在集成电路设计中采用机器学习，根据机器学习技术所带来的高质量预测，尽早做出权衡和设计决策。台积电协助客户使用先进的7纳米技术设计新产品，从而提高性能、减少尺寸、优化生产力、获得竞争优势。通过机器学习，台积电的设计支持平台产生优化的设计约束和EDA工具脚本，同时支持客户利用平台上的商业EDA工具。这种合作模式使台积电和OIP生态系统合作伙伴能够专注于各自的优势，同时创造协同效应，联手为整个设计界带来机器学习创新。即使是规模较小的客户也可以利用平台来克服他们所面临的挑战，并加速其产品路线的实现。

3. 2018 开放式创新平台

如图 6-18 所示，2018 年，在现有的 EDA 联盟、IP 联盟、设计中心（DCA）联盟和价值链聚合器（VCA）联盟的基础上，台积电宣布成立云计算联盟，作为台积电第五个 OIP 联盟，其创始成员包括亚马逊网络服务（AWS）、Cadence、微软 Azure 和 Synopsys，第一次为半导体设计提供云计算服务。台积电与云联盟伙伴深入合作，基于全球最强大的算力保障，共同为客户提供了通过云端就能直接采用的应用解决方案，并创新云优化设计方法以显著加快运行时间。台积电云端安全认证可确保客户在云端安全进行 IC 设计的数据保护。OIP 虚拟设计环境建立在此基础之上，旨在降低客户首次在云端进行 IC 设计的准入门槛。它为客户提供了一个完整的片上系统（SoC）设计基础设施，通过利用云服务中的高性能计算能力和灵活性，进一步提高设计生产力，缩短上市周期。

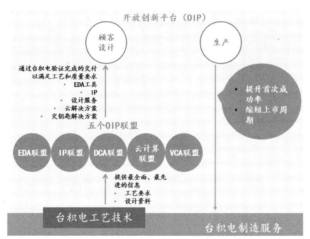

图 6-18　2018 年 OIP 架构设计

资料来源：台积电官网

另外，IP 联盟计划是 OIP 的关键组成部分，包括主要和领先的 IP 公司，提供半导体产业最大的硅验证、生产验证和特定于代工的知识产权目录。IP 联盟成员可以访问台积电技术数据或利用库来设计其 IP，并获得台积电 IP 技术支持团队为第三方提供的专门支持。

同样，EDA 联盟也是台积电 OIP 的关键组成部分，可降低客户采用台积电工艺技术的设计障碍。通过结合台积电和 EDA 联盟成员的研发能力和资源，新一代 EDA 解决方案能够符合台积电的技术要求。这有助于客户在更短的时间内更好地实现其 PPA 目标。台积电 EDA 联盟的合作伙伴提供多种设计自动化工具，涵盖 IC 设计需求的所有阶段，包括电路设计时序分析、设计电气分析的仿真、物理实现的布局和布线,以及物理布局验证、RC 提取最终设计流片确认。

DCA 联盟专注于芯片实施服务和系统级设计解决方案赋能,以降低客户采用台积电技术的设计门槛。VCA 联盟扩展了服务更广泛客户的能力。VCA 成员是独立的设计服务公司,与台积电密切合作,帮助系统公司、ASIC 公司和新兴的初创客户将他们的创新成果投入生产。VCA 在 OIP 中处于集成设计支持构建板块,并在 IC 价值链中的每个环节提供特定服务,包括 IP 开发、设计后端、晶圆制造、组装和测试。截至 2018 年台积电 OIP 联盟成员如图 6-19 所示。

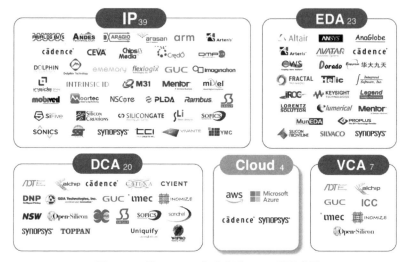

图 6-19　截至 2018 年台积电 OIP 联盟成员
资料来源:台积电官网

4. 2019 开放式创新平台

如图 6-20 所示,2019 年台积电进一步与 OIP 联盟伙伴合作,将 EDA 工具认证和虚拟设计环境(OIP VDE)在云端结合起来,确保客户能够更安全、高效地进行产品设计和创新,从而缩短设计周期,更快地交付市场,获得竞争优势。这样,台积电和 OIP 生态系统合作伙伴作为一个整体,得以继续为市场提供全面的解决方案,以满足对移动、高性能计算(HPC)、汽车和物联网设计应用的需求。此外,台积电还在不断开发新的解决方案以提高先进和特殊工艺技术的功率、性能和面积(PPA),以及为新兴市场提供全面的射频设计平台,例如 5G 设计应用。广泛的 3D IC 生态系统涵盖了技术和应用两个方面,可以帮助客户释放其创新能力,帮助他们更有效地设计并最终成功地推出更复杂、更高端的芯片产品。同年,台积电和 HPC 行业的领导者 ARM 公司宣布,将利用台积电的 Chip-on-Wafer-on-Substrate (CoWoS) 先进封装解决方案,推出业界首个经过硅验证的 7 纳米小芯片系统,这为未来的片上系统（SoC）解决方案在生产基础设施方面奠定了坚实的基础。

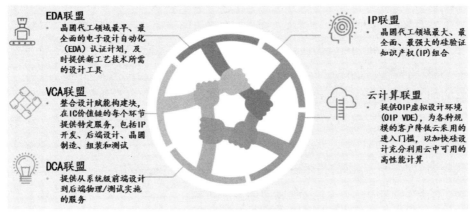

图 6-20　2019 年台积电 OIP 架构设计
资料来源：台积电官网

除了产业合作，台积电还为世界各地的大学提供长期支持以共同推进产学研合作。在台湾本地，台积电通过"校园快梭计划"（University Shuttle Program）帮助师生进行硅验证的相关研究；在基于云联盟的 OIP VDE 方面，台积电和东京大学宣布结盟，台积电将向东京大学的系统设计实验室提供 Cyber Shuttle 服务，以共同研究用于未来计算的半导体技术。

5. 2020 开放式创新平台

2020 年是 OIP 成立 12 周年，台积电通过其门户入口 TSMC-Online 已经向客户提供了从 0.5 微米到 3 纳米的 12000 多个不同的技术文件和 450 个工艺设计套件（PDK），以及从 0.35 微米到 3 纳米的 35000 多个 IP 名称组合。这些产品支持客户快速、可靠地设计和交付创新产品，以推动全球技术发展的不断增长。2020 年 8 月，台积电首次举办在线技术研讨会和 OIP 生态系统论坛。新型冠状病毒感染更加凸显了 OIP 在 2008 年创建时的前瞻价值与在当下的重要性，由于 OIP 的在线稳健运营，相比全球其他地区的集成电路产业，基于 OIP 生态的商业运营受到的负面影响较小，综合损失的程度较低。

作为业界最全面的生态系统，台积电的 OIP 联盟由 16 个 EDA 合作伙伴、6 个 Cloud 合作伙伴、37 个 IP 合作伙伴、21 个 DCA 合作伙伴和 8 个 VCA 合作伙伴组成。它结合了代工部门最早、最全面的 EDA 认证计划和代工部门最大、最强的硅验证 IP 和库产品组合。台积电将其库和硅 IP 组合扩展到 40000 多个，并为客户提供 38000 多个技术文件以及 2600 多个跨越 0.5 微米到 3 纳米的工艺设计套件，与合作伙伴积极面对先进技术节点上日益严重的设计挑战。

6. 2021 开放式创新平台

2021年，台积电公司举办了在线技术研讨会和OIP生态系统论坛，与全球客户和生态系统合作伙伴保持联系，这是自2011年每年举办OIP生态系统论坛的第10周年。台积电和OIP合作伙伴通过分享合作的生态系统解决方案，支持客户产品的功率、性能和面积（PPA）的优化。这些联合努力帮助客户加快了其差异化产品的创新，推动了全球技术发展的持续增长。

台积电每年都会与OIP联盟伙伴就最新的工艺要求进行合作和交流，将最先进的半导体技术知识注入到它们的EDA、IP、云产品和设计服务中。大型的活动总共分为二次——春季的技术研讨会和秋季的OIP生态系统论坛。上半年的春季会议主要提供台积电在以下几个方面的最新进展：硅工艺开发现状；设计支持和EDA参考流程资格；IP可用性；先进封装；制造能力和投资活动。下半年的OIP生态系统论坛则简要介绍自春季研讨会以来台积电在上述主题上的最新情况，并给EDA供应商、IP供应商和最终客户提供机会，以展示他们在解决先进工艺节点需求和挑战方面的进展。

最后，让我们再来总结一下。在2008年的65纳米时代，台积电启动了OIP计划。起初它的规模虽然较小，但很快从65纳米制程发展到40纳米再突破至28纳米，所涉及从业人员的规模增加了整整7倍。后面再到16纳米的FinFET阶段，因为IP在现代SoC中的广泛应用，一半的设计工作都是IP认证和物理设计，因此OIP的价值更充分地发挥出来，在每个产品的生命周期的早期就与EDA和IP供应商积极展开合作，以确保设计流程和关键IP提前准备就绪。通过这种方式，设计工作能够在晶圆厂良率爬坡之时就及时安排流片，从而在市场对晶圆的需求与预期的量产周期及产能之间进行预测性匹配。久而久之，这种模型实现了完整的循环，晶圆代工厂和设计生态系统俨然成为一体，形成了一个"虚拟IDM"。随着EDA工具和IP行业的不断发展壮大，台积电OIP计划进一步加速了半导体供应链的专注与细化。芯片设计变得越来越复杂并进入SoC时代，每个芯片上的IP数量超出了设计团队的能力或设想，在这样新的过程中，中小型设计公司想使用最新的EDA和IP遇到瓶颈。OIP正好创建了一个由EDA和IP公司以及台积电制造能力构建的生态系统，不仅帮助设计公司解决了使用最新EDA工具和IP的难题，同时也帮助各方实现其商业价值并持续创新。随着业务协同越发密切，各成员自然就形成了共同的投资与深度的利益绑定。截至2019年，台积电及其客户每年投资超过120亿美元，其中台积电及其OIP生态伙伴的投资就超过15亿美元。通过明确的技术分工、递增的平台效能、共同的前瞻性科研投入，确保了基于 OIP 生态的技术领先与产品的性价比：阵容是豪华的，平台是奢侈的，投资是众筹的，最终确保的是产品性能、量产产能和最终售价在市场上具备绝对的竞争优势，最新产品并不便宜但是依然供不应求。

OIP 展示了张忠谋的"大联盟"战略，大联盟是以 OIP 为核心的，但不仅限于此，平台的上游连接了关键的设备与材料供应，通过平台产出的商业成果是高增长市场。作为一个可能过于超前的蓝海战略，大联盟的概念在刚被提出的时候，竞争对手曾经嗤之以鼻，但是当它的商业模式逐步清晰，被具体落实到一个可操作的产业平台上并以 OIP 命名启航时，它似乎揭示了一片将台积电变成"摇钱树"的富饶土壤。

6.3 中芯国际的 10 年智造之路

中芯国际是全球领先的集成电路晶圆代工企业之一，也是我国大陆技术最先进、规模最大、配套服务最完善、跨国经营的专业晶圆代工企业。公司拥有领先的工艺制造能力、产能优势、服务配套，向全球客户提供不同技术节点的晶圆代工与技术服务。中芯国际总部位于中国上海，拥有全球化的制造和服务基地，在上海、北京、天津、深圳建有三座 8 英寸晶圆工厂和三座 12 英寸晶圆工厂；在上海、北京、深圳各有一座 12 英寸晶圆工厂在建中。中芯国际还在美国、欧洲、日本和中国台湾设立营销办事处提供客户服务，同时在中国香港设立了代表处。中芯国际的财报显示，2021 年全年销售收入 54 亿美元（约 343 亿元人民币），年增 39%，是当年全球四大纯晶圆代工厂中成长最快的公司，毛利率、经营利润率、净利率等多项财务指标亦创历史新高。

根据 IC Insights 公布的 2018 年纯晶圆代工行业全球市场销售额排名，中芯国际位居全球第四位，在我国大陆企业中排名第一。2020 年 6 月 1 日晚间，上海证券交易所披露了中芯国际集成电路制造有限公司的首发招股说明书。从 5 月 5 日宣布回归 A 股到证监会正式受理，中芯国际仅用了不到一个月的时间。不难看出，中芯国际以最快的速度回归到了内地资本市场。

中芯国际主要为客户提供 0.35 微米至 14 纳米多种技术节点、不同工艺平台的集成电路晶圆代工及配套服务。具体来看，在逻辑工艺领域，中芯国际是我国大陆第一家实现 14 纳米芯片量产的晶圆代工企业，代表我国大陆自主研发集成电路制造技术的最先进水平。在特色工艺领域，中芯国际陆续推出我国大陆最先进的 24 纳米 NAND、40 纳米高性能图像传感器等特色工艺，与各领域的龙头公司合作，实现在特殊存储器、高性能图像传感器等细分市场的持续增长。2022 年 1—2 月中芯国际实现营业收入 12.23 亿美元左右，同比增长 59.1%；实现净利润 3.09 亿美元左右，同比增长 94.9%，总市值约为 3675 亿元。

谈到中芯国际在先进制程方面近年的快速进展，必然离不开的一个人就是梁孟松。梁孟松于 2017 年 10 月入职中芯国际，现任中芯国际联合 CEO。他曾任职台积电，参与开发过所有制程的芯片，其自身芯片专利技术就有数百项。随后，三星用重金挖走梁孟松，在他的帮助下，三星比台积电早推出 14 纳米工艺的芯片。梁孟松入职中芯国际后，在 3 年内提升了中芯国际的制造工艺技术，完成 28 纳米向 7 纳米芯片的跨越。2018 年 10 月，梁孟松帮助中芯国际成功研发 14 纳米芯片工艺，并于 2019 年第四季实现量产。据了解，目前中芯 14 纳米芯片的产能约 5000 片 / 月，良率可达 95%。2020 年底，梁孟松正式宣布已完成了 N+1（不是外界所误认的 7 纳米）芯片的开发任务，并正在开发 N+1 的第二种高性能型号 N+2。N+1 是相对于 14 纳米而言的，据称功耗降低 57%，性能提高 20%，SoC 面积减少 55%。与 N+2 不同，N+1 也不依赖于目前中芯国际无法使用的 EUV 光刻机。至此，中芯国际掌握了 14 纳米、N+1 等芯片生产制造技术，使其在先进制程的道路上更进一步。

6.3.1　2011 年打造云端工厂的成果

据中国产业经济信息网透露，中芯国际的芯片制造在 2011 年从自动化（Automation）走向云计算（Cloud Based Manufacturing）。其在打造云端工厂方面主要包括两方面的内容：一是制造管理全面自动化，二是后台系统摸索云计算。众所周知，集成电路制造工序多、工艺复杂，并且多个产品同时在生产线上投片，生产管理需要高度自动化。以台积电、英特尔、三星这样的现代集成电路制造企业为例，整个半导体芯片生产过程中的质量管理、人事管理、财务管理都离不开 IT 系统的支持。同样，在中芯国际，围绕工厂生产自动化、办公自动化、商业信息自动化等方面也展开了全面的信息化建设。

半导体芯片制造业在过去的几年中发生了巨大的变化，工艺日益精细复杂，晶圆大小也不断扩大，在制造过程中会产生海量数据，其中包括反映生产机器状态的数据、反映产品各项性能的参数、反映产品良率的数据等。在中芯国际，每天同时有几十个产品在生产线上运行，会产生几十 GB 的海量数据。同时由于半导体生产的特殊性，使得整个工厂的生产管理系统承载着海量数据的压力，不但要负责整个生产流程的自动化控制，还要负责每一个设备的自动化控制及其与制造执行系统的连接,并且要定时产生大量报表提供给管理层和工程师,用于监控生产线。这就使得中芯国际整个工厂生产管理系统面临着实时性、准确性、稳定性等方面的要求。

除了生产环节的自动化管理,在中芯国际的企业经营管理与业务处理方面,自动化、信息化同样是必不可少的。据悉,中芯国际的管理信息系统全面应用了 ERP、SCM 和 CRM,保证了整个公司业务处理、管理的信息化。中芯国际的管理信息系统已经融入企业经营管理的各个活动环节中,通过利用各种 IT 手段,实现了对企业信息流、资金流、物流、工作流的集成和综合,实现了对管理资源的优化配置。另据了解,中芯国际将这些系统与公司的制造执行系统进行集成,把最终的生产决策直接传给制造系统,并开发了生产决策相关的公文流转系统,将人工决策与生产自动化实现了结合。

如此多的数据与处理是需要强大的后台系统来支撑的,如何保证上述这些信息系统的正常运转,中芯国际数据中心的责任重大,所以在后台支持系统中寻找有效的方法,就是云计算的价值所在。中芯国际在上海、北京、天津、武汉四个主要生产基地都建有数据中心,以保证各地生产经营信息系统的正常运转。这些数据中心都是位于中芯国际自己的机房内,也是由自己在运营和维护。由于半导体产业的特殊性,目前每个制造中心的数据都是比较独立的,所以相应的数据中心也是分开的。各地数据中心之间除了有一些环节需要信息交换外,其他绝大部分都是独立的。

从 2008 年开始,中芯国际就开始了虚拟化方面的测试,然后进入评估和方案的实施。目前中芯国际四大数据中心的规模都不小。以上海一地为例,小型机和 x86 服务器数量总和近 1000 台,两者间的比例是 1∶4。据悉,虽然目前中芯国际的部分关系到生产核心业务的应用系统都部署在小型机上,但正向高端的 x86 服务器迁移一些核心业务应用,例如一些报表系统等,这样的迁移计划,也是中芯国际在经过虚拟化验证评估后所做出的决定。最终业务会迁移到采用至强 7500 处理器的一些高端 x86 服务器上。据了解,至强 7500 处理器具有多项可靠性、可用性、稳定性设计,在支持虚拟化应用等方面有着强劲的表现。虚拟化的好处是显而易见的,虚拟机的优势也是明显的。像以前如果上一套系统,需要去采购一些硬件设备,每上一个新的项目,就要购买一批新的软件和硬件,其时间、物力上的成本都很大。而现在,通过虚拟化能够很快地在原有的平台上部署一些虚拟机,然后快速地把这些计算资源推给各个应用。另外,虚拟化有利于实现绿色环保的机房,过去传统的小型机的耗电量、占地面积,以及对环境的要求还是很高的。以中芯国际上海数据中心为例,每年每台服务器如果用虚拟化,和过去传统服务器相比，单单从用电方面计算就能省掉上万元的电费。如果按现在近 1000 台的数量计算，那么节省的电费和空间是非常可观的。

后续中芯国际的目标是在虚拟化的基础上，基于 x86 平台建立一个自己的私有云，以提高管理的集中度。在建设私有云的过程中，现有的一些系统本身在开发时就绑定在了一些平台上，因此在向虚拟化平台迁移的时候受到了限制。向云计算迁移是存在风险的，用户要根据自己的需求来做判断。在中芯国际，现在能看到的是 x86 服务器相对小型机在构建云计算方面具有优势。当然，中芯国际会以一个循序渐进的态度来完成这个过程，不会一蹴而就，并希望在三年到五年的时间内，构建一个适合自身情况的私有云计算环境。

6.3.2　2018 年关于实施智能制造战略的成果

在 2018 年第六届先进制造业大会上，中芯国际表示，为了更好地推广和施行"智能制造"战略思想，针对国内半导体企业生产制造和决策的需求，拟定基于"智能制造"战略计划的总目标：对半导体企业芯片制造过程中存在的数据信息化集成系统关键技术进行研究与攻关，建立基于数字信息化的半导体企业芯片生产管控平台，集工业数据互联与工业数据处理及分析为一体，实现工业数据与信息化平台的深度集成。

在基础设施信息网络高度互联方面，中芯国际以工业大数据为基础建立数据库，坚持所有核心业务在一个信息系统中实现的一体化信息集成原则，通过增加中央服务器数量并且提升其响应速度，将工业生产数据与更多的生产数据分析软件平台相联系，实现具备"实时"特性的加工过程数据分析与工艺控制，提升工艺流程自动化控制水平，更好地保障产品质量；实现生产设备、物料传送、操作人员、产品流动等所有数据信息的智能集成。根据国家"中国制造 2025"战略规划，中芯国际计划 2025 年年底实现工业大数据云存储，将全部机台 EAP 信息同 MES 信息联动直接存储至数据库。

在制造工业大数据存储与分析方面，完善更加专业的 CIM 团队，研究生产制造控制系统平台的开发与优化。在已开发完成的数据集成子系统（即数据集成可视化 App）的基础上，逐步加强对生产数据的分析与自动整合，分别从不同角度展示生产线实时状况；MES 作为工业生产数据的来源基石，各生产线利用工业数据库的庞大信息量抓取想要提取的信息，通过先进的仿真（Simulation）软件和生产排程（Scheduling）集成系统进行生产需求的智能化调整联动，利用面向机台端的实时派工系统（Real Time Dispatch）及时调整生产规则，提高机台利用率

（Utilization）、机台生产效率（Efficiency），争取产品产出量的最大化，全面实现生产制造过程的自动化、智能化及可视化。截至 2018 年，中芯国际已完成 30% 左右的机台端有效数据与生产派工指导系统的整合，预计到 2025 年实现所有有效数据在各数据分析平台的集成与分析挖掘。

从智能制造实施现状和效果来看，中芯国际从 2015 年就朝着实现"创建半导体芯片制造智能工厂"的方向大力跃进。其硬件方面典型案例之一是自动物料传输系统（AMHS），它应用于整个厂区的最顶端，与加工储位（Stocker）相连，使被加工的产品通过计算机的调用指令，从储位里调出，通过 AMHS 调到离机台最近的储位里，方便操作人员就近拿取待加工产品。同时电子货架（E-Rack）自 2014 年 6 月开始全面应用于整个厂区内，它的自动传感系统可以读取放在货架上加工产品的数字代码，其身份信息与 MES 系统相连，实现每个产品的精准定位。从 2016 年起，厂区与厂区之间已经开始建立连通的 AMHS，通过计算机操纵实现不同厂区间的物料传送，减少推车、封装、打包等耗材，节省人力和运营成本，提高生产效率。跨厂区实现的 AMHS 已和业界领先工厂并驾齐驱，并于 2017 年建成运行。

在软件方面，基于工厂大数据，中芯国际整合业务流程，建立了从 ERP 到实时派工的完整闭环，从而进一步支持和加强了工厂的高效运转，如图 6-21 所示。

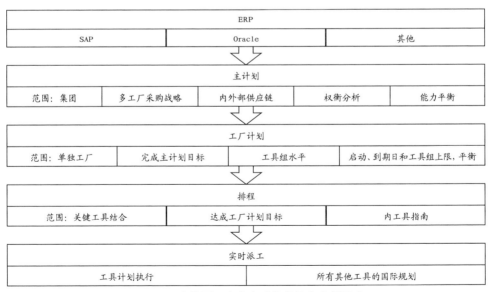

图 6-21　中芯国际生产自动化的信息支撑平台

资料来源：中芯国际半导体芯片智能制造集成创新与应用

6.3.3　2020年打造中芯国际工业互联网平台

除集成电路晶圆代工业务外，中芯国际还致力于打造平台式的生态服务模式，为客户提供设计服务与IP支持、光掩膜制造、凸块加工及测试等一站式配套服务，并促进集成电路行业链的上下游合作，与产业链各环节的合作伙伴一同为客户提供全方位的集成电路解决方案。

IoT Analytics是物联网（IoT）、M2M和工业4.0市场洞察和竞争情报的领先提供商，于2019年4月发布了一份长达155页的关于2019—2024年制造业工业物联网平台的综合市场报告。报告预测，在2019—2024年，复合年增长率将达到40%，到2024年年支出将超过124亿美元。这些数字基于该领域领先公司的工业物联网平台相关收入得出，涵盖21个制造业子领域（包括化学品制造、机械、运输设备、金属加工、初级金属、非金属矿产、食品、塑料和橡胶、石油、纸张、木材、印刷、纺织、计算机和电子、电气设备和电器、饮料和烟草、服装、家具、皮革、杂项和其他）。报告强调了物联网平台如何越来越多地用于优化离散制造产品和环境。离散厂商（例如汽车、工业机械）面临着前所未有的压力（例如大规模定制、缩短产品生命周期等），迫切需要改变他们的设计、制造、销售和服务，同时在当今日益互联的世界中保持竞争力。作为这种数字化转型的一部分，离散厂商正在投资利用物联网、云和大数据分析功能的新技术，以增强他们的创新能力并最大限度地提高资产回报。

2020年，国家发展改革委联合17个部门以及互联网平台、行业龙头企业、金融机构等145家单位，共同启动"数字化转型伙伴行动"。中国科学院微电子研究所所长叶甜春在"工业互联网促进集成电路和终端产业创新发展"专题座谈会上说，工业互联网的发展有助于扩大中国集成电路行业规模。集成电路行业与工业互联网行业应用相结合，能够构建具有鲜明行业特征的芯片解决方案体系，将极大带动整个产业的发展。叶所长建议，组织长效的合作推进机制，帮助产业界共同开展相关工作。《经济参考报》在《新一轮科技革命和产业变革蓬勃兴起，以工业互联网赋能产业转型升级》中称：从长远看，工业互联网发展是一个需要迭代、试错、演进的过程，需要社会各界保持战略定力和耐力，积极合作，共同探索，开拓创新，务求实效，助力我国制造业转型升级。加快制定工业互联网平台规范标准，分期分批遴选一批跨行业跨领域平台，支持建设一批工业互联网平台试验测试环境及测试床，实施重点工业设备上云"领跑者"计划和工业互联网App培育工程，打造基于工业互联网平台的制造业新生态。

我们关注到，中招国际的官网上公示了 2020 年工业互联网创新发展工程——重点领域及特定场景工业互联网平台应用中标候选人名单。在"面向特定场景的工业互联网平台共性试验测试环境"中，排名第一的是中芯国际的工业互联网项目。这意味着中芯国际作为我国大陆芯片制造第一大厂，作为国家战略的参与者，已在国家宏观政策支持下，开启了主导集成电路行业工业互联网新一代智能制造的旅程。

2021 年 2 月 21 日，《互联网周刊》发布"2020 智能制造企业 50 强"，前五名分别为中国航天、华为、中芯国际、中国商飞、比亚迪。《互联网周刊》是由中国科学院主管、科学出版社主办的新闻类商业周刊，这次评选由《互联网周刊》联合 eNET 研究院、德本咨询共同进行，目的是坚持智能制造主攻方向不动摇，在"十四五"时期大力推进产学研深度融合，加快推动制造业数字化、网络化、智能化转型步伐。

6.4 其他知名半导体厂商的智造实践

6.4.1 格芯

格芯公司（Global Foundries）创立于 2009 年 3 月 2 日，总部位于美国纽约，全职雇员约 15000 人，是一家半导体晶圆代工公司，目前是仅次于台积电与三星电子的世界第三大专业晶圆代工厂。格芯公司目前的市场涉及所有行业，包括汽车激光雷达和雷达芯片，以及移动和物联网设备中的消费应用。

格芯在制造晶圆的过程中面临因光刻胶的飞溅而对晶圆良率构成的威胁，它们通过基于机器学习的检测模型来减少晶圆缺陷的产生。格芯的实践证明，通过部署基于机器学习的检测模型来优化制造过程，其可以使因光刻胶飞溅而造成的晶圆缺陷减少至原来的 1/30[①]。

此外，格芯发现有几个与光刻胶涂层相关的潜在问题："短"覆盖（晶圆圆周没有充分涂层）、"彗星"条纹（通常是由表面污染物造成）、晶圆边缘的覆盖率差、"滴漏"问题（由于喷嘴分配不规则）、"飞溅"问题。在任何后续流程之前，需要尽快检测到问题的出现。在确定问题并采取纠正措施后，可以轻松剥离光刻胶层并重新运行涂层步骤，从而优化在制品（WIP）晶圆批次。

机器学习首先对图像进行分类，然后与任何机器学习模型开发一样，团队准

---

① Tom Dillinger，2021，*Machine Learning Applied to Increase Fab Yield*。

备了预分类的训练和测试图像集，并改进模型以实现非常高效的分类匹配结果。处理流程模型如图 6-22 所示。

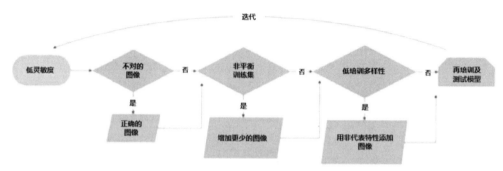

图 6-22　处理流程模型

6.4.2　美光

随着市场对内存和存储技术的需求猛增，美光（Micron）必须以更经济有效的方式研发并生产优质产品。作为全球内存和存储解决方案领导者，为推动下一波生产力提高，美光的大批量先进半导体存储器制造工厂开发了一个集成的物联网和分析平台，确保可以实时识别制造异常，同时提供自动化的根本原因分析，使新产品的生产速度提高 20%，将计划外停机时间减少 30%，并将劳动生产率提高 20%。

五六年前，美光公司刚开始着手启动智能数据分析。当时，公司必须弄清楚它所需要的数据类型以及如何获取、存储和处理这些数据，当时有三大挑战：

首先，考虑到数据分析所需的大量技术，美光必须将资源用于能带来最大投资回报的领域。就其成本结构和产出水平而言，该公司将其产品升级作为一个关键的重点领域。

其次，美光需要一个完善的数据基础设施系统来管理大量的数据。该公司通过物联网平台来整合不同的传感器，随后开发了自己的内部算法来运算数据。在传感方面，采集的数据包括湿度、光学特征和温度等，美光的部分传感器是由内部实验室研发，而非市场上的产品。例如，美光使用的声学传感器记录了生产线上机械臂运动的声音水平，若有任何偏离标准的"噪声"发生，触发器就立即启动并通知工程师可能出现问题。在算法方面，美光开发了自己的算法以适应特定的需求，这就是使用 AI 的地方。

最后，还需要有相应的团队来管理数据。自从踏上数字化旅程以来，美光增加了其数据科学家的储备，在每个站点均配备一个团队并鼓励经验共享。

有了 AI 之后，美光将晶圆工厂的管理模式，从需要进行现场管理的制造设施转向可以通过远程管理的控制中心，工厂不再需要像以前那样有人在现场值守，而是可以通过远程的仪表板进行操作设置，为工厂的制造管理提供了更广阔的视野。

在美光的工厂，机器人设备被用于前端制造过程，背后的传感器每年会捕捉约 1.2 亿张图像数据。美光公司利用一种算法来处理这些数据，确定可能存在缺陷的模式。非结构化数据可以用于消除美光现有数据中存在的偏差，从而看到以前没有发现的隐形损失以及浪费；AI 可以让产量比没有使用 AI 高 25%。生产排程一直都在变化，美光通过虚拟化实现了增强的动态调整。

美光拥有大量的由不同传感器收集的数据，利用从这些数据中获得的洞察力，美光寻找新的方法来改进制造过程并使之自动化，甚至机器学习还通过员工的社交网络行为告诉管理层员工可能离职的时间。在未来，美光生产周期的每个阶段都将部署更多的传感器，以进一步实现流程的自动化，持续快速地生产高质量的商品。增强现实技术作为一种可视化生产过程工具，也将变得更加重要。

第 7 章
来自世界头部半导体设备厂商的智造验证

7.1 阿斯麦是卓越的工业软件公司

阿斯麦（ASML）创立于 1984 年，总部位于荷兰费尔德霍芬，从业员工达 31000 多人，在世界 16 个国家和地区有提供服务。阿斯麦向全球复杂集成电路生产企业提供领先的综合性关键设备，是全球最大的半导体设备公司，也是全球唯一的极紫外光刻机生产商。

阿斯麦的 TWINSCAN 系列是世界上精度最高、生产效率最高、应用最为广泛的高端光刻机型。全球绝大多数半导体生产厂商，都向阿斯麦采购 TWINSCAN 机型，包括英特尔、三星、海力士（Hynix）、台积电、中芯国际等。阿斯麦在世界同类产品中有 90% 的市占率，在 10 纳米节点以下有 100% 的市占率。阿斯麦是全球唯一能够生产 EUV 光刻机（极紫外光刻机）的公司。截至 2022 年 4 月，阿斯麦已经商用的最先进的紫外光刻机型 TWINSCAN NXE：3600D（图 7-1）可支持 5 纳米和 3 纳米逻辑节点和领先 DRAM 节点的 EUV 量产，它在前身 NXE：3400C 每小时单位产出 136 片（WPH）12 英寸晶圆的性能基础上，还能提高 15%～20% 的生产率，达到 160 片晶圆/小时以上。3600D 的售价约在 1.8 亿美元，这与美国一架 F-35 战机的价格相当，这台支持支持 5 纳米的光刻机已需要超过 10 万个零件、通过 40 个集装箱运输，而未来 1 纳米时代光刻机还要比 3 纳米大一倍左右。

图 7-1 ASML 最新款支持 3 纳米的 EUV 光刻机 TWINSCAN NXE：3600D
资料来源：Hardware info

7.1.1 智控软件是光刻三十年来的灵魂

工业软件对阿斯麦至关重要，用阿斯麦自己话说就是：如果把阿斯麦的硬件创新比作蝙蝠侠，那么软件就是其超凡能力背后的罗宾。尽管大家知道阿斯麦是一家设备公司，但阿斯麦拥有世界上最大、最具开创性的软件社区之一。如果没有开发的软件，光刻系统就不可能以越来越小的尺寸制造芯片。因此，光刻系统现在是高科技硬件和高级软件的混合体。阿斯麦的开发团队在一系列编码实践中开展工作，为处于电子行业核心地位的芯片制造系统所面临的复杂问题提供创新解决方案。表 7-1 是阿斯麦的软件体系。

表 7-1 阿斯麦的软件体系

软件类别	描述
嵌入式软件	所有的光刻系统都使用了嵌入式软件，用于指导和控制阿斯麦的机器。经过 30 年的发展，目前嵌入式软件代码库已由数百万行构成。阿斯麦越来越多地依靠一种称为模型驱动工程（MDE）的行业领先技术来改进代码，为阿斯麦的业务提供竞争优势
扫描计量软件	• 软件还协调光刻系统内强大的机电模块的运作（也被称为"扫描仪"）。它需要快速定位硅片，并达到纳米级的精度 • 扫描计量软件帮助测量和补偿生产过程中，由于材料缺陷、温度波动或气压变化而不可避免的亚纳米级的误差。它计算出阿斯麦的硬件应该如何纠正这种情况，协调许多组件最大限度地提高系统性能
应用软件	• 应用软件基本上是阿斯麦的"非机器"软件，用于系统校准、诊断、评估和自动化，帮助客户与系统互动以优化生产 • 应用软件提供了用户界面。得益于数据技术的改进，作为越发越重要的组成部分，为客户提供无缝的用户体验
计算微影制程（Lithography）软件	• 作为半导体产业中一个相对较新的领域，它是一种用于重建网状掩膜的技术，当光刻缩小到纳米分辨率时，在硅片上的图案结构会变形。计算光刻的工作重点是开发对半导体图案化过程的准确预测 • 今天的先进芯片有数十亿的晶体管，由此产生的模拟模型很快就会变得非常密集，随之计算软件需要运用巧妙的方法来简化模型
整合机器学习	• 软件团队多年来一直在开发机器学习工具，以大大加快模拟和制造过程 • 用于开发严格的物理模型和机器学习模型的方法是非常相似的，两者都需要大量的实验结果和数据来形成预测 • 机器学习可以节省大量的时间和精力，同时提高准确性和一致性。机器学习也提供了一个机会，可以更充分地利用制造环境中产生的大量数据来加强过程控制
与大数据一起工作	阿斯麦的数据科学家在工作中遇到了极端复杂和非常大量的数据的独特组合。他们需要以新颖的方式利用不同的数据源，并产生可操作的见解。这些洞察可以创造新的产品，改善整个公司现有的产品和服务、性能和效率

资料来源：ASML 官网

7.1.2 阿斯麦拥有世界最大开放软件社区

许多人认为只有嵌入式软件与机器生产公司相关,但阿斯麦拥有庞大的软件部门,工程师们使用 C#、Java、.NET、大数据、算法和 UX 设计。阿斯麦进行持续的软件技术开发,从机电一体化和机器人技术到实时计算和信号处理。阿斯麦的机器由高度复杂的机电一体化模块组成,需要高速和高精度移动,这是由工程师设计的软件精心策划的。此外,硬件缺陷和物理效应在软件的帮助下得到校准和纠正,帮助最大限度地提高机器的性能。

阿斯麦除在全球建立了 121 个研发合作机构,在全球还拥有超过 3000 名软件工程师,团队包括软件(设计)工程师、软件架构师、Scrum[①] 角色(包括 Scrum 主管、产品负责人、发布培训工程师)、测试工程师、测试架构师、整合师、项目负责人或小组负责人。

公司总共分为三个集群:

- 嵌入式软件集群专注于机电一体化模块和传感器,并为这些模块提供应用程序、驱动程序和校准。使用的编程语言是 C、C++、Python、Java 和 MATLAB。
- 扫描仪计量专注于协调光刻机机电模块行为的软件。计量软件测量物理缺陷并计算硬件应如何处理这些缺陷,从而最大限度地提高系统性能。使用的编程语言是 C++ 和 Python,C++ 是光刻工具中的主要编程语言。
- 应用软件专注于提升产品性能和保障稳定制程,需要无缝集成到客户的生产设施中。应用软件还负责阿斯麦的计量工具 YieldStar 的软件,其使用的编程语言是 C# 和 Java。当然,工程师还会结合 C、C++、C#、Java、Python 和 MATLAB 等语言,这取决于所完成的工作类型。

用 C++ 持续开发尖端硬件并非易事。每次将新更新的组件集成到一台机器中,都有可能影响系统性能,这就是为什么阿斯麦使用软件解决方案来改进硬件。C++ 代码库帮助实现了这一目标:它是一个高度可移植的多层系统,与芯片制造行业保持同步,能够深入研究新问题。阿斯麦的 C++ 工作岗位需要 C、C++、面向对象编程和设计模式的工作经验以及最新版本的 .NET 框架以及云开发平台(Microsoft Azure、Google Cloud 或 Amazon Web Services)知识。

Python 汇集了开创性的代码库,将多元化的开发团队聚集在一起。阿斯麦在

---

① Scrum 是迭代式增量软件开发过程,是敏捷方法论中的重要框架之一,通常用于敏捷软件开发。Scrum 包括了一系列实践和预定义角色的过程骨架。

多学科开发团队中使用 Python，使用它来校准和监控产品组合中的每台机器，使客户能够使用一系列复杂的诊断工具和直观的用户界面来制造最先进的计算机芯片。Python 用于光刻机设计和实时校准、性能诊断，也用于（功能）测试自动化（脚本）。阿斯麦的 Python 工作需要专业的 Python 开发经验以及 C++ 和面向对象编程的技能。C# 主要用于开发 Yield Star 计量系统的功能，该系统在芯片生产的各个阶段，对纳米级的硅晶圆进行测量从而产生 TB 级的数据；然后，该数据通过计算来确定是否需要对制程作出任何必要的调整，计算结果会立即反馈到光刻系统中，以优化其性能和准确性。阿斯麦的 Java 开发是独一无二的，它将 NASA 类型应用程序的复杂性与亚马逊的大数据相结合——目前还没有其他工业领域能够像阿斯麦这样，将复杂性和大容量结合起来。

阿斯麦的 Java 开发人员使用最新的工具和技术，包括算法、数据科技、集群存储技术、可靠性工程、统计建模、UX 设计和数据可视化。Java 主要用于开发 Litho InSight，这是一款具有友好用户界面的软件，客户可以使用它来优化芯片制造过程。Litho InSight 软件采用 YieldStar 系统产生的大量计量数据，并将其转换为芯片制造设备可用的纠正生产误差的指令。Java 也用于诊断工具。这些工具分析芯片制造设备的日志和数据。诊断工具可帮助客户支持工程师深入了解生产过程中扭曲的原因。从 Hadoop 检索到机器学习和全栈开发，这部分的工作需要有 Java SE 或 Java EE 开发经验以及对数学、数据科技或机器学习有浓厚兴趣的工程师。

7.1.3　智能软件应用场景及案例

1. 计算光刻

阿斯麦业界领先的计算光刻产品可实现精确的光刻模拟，有助于提高芯片良率和质量。如果没有计算光刻，芯片厂商就不可能制造出最新的技术节点。在光刻过程中，光的衍射以及感光层中的物理和化学效应会使机器试图打印的图像变形（可以将其想象为试图用宽大的水彩画笔画出细细的线条——它会在许多地方扩散并且不受控制）。随着芯片厂商需要制造更小且强大的芯片，就需要采取更加复杂的方法。计算光刻使用制造过程的算法模型，并使用机器和测试晶圆的关键数据进行校准。这些算法模型会对图案进行特殊处理——适度变形——以此来补偿光刻或图案化过程中由于物理和化学反应而造成的偏差，从而优化掩膜或所需最终结果的蓝图，得到晶圆上所需芯片图案的准确复制品。无论是在设计和技术开发的早期，还是在量产的后期，计算光刻技术优化了扫描仪、掩膜和工艺，提高了设备的可制造性和良率。举一个例子[①]，你可以想象 EUV 机器的复杂性，包括光源和其余的光学组件，它们在机器上有很多传感器生成海量数据。现在已经没有一个工程师能够对这些数据进行基础性的处理并从中提炼价值信息，他们必须使用深度学习来尝试预测趋势，例如在工具意外停机之前，用它来进行预防性维护。

在纳米制造中，光刻是控制微芯片尺寸的基本图案化步骤[②]，低波长电源通过光学器件进行调节，然后通过更多光学器件将其尺寸减小到覆盖衬底（通常是硅）的光敏化学薄膜中。重复此步骤，直到基材上所有可用的表面区域都被相同的图像曝光，其结果称为层。需要多个暴露层来创建构成芯片的复杂微观结构。为防止因层间连接失败而导致良率问题，层间的所有图案必须按预期排列。为了确保层对齐而不影响良率，阿斯麦的 TWINSCAN 光刻系统必须限制在曝光步骤之前测量对齐标记的数量，一般规则是测量对准标记所需的时间不能长于曝光序列中前一个芯片所需的时间。由于正确的覆盖模型校正需要大量的覆盖标记，测量从 TWINSCAN 系统出来的每个芯片是不可行的。Emil Schmitt-Weaver 使用 MATLAB 和 Statistics and Machine Learning Toolbox 开发虚拟叠加计量软件。该软件应用机器学习技术，使用对准计量数据对每个晶圆的覆盖计量进行预测估计。

首先，Schmitt-Weaver 使用神经网络时间序列预测和建模应用程序来学习如何准备数据以用于深度学习工具。他使用该应用程序生成并导出了示例代码，这让他更详细地了解了如何一起使用这些功能。随着能力的提高，他能够使用来自 MATLAB Central 上庞大的多学科用户社区的示例来构建生成的代码。Schmitt-Weaver 使用 Yield Star 系统从 TWINSCAN 系统收集对准计量数据，并从相同晶圆收集重叠计量数据。然后，他将数据集分成两组，一组用于训练网络，另一组用于验证网络。使用 Deep Learning Toolbox 和 Statistics and Machine Learning Toolbox，他设计了一个具有外生输入（NARX）的非线性自回归网络，并使用来自训练组的数据对其进行了训练。为了避免神经网络过度拟合训练组，他使用深度学习工具通过贝叶斯框架实现自动正则化。网络经过训练后，他向其提供了来自测试数据的输入，并根据 Yield Star 系统的测量结果验证其正确性。该网络为提高良率提供了备选方案，并且这个模型能够识别可能没有接受过重叠测量的晶圆。

2. 计量和检测系统

计量和检测系统的产品组合，为研发大规模制造过程的每个步骤提供了速度

[①] SemiconductorEngineering，2020，*How And Where ML Is Being Used In IC Manufacturing*。
[②] Emil Schmitt-Weaver@ASML，2015，*ASML Develops Virtual Metrology Technology for Semiconductor Manufacturing with Machine Learning*。

保障和准确性。计算光刻和图案控制软件解决方案帮助芯片厂商在大规模生产中实现最高良率和最佳性能，核心软件 YieldStar 光学计量解决方案可以快速准确地测量晶圆上图案的质量。

阿斯麦为英特尔、三星、台积电等客户制造光刻机有点像"为 F1 车手设计赛车"，每个客户都有精确而敏感的需求，这些需求会随着大奖赛中的赛道条件，例如从晴天到雨天的变化而迅速变化。为了成功交付，阿斯麦必须实时适应客户突如其来的变化，对于完美主义者来说，在误差空间为纳米级或百万分之一毫米的环境中也必须做到精准无误。随着阿斯麦新型机器学习产品的推出，该产品可预测每个设备层的工艺性能，由于设备层和制造工艺经常变化，产品需要自我训练。在产品出厂交付使用后，机器需要监控自己的准确性并进行相应的重新训练。尽管阿斯麦的本地解决方案非常有效，但它无法足够快地适应数据、模型和软件构建复杂性的增长，因为整个行业都是时间驱动的，一切都以秒为单位突飞猛进。

阿斯麦与 Google Cloud 合作伙伴 Rackspace 合作实施该架构并将其安全环境扩展到云中，这一过程通常在数周内完成。阿斯麦还与机器学习专家 ML6 合作，后者派遣 Google Cloud 专家对员工进行 BigQuery、Google Kubernetes Engine 和 Cloud Datalab 等产品的培训。ML6 帮助提升了数据采集与获取的通道，并优化了模型的训练通道。通过将 BigQuery 和 Kubernetes 集群专用于自动扩展的数据摄取，AI 团队能够更快地获取数据，这比过去的速度至少提升了 25 倍，从而为每位工程师每天节省了约 4 个小时，这意味着他们现在可以完全专注于构建模型。而在引入之前，阿斯麦工程师每天都要花费数小时来解析和预处理数据。值得一提的是，新的工作方式造就了更短的产品发布周期（从几个月到二周），这增强了阿斯麦 的竞争优势。

7.1.4　EUV 光刻机与 F-35 隐身战机

阿斯麦最新技术的 EUV 光刻机与美国的 F-35 隐身战机，这两者看起来没有什么关系，也很少有人思考两者背后关联的逻辑，但如果我们从全球技术霸权与高度垄断来看，就非常值得关注了。

（1）从产品的开发模式来看二者都是以美国主导、欧盟或日本等国作为利益共同体众筹开发的，尖端研发通常都有风险，在研制过程中具有高度不确定性，众筹就是出钱。

（2）二者都使用了台积电代工的先进芯片，在控制芯片上都使用了台积电的技术，F-35 上使用了台积电为其定制的芯片，而阿斯麦当年是破釜沉舟，通过与台积电共同研发浸没式光刻才翻身。智能的机器是需要硬件作为基础的。

（3）定价与销售模式类似。它们的公开售价都在 1 亿美元上下，体积也相仿，当然型号不同价格会有所差异，但最先进的型号只在利益共同体之间销售。

（4）智控软件是核心。在这两件举世无双的顶尖机器中，一件是大制器，一件是大杀器，智控软件是核心，智控软件不仅用于控制内部，更使设备本身成为整个系统的核心，一个是芯片制造厂商的核心，一个是作战系统的核心。对于越发高端的工业科技领域，其软件系统的复杂程序超乎想象，往往一个智控系统因为软件得不到及时的更新而停滞不前。

阿斯麦过去三十年以来一直致力于计算光刻，而对于 F-35 战机来说，其软件 Block 系列已经历了十四个版本。2019 年，美国海军授予洛马公司 18 亿美元新合同，用于 F-35II Block 4[①] 现代化软件升级工作，F-35 战机的软件版本从 Block 0.1 开始，先解决基本飞行的功能，而到了 Block 4 版本已具备完全的作战能力，而且已经可以集成英国、土耳其等美国盟友研制的机载武器，还进一步升级了雷达、航电、网络、电子战、维护等能力，拓展了雷达的对外搜索能力，配合新增的反舰机 AGM-154C1 联合防区外武器和 JSM 导弹，使 F-35 具备了强大的对外打击能力。F-35 也成为一个多功能的武器载体，盟国可根据技术能力灵活外挂自己的配套武器，可是软件升级并不是他国可以独立完成的，需要继续向美国付钱研发，就如同我们买 iPhone 手机花了一笔钱，后续使用增强或高级版本的服务就需要再付钱。洛马公司称，支撑 F-35 战机性能的正是 800 多万行软件代码，从飞行控制到融合传感器数据，融入一个清晰而全面的战场场景。2019 年的软件升级将改进 F-35 的 50 多项功能，以应对来自战斗中空中和地面的威胁，它增强了 F-35 飞行员的观察探测范围，整体项目预计于 2026 年 8 月前完成。制造 F-35 战机的数字孪生项目如图 7-2 所示。

阿斯麦的软件核心虽然没有那么复杂，但由于光刻的精度要求太高了——在头发丝的六万分之一的空间，6 个原子大小的位置上分毫不差地"照出"模板——这要远远高过一枚导弹准确击中房子般大小标靶的精度，加上光刻机的工作成本与错误损失同样巨大，精准的光刻过程需要更高端、更稳定的软件来支持实现。按 ASML 自己的说法：计量学协调了强大的机电模块的运作，使它们一起实现了速度和精度的非凡组合。例如，其中一个模块（晶圆平台）的加速速度比战斗机还快，使光刻机能在一秒钟内完成硅晶圆的定位，并达到纳米级的精度。除了使用计量系统来定位晶圆外，阿斯麦还使用计量系统来测量和补偿由于材料缺陷、

---

① 防务博客，2019，《洛克希德·马丁公司获得 F-35 战斗机软件开发合同》。

温度波动和气压变化带来的不可避免的、悄然出现的亚纳米级的误差。为了实现这样具有挑战性的结果，需要按最佳设计思路研发计量系统，它是阿斯麦光刻系统的大脑。所以，我们不能只是看到半导体制造设备的硬件表面、工艺或材料，而是需要同时看到内在的智控软件与其核心价值。在智控软件上我国必须同时强大起来，才能避免将来更严重的卡脖子问题。同时，智控软件的优势还在于可以适当弥补硬件上的短板，挖掘设备机台和整厂运营的潜能。

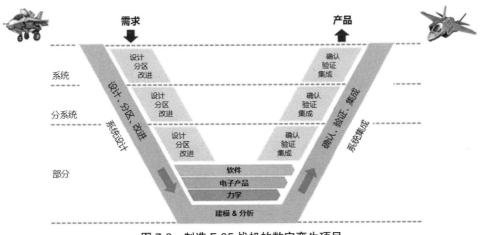

图 7-2　制造 F-35 战机的数字孪生项目

资料来源：Semiconductor Engineering

7.2　应材的软硬一体

美国应用材料公司（Applied Materials）是世界顶级纳米制造技术企业，成立于 1967 年，被称为"半导体军火龙头"，连续 26 年蝉联世界第一大半导体设备供应商[①]。应材于 1972 年在纳斯达克上市，2016 全球前十大半导体设备生产商中，应材公司以 77.37 亿美元的销售额位居全球第一。2017 年销售收入达 145 亿美元，净利润达 34 亿美元，拥有超过 18400 名员工，超过 11900 项专利技术，在 17 个国家和地区设置 90 个分支机构。其产品与服务已覆盖原子层沉积、物理气相沉积、化学气相沉积、刻蚀、快速热处理、离子注入、测量与检测和清洗等生产步骤。客户覆盖多家全球知名企业，台积电与三星电子一直为公司前两大客户，是台积电的最大供应商，2017 年荣获英特尔公司首选优质供应商奖。

应材公司业务部门分为四大事业部：半导体系统事业部、应用服务事业部、面

---

① 东吴机械研究，2018，《设备巨头"应用材料"的成长之路》。

板显示产品事业部和其他产品事业部。四大事业部各司其职,"硬实力+软服务"构筑业绩基石。其中,半导体系统事业部收入占公司总收入65%左右,是公司创收的主要动力,收入增速最快;应用服务事业部收入占比维持在20%~30%,排名第二位;面板显示产品事业部排名第三,占比10%左右。

7.2.1 AI赋能晶圆缺陷检测

为了使下一代芯片的生产在经济效益上可行,芯片制造厂需要在晶圆生产周期的早期,通过快速发现和纠正误差,从而减少缺陷来确保良率合格。如今,发现和纠正这些误差以减少缺陷并不容易,因为传统的光学检测工具不能提供足够详细的图像分辨率,而高分辨率的电子束和多光束检测工具又相对缓慢,耗费了宝贵的生产时间。为了找到检测成本和时间效果上的最佳平衡点,应材于2016年开始与ExtractAI合作开发Enlight系统,该技术结合了该公司最新的Enlight光学检测工具、SEMVision G6/G7电子束审查系统和深度学习来快速发现缺陷[①],并于2020年第一季度开始向逻辑芯片生产商正式出货,到2021年第一季度末,该检测工具的累计销售额已超过4亿美元。应材公司的SEMVision电子束检测工具也被业界广泛使用(自1998年以来已安装超过1500台),且SEMVision G6/G7及其后续产品与Enlight和ExtractAI兼容。

缺陷检测是芯片制造中的关键步骤,设计开发一个先进芯片需要几年时间,而实际制造一批芯片则需要几个月时间,最为关键的时间参数之一是量产周期,也就是说能够以足够高的产能制造大量芯片的周期。一个芯片设计可能拥有最有效的架构,但跟竞争对手相比,如果无法量产或量产时间过晚,那么最终仍然会失去市场份额和收益。这种压力同样会传递到晶圆工厂,在大规模量产之前,需要修复缺陷、提升良率并使产线达到最佳状态,这段时间仅在设备折旧上就产生了数百万美元的成本——3纳米工厂一周的停工时间预计将损耗2500万美元的未摊销折旧成本。因此,实现可接受的良率指标在很大程度上取决于工厂检测和修复缺陷的能力。

由于大多数先进的SoC都是使用极小的制造工艺,其中许多都依赖于多重图案或极紫外(EUV)光刻技术,所以检测缺陷变得非常困难。从2015年到2021年,工艺步骤的数量增加了48%。同时,微小的差异和线宽成倍增加都会产生扼杀良率的缺陷。此外,如果这些微小的差异发现过晚,那么在差异出现后,后续所有的工艺步骤基本上都是在浪费时间和金钱。事实上,延迟发现的情况并不少

---

① Anton Shilov,2021,*AI Meets Chipmaking: Applied Materials Incorporates AI In Wafer Inspection Process*。

见，因为需要追踪使用多重图案制造的、具有 FinFET 架构晶体管的集成电路缺陷，并找到其根本原因非常困难。

就像用于制造芯片的 Scanner 一样，检测工具多年来也有了很大的发展，但它们也变得更加昂贵，这增加了每块晶圆的扫描成本。应材表示，在过去六年中，高端光学检测系统的价格上涨了 56%，这反过来又使每个晶圆扫描的成本在同一时期增加了 54%。这给晶圆工厂带来了新的难题。一方面，它需要做更多的检查（最好是在每个工艺步骤之后都进行），以缩短良率爬坡的时间，所以芯片厂商一直在进行持续的工艺改进（Continuous Process Improvement，CPI）以提高良率，并使用统计制程控制（Statistical Process Control，SPI）减少异常变化，这又涉及额外的检查。另一方面，由于今天有如此多的工艺步骤，而检测工具又如此昂贵，工程师们不得不限制检测步骤，以保持他们的工艺控制预算不至于暴涨。一边希望提升良率而延长了生产周期，另一边又因为想减少检测成本而带来良率风险。工程师们还面临的问题是现代光学检测工具所捕捉到的"噪声"量。在某种程度上，部分噪声很难与杀死良率的缺陷清楚区分开来，因此工程师们必须应用某些过滤模型来减少他们必须处理的数据集，显然，这降低了他们尽早发现缺陷的能力。

应材将其最新的 Enlight 光学晶圆检测系统与 ExtractAI 技术相结合。ExtractAI 软件使用深度学习来尝试更好地处理光学数据并分析扫描结果，同时使用其 SEMVision G6/G7 电子束审查系统作为训练和结果验证的来源。Enlight 系统捕获晶圆的高分辨率图像，并快速生成潜在缺陷的数据库，然后晶圆被发送到 SEMVision G6/G7 电子束审查系统，以区分缺陷和噪声并对缺陷进行分类。Enlight 和 SEMVision G6/G7 捕获的图像和数据随后被送入 ExtractAI 软件，以训练它自动识别由硬件系统在晶圆图上造成的特定杀伤性缺陷，并将它们从诸多的噪声中区分出来。

因此，对于制造同一类芯片的晶圆工厂来说，扫描过程所需的时间将大大减少，因为系统已经有了一个可操作的晶圆图，其中有潜在的杀伤性缺陷，系统很清楚需要捕捉什么。同时，随着 ExtractAI 软件从更多的晶圆中获得更多的数据，额外的训练使它能够提供更高的准确性，特别是由于由此产生的缺陷数据库可以在整个工厂甚至跨厂共享。

7.2.2　AI 赋能晶圆制造产能爬坡及良率提升

在晶圆生产的前道工序中，即使出现微小差异也会导致器件性能和良率降低。同时，供应链的低效导致更多的废品、更高的成本以及资源耗费，其中包括最重要的资源——时间。在后道工序中也不简单，一般在前道工序制程都完成预先验证的前提下，后道工序就按部就班，也会比较稳定，但市场的变化要求工厂拥有足够的制造柔性，这种变化带来的压力会从前道传递到后道。未来几年全球预计会生产数量达到十亿级别的电子设备，这些需求来自自动驾驶、物联网、AI、5G、增强/虚拟现实和其他日新月异的应用领域，它们各不相同，小批量多批次的现象愈发明显，对制造提出了新的挑战。

而现实中，无论是在运营中的工厂或新建工厂中，专业知识与经验的积累难以追上技术推演的步伐，包括如何抓住最佳的时机取得成功、基础设施的改造以及不断验证的工艺方法。例如，中国已经制定了一个战略目标，要在"中国制造2025"计划下大幅提高半导体的自给自足能力。但是，在满足器件、产能和经济性要求的同时，快速建设新厂来满足有限的市场是很大的挑战。如果不采用先进数字分析技术、本地和远程专家支持、全球供应链资源以及全面集成的自动化解决方案来实现有效的计算机集成制造，这一切就很难实现[1]。

图7-3展示了两条曲线：技术变革的产能爬坡曲线和产出的运营特征曲线，它有助于厂商了解如何通过反复调整运行来提升绩效，实现更好的结果。

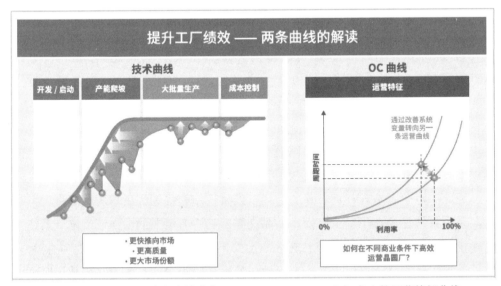

（a）技术变革的产能爬坡曲线　　　　　（b）产出的运营特征曲线

图7-3　提升工厂绩效——两条曲线的解读

资料来源：应材官网

---

[1] Gary Dagastine，《以更快的产能爬坡及更高的良率获得先机》。

- 左边曲线代表在特定的半导体技术下，一个晶圆工厂的制造能力和产能爬坡的最佳进程，显示了在所有制造阶段良率/产能随着时间推迟的变化趋势：在启动和初始产能爬坡阶段陡峭上升；在量产期间稳定；最终随着技术成熟实现成本结构控制的合理化。
- 右边曲线显示了工厂的制造产能与运营特征（Operating Characteristic，OC），曲线将某个产品在工厂内"流转"所需的时间与工厂利用率的总体百分比进行了对比，这条曲线呈现了理想的变化趋势，而现实中的进展并不会如此顺利。产能爬坡并不总会按计划进行，它需要学习、不断评估结果、再学习，甚至需要突发性分析并重新调整，以使制造性能更接近理想水平。
- 结合来看，这两条曲线有助于了解如何在特定的业务重点和制造资源下实现最大灵活性。完全集成的自动化解决方案和技术型服务（包括用于远程支持的安全数据收集和分析）可帮助厂商更快、更好地实现目标，同时大幅降低成本。

7.2.3 AI赋能晶圆制造走向无人化"自动驾驶"

在过去的几十年里，半导体制造经历了若干重大技术升级，每一次转变都会使晶圆工厂生产率提高和成本降低。现在，为了满足物联网应用需求，半导体质量要求不断提高，该行业正在进入另一个变革周期。5G、AI、更强大的处理器、基于云的数据分析、虚拟/增强现实以及集成知识网络等技术正在达到新的智能水平。与新的软件应用一起，这些技术正在推动半导体制造朝着工业4.0、智能制造、工业物联网的方向发展。

半导体制造的自动化正以超越我们预期的速度推进。就在几年前，工厂的工人还在移动推车、按下按钮启动设备并在电子表格上跟踪晶圆在制品（WIP）。如今的晶圆工厂已提升到一个新的水平，能够聚合来自设备的数据、自动化材料处理系统并实施先进的过程控制（APC）功能，如按批次运行控制和故障检测。接下来，可以预见该行业将发展到"启发式智能"的阶段，并带来可衡量的可观收益。然而，在行业力争实现更高水平的自动化控制的同时，局限性也随之出现：许多厂商若继续使用传统技术，把工厂迁移到更高级别自动化的水平是不现实的，因为原有的信息化基础建设缺乏足够算力、带宽、数据聚合和清洗技术，这种变革是一项艰巨的挑战，对于成本敏感性的行业或特定企业难以做到。今天，行业先锋正寻求一条新的道路，使他们能够从当前的手动控制和自动化启动控制组合过渡到完全自动化。生产设备是资本密集型的，而自动化对于保持工具的生产力至关重要,当花费数百万美元购入一台设备时,工厂必须消除使用过程中的瓶颈从而实现高利用率,在实践中,操作人员容易被传统思维所束缚,因此需要意识到工业 4.0 的价值并必须给予重视。在应材看来,芯片厂商通常需要:提高生产力;制定创新路线图,使生产线工程师可以创造价值;开发提高人员生产力的方法;帮助生产线工程师建立一个创新团队(而不是孤军作战)。

由于半导体制造自动化与自动驾驶有着相似之处,为了便于理解,就用自动驾驶举例。汽车工程师协会(SAE)定义了自动驾驶的 6 个自动化级别(从无自动化到完全自动化),这些定义也可以用来比作半导体工厂的自动化阶段。毕竟,自动驾驶汽车也涉及软件和传感器,包括提供来自周围汽车的实时响应数据。

SAE 的定义从 0 级无自动化开始。到 1 级时,汽车本身能做出一些实时决策,如汽车自动进行加减速的巡航控制。在 2 级,人类司机仍然主控,但自动化系统与手工操作开始协同工作。再过渡到 3 级时,驾驶系统拥有一部分控制权,而司机是备选方案。在 4 级,车辆可以处理从未遇到过的情况。5 级可以实现真正的完全自动化,车辆在各个方面都接管了一切,并且在所有情况下,人类司机都可以离开方向盘和油门踏板。半导体制造过程的管理也正从反应式向自驱动式发展。晶圆工厂内部的自动化水平与汽车工厂相似,如图 7-4 所示。

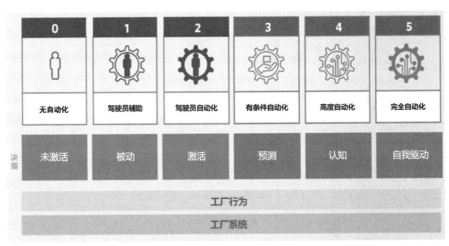

图 7-4 为实现全自动半导体工厂的目标,需要逐步提高自动化水平
注:3 级是当今许多厂商正在迁移的目标
资料来源:应用材料公司

在半导体产业的 1 级,工厂具备自动化材料处理系统(AMHS)、拥有处理缺陷并跟踪良率的能力,采取了一些预防性维护的措施。在 2 级,工厂采用了实时调度和批次控制(R2R)。在 3 级,工厂进入了完全自动化的第一阶段,需要清

晰如何引入实时调度和预测技术。这时 AI、机器学习、云计算、数字孪生开始发挥重要作用,工厂在新信息技术方面的学习曲线比以往任何时候都来得更为陡峭。迁移到 4 级的意义重大,因为这是新信息技术应用的无人区,必须在晶圆工厂以前从未尝试的领域中进行突破,处于这一阶段自动化水平的系统采集数据后,实时做出提高生产力的决策,正如自动驾驶汽车出于安全原因必须做出实时决策一样。应用材料公司正在与先锋客户合作,实施有利于业务优化的实时决策系统。5 级是完全自动化,能否实现取决于系统最薄弱的环节是否可以维持稳健的运转,若发生最薄弱环节的功能性缺失,那么整个系统就会崩溃。

因此,应材看到了巨大的增值潜力与商业机会,例如,客户需要自动化资源计划系统,通过提高对不断变化的市场需求做出反应的能力来带来可衡量的价值。目前,资源计划大多是手动处理,更新计划需要几天时间,而在自动化系统中几分钟就完成了。当然,半导体制造自动化与汽车驾驶自动化面临不同的挑战:汽车的集成系统已完成了数据标准的一致性,且在相当长的一段时间内保持固有的系统组件结构;半导体制造则不同,来自诸多不同厂商设备、不同传感网络收集的数据是千差万别的,处理好这些数据需要开展一系列的操作,包括数据的格式转换、清洗、读取、存储,确保数据质量。

7.2.4 应材的"全自动化半导体工厂"方案

全自动工厂系统正迅速成为半导体制造业的必然需求。它能使厂商显著提高良率、产量、质量和灵活度,缩短周期,与部分实现自动化的晶圆制造厂相比,可以更高效地利用生产设备并降低总体成本。但目前半导体产业的大多数自动化系统,都是工厂自研与各个供应商的专用产品混合而成,这种混搭的系统正面临着严峻的挑战,非集成系统和采用单点解决方案的系统面临着更高的成本和更大的风险,适应新兴制造解决方案的能力也越来越弱。工厂需要进一步减少人工失误和其他偏差,加快良率爬坡,实现最大的制造灵活性,打造完全集成的完整平台。

例如,以下是晶圆工厂启动阶段计算机集成制造(CIM)需要考虑的:

- 确保工厂核心基础设施、制造执行系统(MES)和物料控制系统(MCS)兼容运行;
- 通过统计制程控制(SPC)和缺陷管理来测量晶圆特性并验证是否合乎规格;
- 将机床与设备集成应用程序连接,从机床收集数据和状态信息,并启动配方管理和调整。这使得良率管理系统(YMS)能够更好地诊断偏离情况;

- 安装设备维护管理系统（MMS）应用程序，对每个机床进行保养维护，确保最佳的良率和产能；
- 形成有效规划的能力，以最大限度提升晶圆工厂满足客户订单的能力。

在产能爬坡阶段，需要运用批次处理（R2R）、先进工艺控制（APC）以减少制程偏差并提高与关键绩效指标（KPI）的吻合度。

应材为客户提供了一套排程与调度解决方案，消除了潜在的生产瓶颈，包括过度的机台占用、批次处理/更改以及在调度和规划决策上的时间浪费，从而在产能爬坡阶段使产能提高了5%～15%。在量产阶段，Applied SmartFactory FullAuto最大限度地减少接触点和不必要的操作，通过故障检测和分类（FDC）、多元数字化优化、预测型解决方案和动态排程来实现量产的最大效率，增强了批次与机台的最佳匹配能力，从而对良率和产能KPI产生积极影响。

应材公司推出的完全集成式SmartFactory自动化套件涵盖工厂生产率、设备控制、产品质量和供应链管理等诸多方面，如图7-5所示。

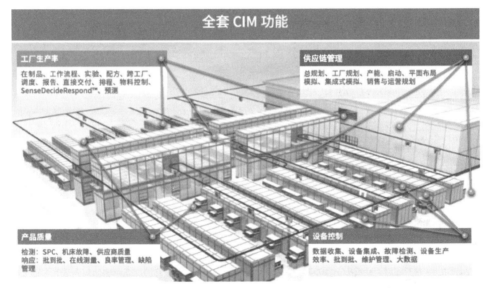

图7-5　应材公司推出的完全集成式SmartFactory自动化套件
资料来源：应材官网

集成的自动化解决方案可以利用数据来实现制造资源的规划、控制和运行的同步，从而帮助客户实现各项绩效指标的突破，包括提高机台与器件的性能、提升良率、增加收入和营利能力，并最终扩大客户的市场份额。最后，在生产进入以成本控制为主的成熟阶段时，集成解决方案可以轻松调整以适应不断变化的业务策略和状况，减少创建和维护新系统需要的昂贵成本。

7.3 泛林的设备智能

泛林（Lam Research）认为，5G、AI 和自动驾驶技术目前保持蓬勃的发展势头，这给半导体产业提出了更多的技术要求和挑战，他们需要研发下一代逻辑与存储设备。保持行业快速创新的关键是充分利用工业 4.0 技术。通过开展合作，泛林从三个维度来加快新技术的推出，即设备设计、工艺开发和良率提升。泛林把设备基于智能技术的创新方案统称为泛林设备智能（Lam Equipment Intelligence）。

- 加快设备设计：数字孪生技术可以减少物理世界的学习周期，创造更多"一次成功"的产品。一旦设计合格，就可以实现传统技术无法轻易制造的零件；
- 加快工艺开发：虚拟制造和虚拟工艺开发有望在实验设计之前，开发优化的单元工艺，并集成到整体工艺方案流中；
- 加快良率提升：机器学习可以快速识别工艺参数变动，从而尽早发现和解决问题，确保制造过程能随着时间的推移保持一致性；通过虚拟现实和增强现实技术，可以确保高质量的安装交付，现场或远程皆是如此。

7.3.1 泛林设备智能

泛林设备智能是泛林用来应对半导体智造挑战的方法论与工具集。泛在的数字技术带来了数据的巨大增长，应对这一趋势所需的制造工艺和设备复杂性面对着一系列挑战，因为每一代新设备都需要额外的创新和额外的工艺步骤，从一个节点过渡到下一个节点的时间在增加，研发和制造能力建设的成本也在增加。

泛林旨在应对这些挑战，使客户能够以更低的成本和更少的资源实现更快的技术转换，同时减少浪费。这意味着不仅要加快研发速度，实现更高的器件性能，还要以更低的成本实现大规模量产。泛林利用数字孪生/数字主线、虚拟工艺开发、智能工具和数字服务四大支柱来应对这些挑战，这些支柱在设计、开发、采购、系统支持和工艺的每个节点都纳入了数据驱动的建模、虚拟化和 AI，整体过程包括从提出概念到可行性验证，最后到大规模量产。

7.3.2 数字孪生/数字主线

40 多年来，泛林在晶圆工厂部署了数百种设备产品，并使用各种应用程序管理产品研发，创建和维护与这些产品有关的数据。这些数据从开始的纸张到文件、再到数据库不断增长,每一个数据点都是一个系统生命周期节点的标记。同时,晶圆工厂的制造执行系统(MES)管理着晶圆在制品(WIP)的流转和设备维护,因此,数据湖就从这些工艺过程和量测中形成了。此外,泛林的客户也在研发和设计上产生更多的数据,所有这些数据对设备的智能化改进至关重要——数字孪生/数字主线贯穿并联结了实现智能制造目标所需的所有资源,如图 7-6 所示。

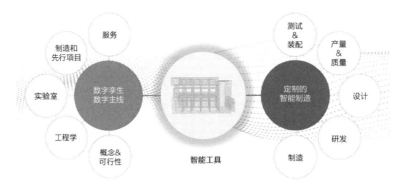

图 7-6　泛林每天可以产生近 1TB 的数据(十年前每天约 5GB)

资料来源:泛林集团官网

泛林公司的战略是以数字孪生为起点,在工具的整个生命周期中扩展数字主线的功能和价值。数据管理是第一个挑战,需要连接来自不同渠道的不断增长的数据,以便收集、整理并标记出各种特征。今天,如果仅使用高速 SECS 信息服务的接口,只能从泛林的先进工艺工具中获得 5%~10% 的数据内容,这显然是不足的。因此,泛林开发了标准接口,将更多的数据从工具转移到客户的系统中,并能够在泛林的设备与客户系统之间实现双向反馈,从而允许在泛林的平台上运行边缘计算应用以优化操控,这种数字信息的耦合与双向传输,进一步提高了系统的可用性。

7.3.3　虚拟工艺开发、智能工具与数字服务

适应摩尔定律需要增加控制参数的数量并提高控制能力。例如,泛林公司通过在蚀刻工具中增加射频发生器来提高射频频率,在引入新的蚀刻气体化学成分时,使新的输入在时间序列和振幅上都是脉冲式的。更高的能力也伴随着更多的复杂性,这需要创造一个苛刻的开发环境。例如,从 1014 个可能的工艺组合中找到一个解决方案,用于蚀刻一个 5 纳米的器件,可能需要花费数月时间进行大量的实验。这种对工艺挑战的潜在解决方案的数量增长被称为泛林定律。在过去十年里,开发和鉴定配方的成本增加了 10 倍,如果不加以控制,它将危及整体行业

的生产目标和未来产业的进步。

纯粹基于物理学的蚀刻和沉积模型有太多维度需要计算，这种密集性是难以驾驭的，且在短时间内无法产生实际效果。而虚拟工艺开发（VPD）使用可计算的模型，将物理学与机器学习和历史数据挖掘相结合，则可以快速消除不良路径并选出正确的设备变量组合，这种数字孪生正在工艺的空间内不断延伸，即使在其实施的初始阶段，也使实验设计（DoE）的数量和成本减少了20%以上。一旦发现了最佳工艺，半导体厂商必须在数百个腔体上以可接受的公差复制成功的模式，那么这个匹配腔体性能的过程就需要智能工具和服务的支持。

泛林智能工具（Smart Tools）的特点是具有自我感知、自适应和自维护能力。自我感知的工具知道安装了哪些部件、软件和配置，并能利用传感器监测关键性能指标。有了自适应能力，智能工具可以稳定地执行和调整，以补偿单元工艺漂移和来料的变化偏差，优化生产效率。通过提前安排和自动执行校准等任务，自维护能力扩展了产能的极限。例如，泛林的最新一代蚀刻产品Sense.i由Equipment Intelligence驱动，比上一代拥有更多的传感器，如图7-7所示。它可以进行自我校准，具有自我维护能力，并使用机器学习来适应工艺的变化。

图7-7 泛林的智能工具通过自我感知实现自适应和自维护

资料来源：泛林集团官网

智能工具可以通过传感器捕获和分析数据，以确定运行的模式和趋势，并锁定需要做出改进的操控运作。当与客户的工厂信息相结合时，这可以将腔体内的匹配时间从几周缩短到几天。Sense.i用于自适应学习的智能系统架构不仅可以优化单个工具的性能，还可以优化整个工具群的性能。在沉积领域，用于3D NAND堆栈沉积的VECTOR Strata、用于ALD的Striker和用于钨金属化的ALTUS LFW等工具均具备毫秒级的传感和数据监测能力，也将纳入Equipment Intelligence的范畴。设备的运维工作将继续通过软件实现自动化，而且泛林正在扩大其机群水平的分析能力和炉室匹配能力，Equipment Intelligence需要在现场拥有完整的设备数据存储仓库，允许客户进行访问和控制，这对于制程诊断、趋势分析、基于 AI 的应用开发、边缘计算，甚至工具本身计算都是必不可少的。泛林的数据存储解决方案以高密度格式将数据从公司的工具中导出，以标准接口将数据导入客户的大数据系统，并让泛林公司的专家为客户的工厂进行诊断，创建优化运维的算法。

工厂的营利能力不是取决于单一的腔室，或一个腔室队列，而是取决于随着时间的推移将这些腔室中的成功模型运用到极限的能力。智能工具为实现这一目标提供了新的机会，它允许服务数字化，并使革命性的新数字劳动力成为可能。数字化服务（Digital Services）的"良性循环"从工具数据优化开始，以确保制定正确的数据策略，使其用在正确的地方，如图 7-8 所示。接下来是为客户和现场服务工程师提供从安装到维护或故障排除的知识管理服务。

图 7-8　数字服务的良性循环有助于提高 HVM 生产力及研发的早期学习
资料来源：泛林集团官网

接下来是通过模拟和 AI 来确保工具的优化，并自动实现产能的最大化。数字化服务有助于提高可重复性，减少日常维护中的人为变异带来的误差，并在故障排除和服务任务中实现正确的目标。通过利用丰富的工具数据环境和 AI 增强的多变量分析，实现工具队列的管理和优化、队列匹配和预测性维护。最后，通过远程技术扩展专业知识，可以更快地解决问题，并使量产能力快速攀升。虽然诸多收益主要是在量产环节积累的，但它们始于研发，数字服务有助于定义和测试大规模量产所需的能力。增强/虚拟现实（AR/VR）是提供远程数字服务的关键技术，它使远程培训、专家支持和对操作过程进行实时反馈成为可能。泛林公司已经开始使用 AR/VR 对员工进行新工具的培训，它使公司能够在疫情期间继续支持客户，这与台积电的提法是一致的，台积电在疫情期间正积极采用 AR/VR 技术来进行远程的设备运维。Equipment Intelligence 技术在客户研发、良率提升和大规模量产方面提供了一致性的应用套件，提升了综合绩效和竞争优势，并最终实现更多的利润。

第3篇

管理篇：

未来科技与产业发展借鉴

第8章　未来科技与半导体智造

第9章　半导体产业展望及工业4.0创新

第 8 章
未来科技与半导体智造

8.1 超级人类与未来科技

8.1.1 从"增长的极限"到"超级人类"

1. 地球的极限与人类的无极限

人类对未来的担忧从未停止,当地球增长的极限在很大程度上是人口增长导致时,改造人类本身就成为一个不可思议但确已发生、并取得巨大突破和进展的事件。如果人类变得超级智能,他们能够创造更多的精神与物质文明,却只要消耗更少的资源,那么地球的资源依然可以视作无限。

1972 年,应罗马俱乐部[①]的要求,由大众基金资助,MIT 试验室里的几个年轻系统科学家用一种叫 World 3 的计算机模型,模拟了世界未来发展的几种情景并得出结论:如果不改变现有的经济发展政策,人类社会的增长会遇到自然资源和环境的极限,最后导致社会大崩溃。这个结论形成了一份报告《增长的极限》[②]。

耶鲁经济学者亨利·华利克在报告发布同一年的《新闻周刊》编者按中称此书为"不负责任的一派胡言",模型里的许多变量设置没有足够的依据,而数字完全来自作者的臆想,甚至从来没发表所使用的方程式。因此,两年后的 1974 年,模型作者发表了模型的具体细节。《增长的极限》的最新版本于 2004 年 6 月出版,书名是《增长的极限:30 年后的更新》。书里作者做了九种实验,测试不同的情景,得到很多非常有趣、意想不到的情况。例如,如果其他因素不变,实际的资源储备比想象的要多很多,那么经济还会持续发展,人们的总体生活水平还会继续提高,但负面作用是人们就更加没有动力去改变现状,以至于错过了最佳创新的时机。崩溃的确被大大推迟了,但等资源一旦耗尽的时候,人类的总体生活水

[①] 罗马俱乐部是由意大利学者和工业家 Aurelio Peccei、苏格兰科学家 Alexander King 于 1968 年成立的。作为一个研讨国际政治问题的全球智囊组织,其宣称组成成员是"关注人类未来并且致力社会改进的各国科学家、经济学家、商人、国际组织高级公务员、现任和卸任的国家领导人等"。

[②] 《增长的极限》(*Limits To Growth*)报告是有关环境问题最畅销的出版物,被翻译成三十多种语言。

平会有更大的下降，所谓"飞得越高则跌得越重"。在另外一些实验里，作者也测试了单纯从技术和市场的角度来解决环境问题的可能性，最后结论是在适当的领域新技术肯定是非常有用的，但单纯期待用新技术就能完全解决问题也是不可行的。关键是技术发展的滞后效应，是否能够跟上人口和经济增长造成破坏的速度。这相当于把之前确定的问题变成了开放的问题，人类可以持续繁荣，但还得看自己是消耗更多，还是创造更多。

在《增长的极限》这本书发布的时代，很多半导体公司已经成立了：1966年德州仪器、仙童和摩托罗拉这三家微处理器公司已经崛起，1972年AMD已经开始生产晶圆，1972年英特尔推出了微处理器产品——Intel 8008，这个编号正好是英特尔于1971年推出的全球第一款微处理器4004的两倍，它的规格和性能差不多也是4004的两倍。谁能想到半导体在后续的发展过程中，如此快速地将人类推向第四次工业革命，在历经近60年的历程后，同样的处理器在相同功耗和体积下可达到当初数十万倍的算力。这也并非是《增长的极限》中描述的单纯的新技术，当不断累积的渐进式创新迎来颠覆性创新的时候，它改变的是人类整体的生活工作方式，自然也改变着经济运行甚至政治体系的结构。

2. 人类在更激烈的对抗中进化

2021年，美国国家情报委员会（NIC）[①]发布报告《全球趋势2040：一个竞争更加激烈的世界》。报告的目的是预测未来20年塑造美国国家安全环境的主要因素、全球发展趋势、结构性力量、新兴动态及未来场景，以帮助美国开展长期战略规划。报告指出，五大全球发展趋势为气候变化等全球挑战增多、世界随国家文化或政治偏好分散化、现有国际体系和危机应对能力失衡、国际关系愈加紧张、各国需适应气候及人口结构等变化。曾经是NIC主要负责人之一的马修·罗伯斯对未来也有自己喜忧参半的观点。担忧的部分包括自然资源几近枯竭、气候日渐极端、世界性人口老龄化趋势。而乐观部分包括国际及国内权力的减弱和个人权力的增加、城市化进程加速、AI极大地改善人类的生活条件、机器人完全消除特定制造业的人工劳动、人类能够实现自我身体的改造。对人类的改造似乎是对增长极点提出的一种解决方案，当资源成问题的时候就改造人本身，通过改造人本身来改造新的世界。

改造人类一直是几个世纪以来人类的梦想与追求：秦始皇和吉尔伽美什国王

---

① 美国国家情报委员会（NIC）成立于1979年，主要负责协助国家情报总监的工作，统一和协调情报界的战略情报分析工作。它每4年便会发布一份全球趋势报告。2021年4月8日发布《全球趋势2040：一个竞争更加激烈的世界》报告是自2010以来的第六版报告。

曾经寻找不死之身；希腊神话中那位特洛伊则是战争中无坚不摧的士兵；卡洛斯和代达罗斯代表了人类对飞行的向往；蜘蛛人和蚁人则代表拥有人类与动物融合能力的人类。如今这一切不再只存在于神话、传说和幻想中，科学和技术的进步使一些超人的能力越来越现实化，电子与信息技术在生物学和医学中的应用对健康和福祉产生了重大影响。

超人类主义（Transhumanism）的畅想由来已久。超人类主义一词是由英国生物学家和哲学家朱利安·赫胥黎在1957年的同名文章中创造的。超人类主义认为：人类增强技术的研究和开发，将增强或增加人类的感官接收、情感能力或认知能力，并从根本上改善人类健康并延长人类寿命，这种因添加生物或物理技术而产生的修改或多或少是永久性的，并会融入人体。PayPal的共同创始人、Facebook的投资人彼得·蒂尔（Peter Thiel）正致力于找到极大延长人类寿命、特别是自己寿命的新事业；谷歌的工程师总监雷·库兹韦尔（Ray Kurzweil）每天吞服150片药丸（大部分是维他命），他预言说如果自己可以活到120岁，那么他将迎来永生的机会——他设想关于恢复衰老身体的分子和细胞结构的知识会飞速增长。他也是"技术奇点"（Technological Singularity）概念的提倡者，"技术奇点"代表一个时间点，此时AI将带来"新的人类配方，也就是人和机械的混合"，技术奇点能让人类超越生物体的局限性，获得决定自己命运的能力。谷歌已经在抗衰老研究上投入数亿美元。

技术的进步支持开发新的系统，可以在便携式设备或智能手机上提供诊断信息。电子技术的规模不断缩小到原子级，系统、细胞和分子生物学的进步有可能提高医疗保健的质量并降低其成本。临床医生可以从复杂的传感器、成像工具和众多其他来源，包括个人健康电子记录和智能环境中普遍获得新的数据。AI可以帮助临床医生从这些海量的数据中找出规律，为病人提供更好的选择。不仅如此，多项技术正被用来实现增强人类自身的能力，包括：

- 生物电子学：在身体上添加电子设备或替代物。
- 增加感官：视网膜植入、人工耳蜗植入。
- 大脑干预：升级大脑的方法和技术。植入大脑的人工部分（如神经假体），或改变大脑的药物（嗜睡剂）。
- 四肢的仿生学和外骨骼：人工替代的仿生手臂或腿，可用外骨骼在外部提供援助。
- 基因改造：使用基因疗法来治疗由特定基因缺陷引起的致命疾病。在未来，我们也能够分析和编辑基因，以增强我们自己。

如上所述，随着技术的进步，未来的人们可能会像今天做整容手术一样选择增强他们的身体机能；未来的视网膜植入可能让人们拥有"夜视力"；增强神经元会提供超强的记忆力或快速的思考能力；神经药物会让人们长时间集中精神或是增强他们的学习能力。

2021年，美国陆军的一段视频展示了其对转基因超级战士的概念。视频中的"神经增强"意味着超级人类的属性，即通过脑机接口（一种特殊的植入物）将人与计算机连接起。DARPA雄心勃勃的研究计划是把士兵变成具有类似心灵感应能力的自我修复超人，他们在战场上不受蚊虫叮咬，通过脑机接口以心灵感应的方式驾驶或控制多达250架无人机，通过组织再生和神经技术快速自愈。他们跑得很快，很少睡眠和吃喝，比普通人类战斗的时间更长。2013年，美国特种部队的指挥官威廉·麦克雷文在一次会议中提议设计一种战术突击轻型操作服TALOS，即依靠高科技材料，从全方位保护士兵的安全并提高士兵的作战能力。

3. 生物电子学的惊人突破

实现超级人类重要的一个分支是生物电子学。生物电子学认为：生命健康的关键是能够实现自我调节，自我调节机制的主要方式是基于人体自身传感和驱动的反馈控制，当这种控制环路功能失调的时候，往往会导致疾病或死亡。那么要获得健康长寿，只需要保障这种控制环路的正常运行就可以了。生物电子学研究如何在生命体上添加电子设备或替代物，将电子器件与生物系统连接起来，从而强化、维持和修复生物过程的传感和驱动机制。从最简单的单细胞生物到复杂的动物这项应用都适用。

在生物电子学的进程中，最令人惊奇的无疑是改造大脑。早在2007年，西雅图华盛顿大学的Paul G. Allen、Elizabeth Hwang、Rajesh Rao已经证明，一个人可以通过产生反映指令的适当脑电波，"命令"一个机器人移动到特定的位置并拾起特定的物体。实验的操作者戴着一顶点缀着32个电极的帽子，电极基于一种称为脑电图的技术从头皮接收大脑信号。操作者通过两个摄像头在计算机屏幕上观察机器人的动作，将简单指令通过"意念"发送：指示机器人向前移动，从两个可用对象中选择一个，将其拾起，然后带到两个位置的其中一个。初步结果显示，选择正确对象的准确率为94%。它具体的操作过程也不复杂：首先，机器人通过摄像头可以看到可供拾取的物体，并将其传送到用户的计算机屏幕上，操作者看到机器人要捡起的物体时，大脑会感到"惊讶"，此时计算机通过电极帽子检测到这种"惊讶"的大脑活动模式，并将其传回给机器人，然后机器人继续拾取选定的对象。这个实验虽然不复杂，但证明了人类如何使用大脑信号来控制机器人。

还有，大脑信号的技术是非侵入性的，但这意味着我们只能从头部表面的传感器间接获取大脑信号，它并不需要对人脑植入任何器件，不会造成身体的任何伤害。

想要完成更为复杂的意念控制，还需要在电子生物方面更进一步，开发更为复杂的脑机接口。Neuralink 是硅谷钢铁侠马斯克创办的在特斯拉汽车公司和 SpaceX 航天公司之外的另一家公司，这是一家研发脑机接口（Brain-Computer Interface，BCI）技术的公司。脑机接口在大脑与外部环境之间建立一种全新的不依赖于外周神经和肌肉的交流与控制通道，从而实现大脑与外部设备的直接交互。脑机接口技术被称作是人脑与外界沟通交流的"信息高速公路"，它为恢复感觉和运动功能以及治疗神经疾病提供了希望。当然，它也可以实现人类对自身的改造，让人类大脑"升级"，成为超级人类。美国匹兹堡大学物理医学与康复学助理教授 Jennifer Collinger 认为：马斯克试图在医疗技术这一困境领域中开展真正的"颠覆性创新"（Disruptive Technology）。

2020 年 8 月，马斯克通过在线直播展示了三只实验的小猪。其中一只被称为 Gertrude 的小猪被植入芯片设备已有 2 个月，它的生活质量并未受影响——根据现场直播的情况来看，小猪的状态不错，它在跑步机上运动时，其大脑信号可被实时收集到，脑电路图对于小猪行为轨迹的预测和实际值非常相似，如图 8-1（a）所示。

2021 年 4 月，Neuralink 对外发布了新的视频。视频中，一只名为 Pager 的 9 岁猕猴仅用其大脑就能控制光标在屏幕上移动，玩起"意念乒乓球"（MindPong）游戏，如图 8-1（b）所示。这么神奇的事，Neuralink 是如何在猴子身上做到的呢？最初的时候，猕猴脑部的运动皮层被植入了 2 个电极阵列，这时猕猴使用控制杆来与计算机互动，并通过金属吸管品尝美味香蕉奶昔获得奖励。电极阵列可以记录猕猴使用操纵杆玩乒乓球游戏时的神经活动。这些数据每 25 毫秒通过蓝牙传输到解码软件，解码软件建立了神经模式与猴子预期动作之间关系的模型。有些神经活动可能与操纵杆的向上运动有关，而另一些则可能表示杆的向下运动。随着时间的推移，解码软件可以仅仅根据大脑活动预测运动的方向和速度。后来，科学家们撤掉了操纵杆。可以看到的是，仅通过大脑活动和解码软件，猕猴就可以控制光标，在屏幕里继续玩乒乓球游戏。这个实验虽然只是在部分动物身上获得了成功，但给出的启示却是惊人的：只要我们从脑中读出相应的信息，就可以直接控制周边的环境，"心灵操作"成为现实。例如召唤你的特斯拉不再需要走过去，也不需要打开手机 App，只是在心里一想，车就会自动开到离你最方便驾驶的地点。当然手机就更不需要接触了，你动动意念，手机就会按你的需要进行操作。这一切听起来很科幻，但正在一步步成为现实。

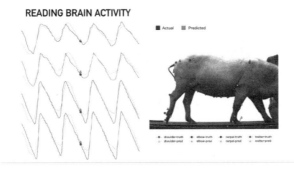

(a) 实时读取植入芯片的猪脑的活动信息

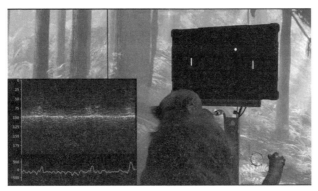

(b) 猴子通过植入芯片用意念玩乒乓球游戏

图 8-1　脑机接口实验

资料来源：Neuralink

　　Neuralink 的实验引发了很多争议，即使不说伦理问题，也有诸多挑战。首先是动物保护主义者的愤慨与指责，其次是诸多科学家对信号处理能力在脑科学方面的学术贡献不屑一顾，因为动物脑与人脑完全是两码事，人脑复杂的认知系统远不像动物那样简单与笨拙。再者，脑机接口也带来了人脑与生命健康、电子病毒入侵等新奇问题。但科技就是这么有魅力，大胆的跨界创新实践对于人类社会发展的贡献是巨大的。在先进制造业，我们正需要太多的像马斯克这样的思想实践家。

　　在 Neuralink 之外，被 Facebook 收购的 CTRL-Labs 已经实现了捕捉肌电信号与脑电信号，并完成设备控制。CTRL-Labs 已经把该技术用于笔记本电脑控制，能够在没有任何动作的情况下操作鼠标和键盘。在并入 Facebook 的虚拟现实部门后，未来其能够把脑机接口技术与 Oculus VR 结合，优化用户体验并减少 VR 所需的活动空间。国内在侵入式脑机接口较为领先的研究机构包括浙江大学和北京脑科学与类脑研究中心的团队。2020 年初，浙江大学附属医院就完成了国内首例 Utah array 电极植入，帮助病人实现日常生活行动。

8.1.2 中国"十四五"规划的七大前沿科技

根据《中华人民共和国国民经济和社会发展第十四个五年规划和2035年远景目标纲要》（以下简称《纲要》），"十四五"时期，我国将瞄准集成电路、AI、量子信息、脑科学、深空/深地/深海等前沿领域，实施一批具有前瞻性、战略性的国家重大科技项目。回顾"十三五"，我国研发经费支出、专利授权量不断增长，国家创新体系也不断完善，如图8-2所示。

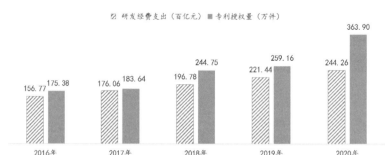

图 8-2　2016—2020 年中国研发经费支出及专利授权量增长情况
资料来源："十四五"规划纲要、中国统计年鉴（2020）、国家统计局，前瞻产业研究院整理

对比"十三五"规划纲要的专项重点，在《纲要》中，量子信息、"三深一地"探测、脑科学研究等继续成为"十四五"期间的发展重点；而集成电路、基因与生物技术、临床医学与健康等则成为新增的发展重点。此外，《纲要》中提出：适度超前布局国家重大科技基础设施，提高共享水平和使用效率。国家重大科技基础设施的类型包括战略导向型、应用支撑型、前瞻引领型和民生改善型。对比"十三五"规划纲要的主要发展指标，《纲要》中对"每万人高价值发明专利拥有量"和"全社会研发经费投入增速"提出了预期性的发展指标，如图8-3所示，且强调了"高价值"创新和"高强度"的研发投入。

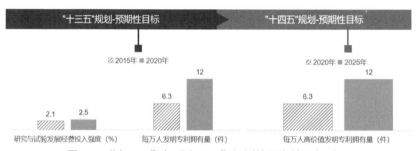

图 8-3　"十三五"与"十四五"规划的预期性目标对比
资料来源："十三五"规划纲要、"十四五"规划纲要，前瞻产业研究院整理

集成电路产业是信息产业的核心，是引领新一轮科技革命和产业变革的关键力量。"十三五"以来，我国集成电路产业快速增长，2020年，集成电路产业销售额达8848亿元，平均增长率达到20%，为同期全球产业增速的3倍。但同时，我国集成电路的进出口贸易逆差总体扩大，2020年达2334.4亿美元。在全球集成电路产业的竞争格局中，目前仍以美国"一家独大"，中国大陆、韩国快速发展，而欧洲、日本、中国台湾则有所衰退。在国家政策和市场需求的驱动下，国内涌现出一批龙头企业。在集成电路设计环节，有海思半导体、豪威集团、智芯微电子等企业；在集成电路的研发创新方面，2020年，浪潮智能、华虹集团和长江储存科技的专利公开量排名靠前。根据《纲要》，"十四五"期间，我国集成电路产业将围绕技术升级、工艺突破、产业发展和设备材料研发四个方面重点发展。2014年，国务院为支持集成电路产业的发展，印发了《国家集成电路产业发展推进纲要》，提出了我国集成电路产业在2015—2030年的发展目标，并从集成电路设计业、制造业、封测业和关键装备、材料四个方面提出了主要任务和发展重点，分别是着力发展集成电路设计业、加速发展集成电路制造业、提升先进封装测试业发展水平和突破集成电路关键装备和材料。根据《国家集成电路产业发展推进纲要》中提出的发展目标，至2015年，集成电路产业销售收入超过3500亿元；至2020年，全行业销售收入年均增速超过20%，截至2021年3月末，这两项目标均已完成。展望2030年，我国集成电路产业链主要环节预计可达到国际先进水平，一批企业进入国际第一梯队，实现跨越发展。另根据国家制造强国建设战略咨询委员会发布的《中国制造2025》重点领域技术路线图，针对集成电路产业的市场规模、产能规模等提出了具体的量化发展目标。除"十四五"时期集成电路产业各省市发展目标之外，全国各省市也围绕集成电路产业的产业规模、龙头企业数量等内容，提出了"十四五"时期的发展目标。

新一代AI基于新一代信息技术的发展和人类智能活动规律的研究，模拟、延伸和扩展人类智能，其呈现出深度学习、跨界融合、人机协同、群智开放和自主智能的新特点。回顾"十三五"，我国在AI领域各顶级国际会议上的活跃度和影响力不断提升，在自动机器学习、神经网络可解释性方法、异构融合类脑计算等领域中都涌现了一批具有国际影响力的创新性成果。"十三五"以来，我国AI企业的国际竞争力也日益凸显。截至2019年末，我国约有797家AI企业，占全球AI企业总数的14.8%，数量仅次于美国；同时，据中国科学院大数据挖掘与知识管理重点实验室公布的"2019年全球AI企业TOP 20榜单"，中国有7家企业上榜，且中国有5家企业排名榜单前十。

根据《纲要》,"十四五"期间,我国新一代 AI 产业将着重构建开源算法平台,并在学习推理与决策、图像图形等重点领域进行创新。同时,根据国务院于 2017 年 7 月印发的《新一代 AI 发展规划》,提出了面向 2030 年我国新一代 AI 发展的六项重点任务(如表 8-1 所示)。预计到 2025 年,我国 AI 基础理论实现重大突破,部分技术与应用达到世界领先水平,AI 成为带动我国产业升级和经济转型的主要动力,智能社会建设取得积极进展,AI 核心产业规模将超过 4000 亿元,带动相关产业规模超过 5 万亿元;到 2030 年,我国 AI 理论、技术与应用总体达到世界领先水平。为加快落实《新一代 AI 发展规划》,科技部于 2019 年 8 月印发《国家新一代 AI 创新发展试验区建设工作指引》,旨在有序推动国家新一代 AI 创新发展试验区建设。截至 2021 年 3 月末,我国已有 14 个市及 1 个县获批建设试验区;至 2023 年,试验区数量预计将达 20 个左右。

表 8-1　2030 年我国新一代 AI 发展的六项重点任务

重 点 任 务	实 施 路 径
构建开放协同的 AI 科技创新体系	● 建立新一代 AI 基础理论体系 ● 建立新一代 AI 关键共性技术体系 ● 统筹布局 AI 创新平台 ● 加快培养聚集 AI 高端人才
培育高端高效的智能经济	● 大力发展 AI 新兴产业 ● 加快推进产业智能化升级 ● 大力发展智能企业 ● 打造 AI 创新高地
建设安全便捷的智能社会	● 发展便捷、高效的智能服务 ● 推进社会治理智能化 ● 利用 AI 提升公共安全保障能力 ● 促进社会交往共享互信
加强 AI 领域军民融合	● 强化新一代 AI 技术对指挥决策、军事推演、国防装备等的有力支撑,引导国防领域 AI 科技成果向民用领域转化应用 ● 鼓励优势民口科研力量参与国防领域 AI 重大科技创新任务,推动各类 AI 技术快速嵌入国防创新领域
构建泛在、安全、高效的智能化基础设施体系	● 网络基础设施 ● 大数据基础设施 ● 高效能计算基础设施
前瞻布局新一代 AI 重大科技项目	● 针对我国 AI 发展的迫切需求和薄弱环节,设立新一代 AI 重大科技项目。加强整体统筹,明确任务边界和研发重点,形成以新一代 AI 重大科技项目为核心、现有研发布局为支撑的"1+N" AI 项目群 ● 重点是加强与新一代 AI 重大科技项目的衔接,协同推进 AI 的理论研究、技术突破和产品研发应用

资料来源:国务院《新一代 AI 发展规划》

大脑是人类最重要的器官，理解大脑的结构与功能是 21 世纪最具挑战性的前沿科学问题。脑科学研究既对有效诊断和治疗脑疾病有重要的临床意义，还可推动新一代 AI 技术和新型信息产业的发展。近年来，美国、欧盟、日本等地区纷纷宣布启动脑科学研究，即"脑计划"；经过多年的筹划，中国脑计划也于 2016 年正式启动。"十三五"期间，成立了北京脑科学与类脑研究中心、上海脑科学与类脑研究中心，均已启动"脑科学与类脑智能"地区性计划，开始资助相关研究项目；各高校也纷纷成立类脑智能研究中心。同时，据科技部发布的《国家重点基础研究发展计划（含重大科学研究计划）结题项目验收结果（2016—2019 年）》，其中有关中国"脑计划"的项目也陆续验收通过。中国脑科学计划以"一体两翼"为结构，即以研究脑认知的神经原理为基础，用以研发重大脑疾病的治疗方法和推动新一代 AI 的发展。根据《纲要》，"十四五"期间我国脑科学与类脑研究将围绕脑认知原理解析、脑介观神经联接图谱绘制、脑重大疾病机理与干预研究等五项重点展开。根据科技部于 2021 年 1 月公布的《科技创新 2030——"脑科学与类脑研究"重大项目 2020 年度项目申报指南（征求意见稿）》，脑科学与类脑研究重大项目 2020 年度围绕脑认知原理解析等五个方面部署研究任务，实施期限一般为 5 年。2020 年 11 月初，科技部召开了中国脑计划第一次中心专家会议，会议透露：未来国家将出资 540 亿元正式推进中国脑计划的发展。

以量子计算、量子通信和量子测量为代表的量子信息技术已成为未来国家科技发展的重要领域之一。"十三五"以来，国家高度重视和支持量子信息领域的发展，三大领域的发展态势总体向好。其中，量子通信的科研基本与国际同步，但量子计算的前沿研究等与欧美存在较大差距，量子测量的商业化和产业化也仍有一定差距。近年来，全球科技巨头纷纷布局量子计算领域；同时，在各国政府、投资机构的推动下，量子计算领域的初创企业大量涌现。根据《纲要》，"十四五"期间，我国量子信息领域的科技攻关任务围绕量子通信技术研发、量子测量技术突破和量子计算产品研制展开。研究机构和企业的布局也表明了"十四五"量子信息产业的发展方向。量子信息三大领域的发展定位及应用前景如图 8-4 所示。

大数据预测分析和咨询服务公司 Valuenex 对量子技术相关专利的分析显示，整体来看，中国拥有 3000 多项量子技术相关专利，大约是美国的两倍。如图 8-5 所示，在量子通信和密码学方面，中国处于领先地位。在该领域与硬件相关的专利中，华为以 100 项专利排名第二，北京邮电大学以 84 项专利排名第四。中国公司在量子通信和密码学领域也拥有许多软件技术专利。2016 年，中国成功发射了全球第一颗量子科学实验卫星"墨子号"，在激烈的全球竞争中能取得这一突破，实属不易。

	量子计算	量子通信	量子测量
发展定位	• 为计算困难问题提供高效解决方案,实现突破经典计算极限的算力飞跃 • 量子计算与经典计算长期并存,相辅相成	• 连接量子信息处理节点构成量子信息网络;量子密钥分发服务于经典通信加密 • 量子通信与经典通信应用场景不同	• 实现物理量测量和信息获取的精度、分辨率、稳定度等性能指标进一步提升 • 经典测量到量子测量是发展必然趋势
应用前景	• 近5年:基于含噪声中等规模量子处理器(NISQ)和云平台探索具备实用化价值的应用算例 • 远期:大规模可编程容错量子计算机及其应用	• 近5年:量子信息网络关键技术突破,实验网络和标准体系建设;量子保密通信商用化探索 • 远期:量子通信与量子计算融合形成量子信息网络	• 近5年:新一代定位、导航和授时系统,微弱磁场和重力场测量系统,高灵敏度成像系统 • 远期:小型化和商用化量子测量系统和量子传感器

图 8-4 量子信息三大领域的发展定位及应用前景

资料来源:中国信通院《量子信息技术发展与应用研究报告(2020 年)》《济南市量子信息产业发展规划(2019—2022 年)》,前瞻产业研究院整理

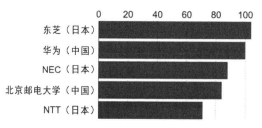

图 8-5 与量子通信和密码学中的硬件有关的专利数量

资料来源:Valuenex 2021 研究报告

在量子计算领域,我国科技巨头阿里巴巴、腾讯、百度和华为通过与科研机构合作等方式成立量子实验室,布局量子处理器硬件、量子计算云平台等领域;而初创公司"本源量子",则在量子处理器硬件、开源软件平台和量子计算云服务等方面进行探索。在量子通信领域,国内企业纷纷布局,其中三大运营商一方面助力量子通信的应用落地,另一方面也不断创新应用技术、提升通信等行业的安全标准。

临床医学研究一直是我国医学科技发展的薄弱环节。"十三五"以来,我国医学实验室、药物临床试验机构、国家临床医学研究中心等平台建设工作不断推进,截至 2020 年末,科技部共公布了四批国家临床医学研究中心,数量达 51 家。此外,中国的临床医学研究论文数量增长迅速,2018 年以 4.43 万篇位居全球第二,占全球比重也从 2009 年的 5.06% 提升至 13.57%。国家临床医学研究中心的建设是有效强化我国医学创新能力的重要举措。根据《纲要》,"十四五"期间,我国临床医学和健康领域将重点聚焦癌症和心脑血管等发病机制基础研究、主动健康

干预技术研发等四项任务。同时，我国部分省市也制定了"十四五"期间临床医学研究中心的建设目标。

探索浩瀚宇宙是全人类的共同梦想。从全球深空探测的现状看，月球和火星是世界各国首要的探测目标。截至2020年3月，全世界先后实施了240余次深空探测活动。其中，美国处于领先位置；而中国起步较晚，但成功率达100%。"十三五"时期，我国首次火星探测任务"天问一号"正式实施。截至2020年末，全球在轨深空探测任务共计35个，其中中国在轨深空探测任务共有4个。同时，中国大陆地区共有19家高校、研究机构、企业成为国际宇航联合会的会员单位，大部分位于北京市，说明我国航天领域的国际影响力进一步加强。根据《纲要》，"十四五"期间，我国深空探测领域将开展四项攻关任务，内容涉及基础科学研究、星级探测、探月工程四期建设和重要设备的研制。

在人类发展的四大战略空间（陆/海/空/天）中，海洋是第二大空间，也是生物、能源、水等资源的开发基地。随着深海工程技术的进步，深海探测正成为国际地球科学的研究前沿。深海探测技术体系包括深海运载器探测技术、深海传感探测技术和深海取样探测技术，"十三五"期间，我国深海装备项目取得重要进展。深地探测是了解地球深部构造、物质成分分布及演化规律的重要手段。"十三五"期间，我国深地探测研究主要开展了深地资源勘查开采重点专项（2016年）和深部探测地质调查项目（2016—2018年），并取得了多项进展。

极地科考是一个国家综合国力、基础工业和高科技水平的综合体现，而极地装备是我国开发、利用、保护极地地区的重要保障。目前，我国极地装备发展已取得一定进步，但在主要技术、核心装备等方面的需求较为紧迫。根据《纲要》，"十四五"期间，我国深地、深海、极地探测领域将围绕基础科学研究、关键装备和技术的研制等方面进行重点攻关。同时，根据"十四五"国家重点研发计划，"深海和极地关键技术与装备"共有11个重点任务。根据科技部印发的《"十四五"国家重点研发计划"深海和极地关键技术与装备"重点专项》，"十四五"期间，"深海和极地关键技术与装备"重点专项将着眼于三大发展目标，执行期为2021—2025年。

8.1.3 欧美未来科技预测及策略

2021年，美国银行策略师发布的一份"登月计划"公布了14大未来颠覆式科技。14大科技分为四个类别，分别是计算科技、超级人类科技、消费科技与绿色科技。计算科技不同于计算机科技，计算机科技自1946年世界第一台计算机问世就诞生了，而计算科技是在 AI 有了足够算力和算数的前提下才得以蓬勃发展的。如图 8-6 所示，在计算科技领域，下一代的科技包括 6G 通信、情感 AI（Emotional AI）、脑机接口（Brain Computer Interfaces）；在超级人类科技方面，包括仿生人（Bionic Humans）、长生不老（Immortality）、合成生物学（Synthetic Biology）；消费科技方面包括无线电力（Wireless Electricity）、全息技术（Holograms）、元宇宙（Metaverse）、飞行汽车（eVTOL）；绿色科技方面包括海洋技术（Oceantech）、新一代电池（Nextgen Batteries）、绿色矿业（Green Mining）、碳收集和储存（Carbon Capture & Storage）等。报告认为这些科技目前价值 3300 亿美元，到 2030 年价值将达到 6.4 万亿美元。

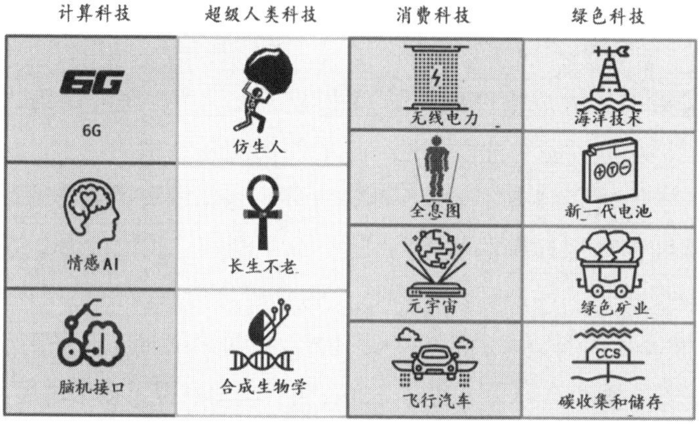

计算科技	超级人类科技	消费科技	绿色科技
6G	仿生人	无线电力	海洋技术
情感 AI	长生不老	全息图	新一代电池
脑机接口	合成生物学	元宇宙	绿色矿业
		飞行汽车	碳收集和储存

图 8-6　14 种颠覆式创新科技
资料来源：美国银行

2021 年 3 月 9 日，欧盟委员会在 2020 年推出《数字市场法》和《数字服务法》的基础上，正式发布了《2030 年数字指南针》规划，提出数字化转型最新目标，旨在提升欧洲企业和公共服务的数字化程度，改善欧洲人的数字技能，并升级数字基础设施。2030 年数字化转型的最新目标：攻克 2 纳米先进制程，将其在世界芯片市场份额扩大一倍，5 年内制造首台量子计算机，人口密集区实现 5G 全覆盖。并承诺在当前 10 年内投入 1500 多亿美元发展下一代数字产业。图 8-7 为 2030 年欧盟目标数据与当前基线数据的对比。

无论是哪种未来的科技，都离不开智能软件的加持，事实上所有的高科技都是建立在目前的大数据及 AI 的基础之上。场景是需求、硬件是载体、网络是通信保障，数字神经的核心——软件则定义了整个系统的智能水平。商用软件也好，工业软件也罢，软件定义了如何安全稳健地运行控制，以及如何达到最佳的个性化体验。

分类		2020年基线	2030年目标
信息和通信技术专家数量		780万人（2019年）	2000万人
通信互联	千兆网覆盖率	59%	100%
	5G覆盖率	14%（2021年）	全部人口密集地区
半导体	全球产值占比	10%	20%
边缘/云	气候中性高度安全边缘节点数量	0	10000
量子计算	有量子加速功能的计算机数量	0	到2025年有第1台
数字技术	云计算、大数据、人工智能等领域的企业数量	云计算：26% 大数据：14% 人工智能：25%	75%
数字"晚期采用者"	达到数字强度平均水平的中小企业数量	60.6%（2019年）	90%以上
创新企业	独角兽数量	122（2021年）	244
关键公共服务	覆盖公民及企业占比	公民：75/100 企业：84/100	100%
政府平台	可访问医疗记录的公民占比 可使用数字身份证的公民占比	0 暂无基准	100% 80%

图8-7　2030年欧盟目标数据与当前基线数据的对比

资料来源：欧盟《2030年数字指南针》

8.2　半导体智造的远景方略

8.2.1　半导体未来十年发展与挑战

2022年毕马威的《全球半导体行业展望》显示，95%的半导体行业领导者预测其收入将在未来几年增长，34%的领导者表示将增长20%以上。为了更好地响应客户需求，领导者更多地关注终端市场，例如汽车、通信等。然而，56%的人预计该行业的短缺将持续到2023年。这就是为什么60%的领导者会在未来12个月内对他们的供应链进行变革。无线通信、汽车和互联网预计将在未来几年为大量的公司带来营业额的增长。这意味着应优先考虑培养人才和留住人才，使供应链更加灵活并进行并购。

就如同摩尔定律并非只是对一种技术的迭代规律做出假设，它更是对半导体所能产生的计算能力对应的市场扩大做了一个判断，即市场需求不断推动技术更新，而技术更新的成果又不断推动了社会进步，产生了近60年以来的正向循环规律，这样年复一年，算力已提升万亿倍。

未来十年，半导体技术的突破依赖两个维度：内部整合优化与外部跨界拓展。内部整合优化是指基于整体解决方案的优化，包括材料、结构、仪器、电路、架构、算法、软件和应用,这是通过软硬件一体化的优化来实现的,也就是说通过这些要素更好地结合就能产生新的创新与突破,对于我国来说显然在算法和应用端是比较强的。外部跨界拓展是通过互相关联的多学科研究实现突破,包括电子工程、生物科学、化学科学、物理科学、材料科学、神经科学、计算机工程、机器学习、计算机科学等。生物电子学就是半导体与神经科学的结合,而前文提及的超级战士是半导体与物理科学、化学科学、神经科学、计算机科学等多项学科的跨界研究与突破。

半导体的快速发展使海量数据得以产生,但是,半导体却无法按人们的需求足够好地完成所有数据的处理,就好比一艘吨位不断升级的渔船,越是拥有更大的捕捞能力,越是无法立即烹饪好所有捕获的海鲜一样。现在,人们需要半导体技术再次进步来管理海量数据,需要对数据进行汇聚、迁移、存储、计算并转换为终端用户信息。

半导体的一路蓬勃发展也带来了新的困惑与挑战。人类感知世界的声音、色彩、味道都是通过模拟形式的输入发生的,而不是对 1 或 0 的理解,那是计算机底层一个个晶体管通过开合完成的工作。模拟电子学帮助我们处理现实世界中多种形态的连续可变信号(与数字电子学相反,数字电子学的信号通常是标准形状,只有 1 或 0 两级)。如图 8-8 所示,模拟电子学领域包含了多个维度,包括物理世界的界面、通信、计算、数据转换、解释、控制、能量等。为了让人类更好地感知世界,需要在外部世界和机器之间提供界面并提供生物启发的解决方案,这些界面能够基于超压缩的传感能力和低操作功率来感知和推理。物理世界本身就是模拟的,而"数字社会"对先进的模拟电子技术提出了越来越高的要求,以实现

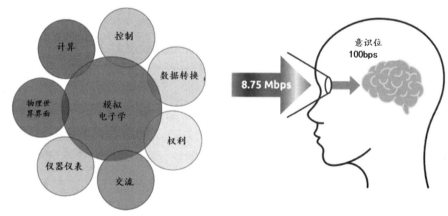

图 8-8 人类对物理环境产生信号的感知只有外部信息的 1%
资料来源:Semiconductor Research Corporation

物理世界和计算机世界之间的互动。元宇宙将成为人类与外部物理世界有效互动的方法，包括 AR、VR、MR、ER 等，这些新的基于 3D 的立体体验都需要更庞大的算力及算法，这就需要在更多的数据、更好的体验与更有效的感知之间做出最优化的设计和选择。

人类感知和捕捉的数据量看似十分庞大，但对于外部的物理世界来说只是冰山一角，其理解的能力是非常有限的。未来的模拟电子技术有巨大的机会，可以增强人类的感官系统，这预计将产生重大的经济和社会影响。世界产生模拟数据的能力将增长得更快，这种情况在不久的将来会愈发严重，届时来自我们生活以及物联网传感器的数据可能会造成模拟数据的泛滥。

对于许多实时应用，数据的价值是短暂的，有时只有几毫秒。数据必须在这个时间范围内被利用，而且在很多情况下，出于延迟和安全的考虑，必须在本地利用。因此，追求信息处理技术的突破性进展（如开发能够从原始传感器数据中理解环境的分层感知算法）是一项基本要求。在输入/输出边界收集、处理和通信模拟数据的能力，对于未来的物联网和大数据世界至关重要。为了满足未来的传感和通信需求，需要将模拟技术推进到太赫兹系统。

综上，未来半导体和信息通信技术的颠覆性转变的五个技术方向如下：

- 智能传感改进——应对泛滥的模拟数据，需要在模拟硬件方面取得根本性的突破，以产生更智能的界面，使其能够感知、觉察和推理。
- 内存和存储突破——内存需求的增长将超过全球硅的供应，需要发现新的存储系统和存储技术，开发新兴的存储器/存储器结构，其存储密度达到目前的 10～100 倍。
- 通信强化——开发智能和灵活的网络，有效地利用带宽，使网络容量最大化。
- 安全提升——需要在硬件研究方面取得突破，以应对高度互连的系统和 AI 中出现的安全挑战。例如，打造值得信赖的 AI 系统、安全的硬件平台，以及新兴的后量子和分布式加密算法。
- 能源效率提高——不断上升的计算能源需求与全球能源生产相比，正在产生新的风险，需要设计和建立具有全新计算轨迹的架构，达到比目前能提升百万倍的能耗改善。

8.2.2 半导体智造方略

每个半导体制造机构都需要将智能制造纳入其整体战略计划，智能制造策略可以让厂商在竞争中获胜，实现高可靠、高良率和高产能。在此，我们将探讨其中一些新技术的方法及应用,包括数字孪生、完全整合 MES 与排程、简约连贯的过程控制、通过高级分析技术获得洞察及数字化主线。

1. 数字孪生

作为一个包含物理系统所有信息的虚拟系统,数字孪生的概念大约是在 2002 年首次被提出应用于制造业。相对于静态的模型,数字孪生通过虚拟视图可以获得对产品、生产和性能的更全面的信息。对于晶圆工厂而言,数字孪生设施作为建筑物和设施系统的虚拟数字模型是非常关键的元素。从晶圆工厂厂房设计开始,到建造过程中的开发和维护,数字孪生设施即开始持续收集、处理和响应实时数据,模型可以反映出从投资阶段到结束时的竣工建设状态,并连接到其他系统,例如制造执行系统(MES)、企业资源规划(ERP)系统和核心设施监控系统(FMCS)。FMCS 可以监控和维护所有设施系统和功能,并保障其稳定可靠运行。除了 FMCS,数字孪生设施还接受和处理来自其他物联网传感器的数据,并在辅助智能 FMCS 模块中运用实时专家决策和行动的高级分析方法。

在晶圆的制造过程中,两个重点指标是良率和产能。先进的设备从供应商那里得到的是一个三维模型,工程师们通常也会有他们开发的模型来模拟生产线或流程,这些都可以构成模拟工艺、生产流程和结果的基础。数字孪生产品、生产、性能相互支持,以获得洞察和持续改进,如图 8-9 所示。

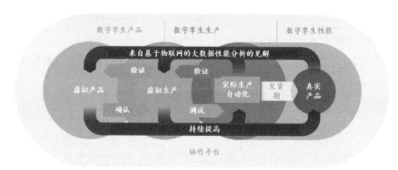

图 8-9 数字孪生产品、生产、性能相互支持,以获得洞察和持续改进
资料来源:SIEMENS

对照正在运行中的工厂,通过数字孪生进行模拟也很有用。随着材料、产品、产品组合或客户对参数要求的变化,数字孪生可以帮助优化新的设备设置和标准操作程序。这些模拟也可以加速新产品的引进,并提供快速从原型到全量生产的能力,以达到应有甚至超额的产量。

2. 完全整合 MES 与排程

与手工排程相比,与 MES 的整合排程也是智能制造的重要工作。半导体市场的竞争向来激烈，随着产品组合的增长和利润的压缩，有限的生产排程对半导体公司来说越来越重要。这种细致的调度水平逐渐超出了基本的生产计划所能承受的极限。图8-10列出了产线在运行一个班次时所需要知道的诸多问题。相对于左边传统的计划排程，右边的智能制造排程具有准时的流程和明智的资源使用计划。

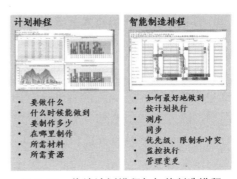

图 8-10　传统计划排程与智能制造排程

资料来源：SIEMENS

排程和 MES 完全整合，创造了一个不断更新的环境，在资源限制下，每个工作站接下来要做什么。使试运行和试产安排在风险最小的生产延迟运行之中。对于大多数公司来说，这将需要新的软件来实现。传统的独立调度系统和旧的 MES 不提供这种水平的整合。

3. 简约连贯的过程控制

正如大多数传统 MES 的使命是生产自动化一样，其平台的目的是维持 365 天 × 24 小时的不间断稳健运营，这些 MES 原本并不是为了今天的智能制造系统而设计的，因此在处理大数据和 AI 方面捉襟见肘。如果一定要增强其智造功能，显然对于铁板一块的 MES 来说是增加了额外的风险，而可能导致生产制造的波动和不稳定，因此没有太多半导体厂商愿意冒着风险去尝试。

MES 由于其复杂性在经历漫长的调试获得稳定效果后并不可能经常更换。那么传统 MES 如何发挥出智造的能力呢？这是半导体厂商及其供应商共同面临的挑战。在没有新的 MES 替代之前，需要与智造体系相结合。当然，这种整合并不需要在一个系统中完成所有的任务，而是可以在两个平行的平台进行无缝衔接，使原有系统发挥出超强功能，通过整合实现对复杂的工艺流程进行建模与分析。

对于新厂来说，情况要乐观一些。新一代 MES 可以对复杂的工艺流程进行建模，这不仅简化了对生产本身的支持，也简化了对关键辅助过程的支持，如管理规格、配方、掩膜和工具。先进半导体 MES 还支持质量流程，如统计流程控制（SPC），以及运行和跟踪新产品或流程改进的实验批次的功能。理想情况下，所有这些都是可重复使用的工作流程，由 MES 集中存储和管理。如果所有这些都具有中央变更管理功能，那么流程变更就可以推广到每个工厂或生产线。在这种情况下，MES 为智能制造提供动力，使公司能够在任何地方设计和制造。有了核心 MES 中固有的工艺、质量和变更管理水平，每次都能可靠、稳定地制造出低缺陷的芯片和封装产品就更容易实现。

4. 通过高级分析技术获得洞察

智能制造的生产要素是数据，需要基于数据获得新的洞察。半导体设备收集了大量的数据，MES 可以把制造流程中任何两点之间的任何测量值与其他测量值联系起来，为良率异常提供宝贵的洞察，这很重要但依然不足以发现细枝末节的问题，因为这些数据通常有一两个主要的来源。大数据之"大"不能完全理解为数据的多少或数据的数量和速度，更是指数据的质量，质量代表多样性和可靠性。实施工业互联网（IIoT）的厂商往往能够从内部机器传感器以及旧设备中获得更丰富的数据流。除了制造本身，在商业竞争中对于产品定价和成本控制亦是如此。

Gartner 将高级分析定义为"使用复杂的技术和工具对数据或内容进行自主或半自主的检查，通常超出传统商业智能（BI）的范围，以发现更深入的洞察，进行预测或产生建议。高级分析技术包括数据/文本挖掘、机器学习、模式匹配、预测、可视化、语义分析、情感分析、网络和集群分析、多变量统计、图形分析、模拟、复杂事件处理、神经网络等"。按此定义，半导体厂商需要建立新的分析方法，与传统方法相比，需要先弄清需要什么数据而不是有什么数据。如图 8-11 所示，显然高级分析是基于一般商业逻辑的方法而不是基于纯技术路径的方法，正如数字化转型与智能制造有其本身的愿景和目标，要实现它们必须借助数据科技与计算科技，而不是倒过来看有什么数据然后做出什么决策。数据是客观存在的，但对于决策来说，已有的数据未必是全面的、正确的，高级分析强调企业主观的意愿与决策，智造只是一种手段。

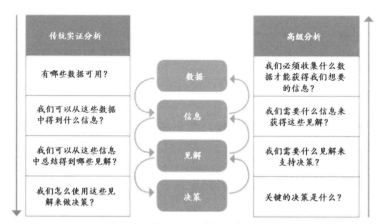

图 8-11　传统实证分析与高级分析

资料来源：McKinsey & Company

高级分析技术的两个典型应用场景包括预测性维护与预测工艺故障：

- 预测性维护。半导体厂商使用大数据和高级分析技术来提高设备的可用性，从而提升产能和良率。既需要机器内部的数据，也需要整条产线甚至整个工厂中的机器之间的数据。
- 预测工艺故障。通过精心设计薄膜沉积过程失败的分析方法，可以防止重大的产能损失。

5. 数字化主线

对于半导体厂商来说，创建数字化主线来"消灭"系统和数据孤岛从而连接数据是必经之路。通常情况下，这些数据跨越了产品生命周期的多个方面，需要横向和纵向整合。当数据在各种信息技术和运营技术系统之间流动时，公司可以创造新的、更全面和更有用的信息流。

8.2.3 面向未来的工业 4.0 晶圆工厂

面向未来的晶圆工厂不仅仅需要在工厂建造后进行数字化的转型，还需要未雨绸缪，在新厂建造之前就利用数字技术。尽量很多晶圆工厂在建厂之前确实使用 CPS 或 DT 技术来进行仿真模拟，但通常只是用在大的规划和设计，不同的厂商都提供自己专有的智能技术，并声称符合行业的通用标准并能与其他所有的系统完美兼容，除了这些额外的临时项目需要付出巨大的综合建设成本外，出于安全保密和综合复杂性的原因，晶圆工厂主体的数字化部分必须由自己来引领，没有供应商会知道工厂运营之后面临的商业挑战，会以怎样的方式具体运营，也不知道为了良率爬坡和挖潜产能需要采集多少数据、进行哪种方式的处理。本节提供了一个规划地图作为参照，它有助于从长远的角度来审视规划与设计的可行性与合理性。对于经营多年的老厂来说，同样可以对照这样的智造规划地图来找到自己的提升领域。

图 8-12 展示了工业 4.0 晶圆工厂的智造规划地图，以一个总体的制造协作塔为中心，在建造、运营和维护阶段优化端到端的价值链，使工厂释放出所有的商业价值。

1. 智能建厂

正确的数字孪生和数字主线战略为工厂开启了广阔的机会。数字主线连接了晶圆工厂运营的整个价值链——从氧化和镀膜到蚀刻和金属化的过程，这反过来又为开发晶圆工厂的数字孪生创造了基础层。通过对实际工厂环境的数字建模和模拟，数字孪生体可以在虚拟环境中建立和调试工厂的流程和系统，并将从这些练习中获得的知识转移到将来的实际执行中。此外，虚拟工厂模拟和生产计划可以帮助改善整个生产设施的材料流规划，精确检测制造动态瓶颈，提高良率，并优化能源消耗。装配作业模拟可以帮助创建和优化机器人路径和制造设备的有效

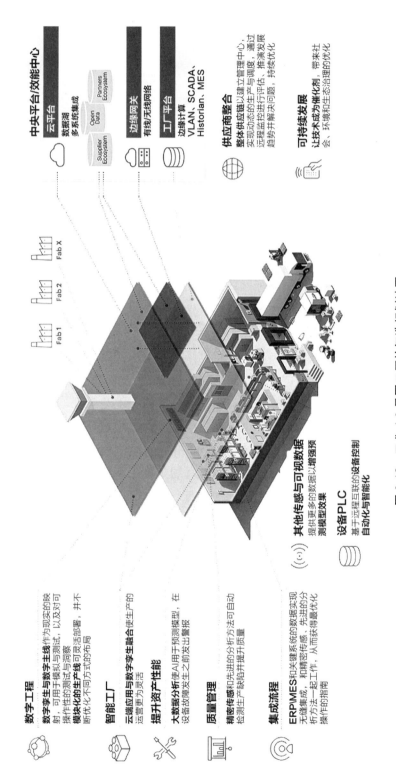

图 8-12 工业 4.0 晶圆工厂的智造规划地图

资料来源：Accenture

安置。生产过程中直到真正的控制器层，都可以使用数字孪生进行建模、模拟和验证，以监测、控制和优化相关机器、生产单元和产线的互动。基于数字孪生和机器学习的规划工具可以帮助创建和优化工厂现有的设计，更重要的是，它可以基于项目不断积累的数据、各方定制化需求的变化甚至跨行业的最佳实践，对规划的细节作出实时的调整，而这种调配对于各方来说是可见的，例如性能指标、工艺要求、地点和预算、人员等。

2. 智能运维

将数字技术赋予运营和维护，可以释放出巨大的利益。智能运营和维护的一些关键数字解决方案包括：通过云计算和数字孪生来实现灵活的生产与运营。云计算技术对半导体行业来说并不陌生，就像中芯国际于2010年就开始通过云计算来统筹内部的IT系统。这个提供数字化转型硬件底座的行业已经帮助其他很多行业成为今天的主要颠覆者，而对于自己的数字化提升来说也是必不可少。然而，由于厂商在采取云技术时对安全或创新能力的担忧，其进展的速度并不乐观。随着企业级的、安全的、定制的、成熟的云计算解决方案的出现，晶圆厂正接受并拥抱云计算，以实现灵活的、不受地点限制的、更智能的制造。云可以在价值链中给需要的相关方提供足够的透明度，增加可视性以及计算资源的服务指标。在云上对关键业务指标进行实时数据访问和分析可以提升资源效率和成本管理。通过建立综合的管理平台来支持云计算的智能工厂，可以明显提高在制造执行中关于制程成熟度、生产效率、站点效能及原材料管理等方面的决策速度与质量——以实现最终制造的自动化，包括配置的迭代、布局和线路，并最大限度地提高良率。工厂利用云存储将不同地点的业务流程标准化，分析数据并将信息实时提供给供应商和供货商，以便进行更具洞察的生产和性能分析。先进的分析和AI允许解释和连接云上的制造工厂，以帮助提供相关的产品和工程见解，以改善产品开发和制造质量。在新产品开发中，以数字孪生技术为主导的现实模拟和测试可以更早地在设计阶段提供有用的信息，从而优化半导体材料的构成与组合、集成和先进的封装。通过对产品和生产过程的实时虚拟建模，数字孪生还能深入了解高成本半导体设备、产品和生产环境的状况。虚拟测试和模拟可以提高整体设备效率，以及加强资源和维护管理。最后，用于晶圆厂运营和维护的虚拟生产模型有助于优化良率、产量、质量和成本，加快周转时间。

3. 工业4.0晶圆工厂的打造攻略

面对前所未有的巨大挑战和重大发展机会，领先的半导体公司已经开始认识到成为"未来工厂"的重要性。实现"未来工厂"转型所需的八个关键板块包括：

- 数字工程：数字孪生和数字线程、模块化生产线及其在未来工厂中的作用；
- 智能工厂：通过云计算和数字孪生实现灵活的生产和运营；
- 端到端质量管理：用于自动检测缺陷和提高质量；
- 预测性和规范性运维：以提高资产正常运行时间和资产生命周期；
- 使用 ERP、MES 和其他关键系统：从集成流程中获得智能见解；
- 制造业可持续性：适应环境、社会和治理的生态系统；
- 数字制造分析：对关键半导体制造价值驱动因素进行可操作的见解；
- 中央制造协同塔：在端到端制造和智能决策中实现无缝可见。

与其他行业的数字战略一样，未来半导体制造的成功与否通常取决于是否有一个非常明确的商业利益预期。对于成功的制造而言，需要准确定位智能制造的发力点和起点。在当今高度自动化的情况下，可能很难设想在制造业中什么可以更智能。如果是这样的话，请考虑探索业界领先和成功的公司正在做的事情，比如书中罗列的大量全球芯片制造厂商和芯片生产设备厂商的智造实践，看看他们是如何通过智造的升级达成了今天的行业地位。虽然每个制造厂商的起点与现状都不一样，但不影响我们从中揭示一些富有创意的想法。

8.2.4　5G 在半导体领域的前瞻性应用

随着 4G 网络的成熟，移动技术正朝着下一代 5G 网络发展。5G 技术不仅可以实现更宽的传输带宽，还可以实现更低的网络延迟、与大量节点设备的即时连接。5G 的关键特性包括增强型移动宽带（eMBB）、超可靠低时延通信（uRLLC）和大规模机器类型通信（mMTC）。5G 的到来将推动智能制造领域的诸多潜在应用。

与有线通信或其他使用免许可频段的无线通信相比，在智能工厂中引入 5G 技术的最大优势在于实现移动性以及卓越的网络服务质量。此外，5G 毫米波频谱为智能工厂提供了必要的网络条件，通过提供低时延、高通量的无线连接，充分发挥了自主流程的潜力。柔性制造、更好的预测性维护和更高的生产效率可以在智能工厂环境中无缝完成。

表 8-2 总结了部分半导体厂商在 5G 领域的前瞻性智能应用。

表 8-2　半导体厂商在 5G 领域的前瞻性智能应用

公司	案例说明
三星	2018 年，AT&T 和三星合作建立 5G 创新区，以测试 5G 将如何影响制造业并创建未来的"智能工厂"。创新区将测试几个可能的应用，包括位置服务、用于维护设备的工业物联网（IIoT）传感器，以及将 4K 视频用作工厂安全和检测响应的传感器

续表

公司	案例说明
三星	2021年，Orange Spain和三星展示了5G和AI在一个智能工厂中控制和分配组件。美国电话电报公司和三星合作，提升5G的潜力，以帮助工人进行通信和保持安全，并增加智能工厂的运营效益。在韩国，KT和三星合作创建了智能制造创新中心，以证明制造工厂如何利用新创意来缩短高质量产品的上市时间。优化生产、提高质量和应对新趋势的动力是智能工厂的基础
日月光	2020年，日月光5G智能工厂在业界首创，由高通公司的毫米波解决方案平台套件提供支持。日月光高雄工厂确定了三个用于部署的应用：AI+自动导引车智能交通、远程增强现实辅助和AR体验。这些应用展示了5G技术的广泛性和复杂性，将加速智能制造和自动化的转型
博世	2021年，博世和爱立信在欧盟项目5G-SMART中合作并在德国罗伊特林根的博世半导体工厂建立了一个5G测试平台，以探索5G如何增强制造应用，重点关注基于云的移动机器人和工业局域网。该测试台采用独立、非公共、室内5G网络部署。测试平台的目的是展示5G如何在真实的生产环境中实现工厂自动化和内部物流。这将通过在工厂车间开发和试用支持5G的云控制自动导引车（AGV）和基于5G的工业以太网等应用来实现
诺基亚	诺基亚利用5G网络的低时延和高带宽能力以及机器学习来改善制造环境中的生产问题，特别是监控和分析装配线流程。与此同时，爱立信与弗劳恩霍夫生产技术研究所合作，正在使用5G技术改进喷气发动机制造流程，其中高速数据收集用于在不同操作条件下进行实时监控，以更新数字孪生操作系统

资料来源：作者基于互联网信息整理

2019年11月，Qualcomm Technologies宣布了一项研究结果，预测到2035年，5G将产生13.2万亿美元的销售支持，届时5G的全球价值也将支持约2230万个工作岗位。作为工业5G的主要目标之一，智能制造将通过支持网络物理系统、数字孪生、边缘计算以及在不同运营或生产系统中实施工业AI而受益。半导体智造在应用5G方面又将走在前沿，因为制程的突破、良率的提升和产能的提高都需要越来越多的设备、工序、算力、算数和算法，这些庞大的数据都将运行在5G之上。

第 9 章
半导体产业展望及工业 4.0 创新

9.1 美国半导体行业组织管理借鉴

9.1.1 SIA 推动美国半导体产业发展

美国半导体产业协会①至今已有 40 多年的历史。

SIA 的研究报告《2020 年美国半导体产业概况》阐述了美国半导体数十年领先的秘诀，其五个核心观点是：

- 半导体产业是全球经济重要增长领域，全球半导体销售额从 1999 年的 1494 亿美元增至 2019 年的 4123 亿美元。
- 美国拥有全球近一半的半导体市场份额，其他国家半导体产业的全球市场占有率处于 5%～19%。
- 亚太地区最大的半导体市场是中国，占亚太市场的 56%，占全球市场的 35%。
- 研发支出对半导体公司的竞争地位至关重要。在过去的 20 年里，美国年度研发支出占销售额的百分比已经超过了 10%。这一比例远高于其他国家和地区。
- 美国半导体的本土产能比其他任何区域都高，2019 年，总部位于美国的半导体企业约 44% 的晶圆产能位于美国。

2021 年 3 月，中国半导体产业协会（CSIA）在其官方网站上发布了一则重量级消息：中美半导体产业协会宣布成立"中美半导体产业技术和贸易限制工作组"，点明了中美半导体产业技术和贸易限制工作组（以下简称工作组）成立的初衷、工作内容、方向以及对话机制和流程。两国半导体产业协会新型对话渠道的建立，从纵向的时间节点上看，是有步骤、有层次的（"经过多轮讨论磋商"）；从横向的时间节点看，它并非是一个孤立事件，而是与中美阿拉斯加高层战略对话的准备期相吻合。可以说，我们有理由对中美两国促进更深层次的相互理解和信

---

① 美国半导体产业协会（Semiconductor Industry Association，SIA）成立于 1977 年，我国的中国半导体产业协会（China Semiconductor Industry Association，CSIA）创立于 1990 年，比美国晚 23 年。

任抱有更高的期待。非常值得注意的是，这个工作组把两国协会的信息共享机制程序化、规则化了：每年两次会议，分享两国在技术和贸易限制政策方面的最新进展。根据双方共同关注的领域，工作组将探讨出相应的对策建议，并确定需要进一步研究的内容。

工作组成立的背后原因有两点，一是中国是美国半导体产业巨大的市场。以2019年为例，美国半导体公司在全球销售额约为1930亿美元，其中36%来自中国。巨大的市场空间让美国企业无法割舍[1]。很显然，工作组的成立是在中美复杂的经贸关系下应运而生的，希望中美半导体以及全球半导体产业能够健康发展。二是美国放宽对中国半导体公司的某些出口限制，并且伴随着台积电、三星、中芯国际、华虹集团产能的释放，全球性缺芯问题有望得到缓解。据高盛最新研究报告显示，目前全球多达169个行业在一定程度上受到芯片短缺的影响，包括钢铁行业、混凝土生产、空调制造等。

9.1.2　SEMATECH推动美国半导体制造

半导体作为知识密集性产业，需要政策加强对良好竞争生态环境的建设。早在1984年出台的《半导体芯片保护法》就加强了对知识产权的保护，同年的《国家合作研究法》放宽了对研发合资企业的反垄断限制。基于这两项立法，SEMATECH（Semiconductor Manufacturing Technology，美国半导体制造技术战略联盟）于1987年8月由英特尔和德州仪器等14家美国半导体公司和美国政府组成。SEMATECH是在SIA成立10年后成立的，具备SIA铺垫好的基础条件，并且二者都由英特尔发起。

作为一家由美国主导的半导体产业技术联盟与财团，SEMATECH当时成立的主要目标是使美国企业重获竞争力来抵抗日本快速发展带来的冲击。在SEMATECH的推动下，原本面对NEC、东芝、日立、富士通等日本半导体企业的猛攻而节节败退的美国半导体企业，终于不再各自为战，一向强调政府不干预企业的美国政界也开始积极参与引导产业集中火力。最终多方合力，于1995年帮助美国半导体企业重新夺回了世界第一的地位。

SEMATECH最初由美国国防部提供了价值5亿美元的财政补贴，20世纪90年代中期已经获得成效。1996年联盟董事会决定中止财政补贴后，将工作重点从美国半导体产业转移到更大的全球半导体产业。如今，SEMATECH旨在振兴美国

---

[1]　黄实、董超，2021，《中美半导体产业技术和贸易限制工作组成立影响分析》。

芯片制造行业并重新确立其在全球制造领域的领导地位[1]，通过增加已完成的半导体研究数量以及使成员公司能够集中研发资源、分享成果并减少重复来达成共赢。SEMATECH 的会员代表了全球大约一半的半导体生产厂商，此外，SEMATECH 还与设备和材料供应商、大学、研究机构、财团和政府合作伙伴建立了全球联盟网络。

正如很多国家在推进半导体产业联盟发展上会面临种种困难一样，SEMATECH 在发起时也面临同样的问题，例如，头部或先进厂商不会与国内外其他竞争对手共享其技术。但 SEMATECH 在实践中找到了可行之道。为了促进不习惯于合作的竞争厂商之间的集体行动，SEMATECH 花了大量时间来教育其联盟成员产业在不充分协作下的严重后果。当时，他们估计美国半导体产业的市场份额将从 85% 缩小到 20%，原因是日本竞争对手的崛起，这些竞争对手开发了卓越的工艺和制造技术，从而生产出更高质量的半导体芯片。SEMATECH 强化了半导体产业对美国技术领先地位至关重要的共同紧迫感，并将这种紧迫感转化为行业和组织的文化。SEMATECH 的技术人员确定了重要的目标，例如减少电路线宽以减小芯片尺寸，或努力减少芯片量产的缺陷，并研究解决这些问题的最佳方法。当然，解决这些问题需要研发经费，这自然涉及对芯片制造设备厂商的资助。SEMATECH 创造了一种"命运共同体"的意识，强调为了通过共生而改变世界竞争格局的重要性和必要性[2]。

SEMATECH 在推广联盟文化的初期，选择让行业领袖作为其领导者。英特尔创始人 Robert Noyce 是第一任总裁兼 CEO；仙童半导体前总经理 Charles Sporck 被称为"SEMATECH 之父"。他们投入时间和精力来创建联盟。与业内如此受人尊敬的个人的合作机会吸引了会员并产生了更大的承诺。SEMATECH 的领导者没有要求技术专家分享知识以制定通用技术标准，而是创建了标准的第一个版本，并要求技术专家对其进行批评和改进。

SEMATECH 制定了自下而上的规划流程并组织了一系列研讨会，以创建技术开发活动的共享路线图。该路线图旨在让半导体公司及其材料和设备供应商了解制造下一代芯片所需的任何可能的新技术。任何组织都可以使用路线图来制定自己的发展计划、优先投资或讨论技术趋势。根据第一个路线图，最初的 14 家成员公司中有 11 家同意在第一个五年期结束时扩大其在 SEMATECH 的成员资格。该路线图非常成功，更新路线图是 SEMATECH 面对新行业机遇和挑战的一种方式。

SEMATECH 联盟专注于通用工艺研发（相对于产品研发）。根据 Spencer 和

---

[1] Sea Matilda Bez &Henry Chesbrough，2020，*Competitor Collaboration Before a Crisis*。
[2] Robert D. Hof，2011，*Lessons from Sematech*。

Grindley 的说法,"这个议程可以使所有成员受益,而不会威胁到他们的核心专有能力。"在成立之初,SEMATECH 购买并试验了半导体制造设备,并将技术知识转让给其成员公司。Spencer 和 Grindley 指出,"中央资助和测试可以通过减少公司开发和验证新工具的重复工作来降低设备开发和引进的成本。"自 1990 年以来,SEMATECH 的方向已转向"分包研发",以资助半导体设备厂商的形式开发更好的设备。这种新方法旨在支持国内供应商基础并加强设备与半导体厂商之间的联系。通过改进半导体设备厂商的技术,SEMATECH 增加了对非成员产生的溢出效应。这些溢出效应是国际范围的,SEMATECH 成员可以与外国合作伙伴建立合资企业,设备厂商可以向外国公司出售。

市场研究机构 VLSI Research 的 CEO G. Dan Hutcheson 表示,在 SEMATECH 之前,为了实现新一代芯片小型化,需要多花 30% 的研发资金。在 SEMATECH 出现后不久,这一比例降至 12.5%,此后降至个位数的低位。

作为一个财团,SEMATECH 在章程确定:SEMATECH 不得从事半导体产品的销售,也不设计半导体,也不限制成员公司在财团之外的研发支出。其成员向财团提供财政资源和人员,成员需要贡献其半导体销售收入的 1%,最低贡献为 100 万美元,最高为 1500 万美元。在 SEMATECH 的 400 名技术人员中,约有 220 名是成员公司的外派人员,他们在得克萨斯州奥斯汀的 SEMATECH 工厂工作了 6～30 个月。早在 2000 年前,英特尔即表示每年在 SEMATECH 的投资约为 1700 万美元,但其通过提高良率和生产效率节省了 2～3 亿美元[①]。SEMATECH 已成为行业和政府如何合作恢复制造业或帮助启动新制造业的典范。2008 年成立的国家先进交通电池制造联盟就是在 SEMATECH 的模型上设计的。

SEMATECH 不可能解决美国半导体产业所面临的所有问题,它的重点是致力于搭建工艺厂商和设备供应商的桥梁。随着半导体技术的不断提高,制造工艺日趋复杂,SEMATECH 需要拓宽其研究领域,例如集成制造技术、模拟集成电路的精益生产等。一旦 SEMATECH 的研究超越了制造技术而深入到半导体技术的最前沿,各成员公司关于技术路线的分歧就会越来越大,这也是 SEMATECH 当年所面临的挑战。2015 年,SEMATECH 与纽约州立大学理工学院合并,也宣布了自己的解散。虽然 SEMATECH 解散了,但随着全球芯片战愈演愈烈,美国更多的半导体联盟又诞生了,如芯片四方联盟(Chip 4)、Miter Engenuity 半导体联盟等。组织名称变了,成员却类似。

---

① Douglas A. Irwin and Peter J. Klenow Authors Info & Affiliations,1996,*SEMATECH: Purpose and Performance*。

9.2 半导体工业 4.0 转型中的关键管理

9.2.1 数字化冠军企业转型的战略定位

2016 年，世界经济论坛在发布的《产业的数字化转型》白皮书中提出：为了在破坏中生存并在数字时代茁壮成长，现有企业需要成为数字企业，重新思考其业务的每个要素。一个真正的数字化企业不仅仅是使用新技术，真正区分并赋予数字企业竞争优势的是其文化、战略和运营方式。数字化企业不断努力实现以敏捷业务流程、互联平台、分析和协作能力为基础的新型精简运营模式，从而提高公司的生产力。数字化企业不懈地寻找、识别和开发新的数字业务模式，始终确保客户和员工处于一切的中心。数字化的企业需要建立四个主题：数字化的商业模式、数字化的运营模式、数字化的人才与技能、数字化牵引力的指标体系。现有企业需要将自己转变为数字企业才能蓬勃发展，而这种转变比仅仅投资于最新的数字技术要深刻得多。

斯隆管理学院的科学家乔治·韦斯特曼基于全球 400 多家公司的研究认为，数字战略是由数字渠道引导和支持的商业战略，它是整体战略的一部分。因此，一家企业的数字化战略可能是提供最新的在线支付选项，而另一家企业的数字化战略可能是采用数字化工具来简化运营并削减成本，这显然取决于商业的本质。正处于第四次工业革命中的数字冠军企业的领导者们，正带领着团队，专注于复原力、颠覆性技术、远程工作、自主运营、可持续性、循环经济、气候变化和其他关键业务层面的目标。这里多少都涉及机器学习、增强现实、机器人、数据管理、自主运营、物联网或其他核心转型技术。数字冠军企业获得领先的地位，是因为他们采取了一种战略方法，将数字技术整合到整个价值链中。

哈佛商学院的 Suni Gupta 教授在经过大量的案例研究后，给出了类似的观点：取得变革性成果的领导者是因为他们全力以赴地投身于数字化。他们不会将数字战略与整体战略分开。相反，他们以数字第一的心态进行领导，并确保他们的数字战略贯穿于组织的各个方面。数字化转型是一个系统化工程，系统化工程的总体是通过强化核心竞争优势来创新，其领导力框架通常包括四个管理维度共十二项管理内容，如表 9-1 所示。

有了数字化转型的战略定位与思维，公司生产和向市场提供服务的核心商业模式可以向新的商业模式转变，这些模式可以更充分地利用认知分析、数字孪生、预测技术或其他技术，使公司能够扩大他们的世界观（半导体产业的全球化分布）

与产业观,将打造卓越的竞争力作为目标,从而超越生产效率,进入一个更具活力、反应迅速和灵活的商业模式。

表 9-1 数字化领导力框架

管理维度	管理内容	含 义	典 型 代 表
重新设想业务	边界与范围	● 企业所处竞争领域的动态边界 ● 在业务范围内的竞争规则 ● 通过什么来保持竞争优势	亚马逊、苹果、高盛
	商业模式	● 技术革命带来的商业模式变化 ● 从对方的经验中学习演变	
	生态系统	● 竞争思维的改变 ● 竞争对手也是合作伙伴,或者是"朋友"	
重新评估价值链	研发	数字技术创新了研发模式	通用电气、宝洁(开放式创新)
	运营	通过新技术来提高生产力,减少故障率	西门子
	全渠道	新技术对营销的颠覆	旅游行业、汽车营销
重塑新的组织	组织转型	过渡期需要在传统核心业务与未来种子业务之间做出兼顾	Adobe
	组织设计	数字化组织的设计及转型的过程管理	
	组织技能	创新的招聘和管理人才的方式	Knack
与客户重新连接	获取	● 数字技术改变了消费者搜索信息和购买产品的方式 ● 搜索引擎对于用户偏好的收集以作出精确广告推送 ● 智能家电通过传感器分析用户偏好以推广下一代产品	电商
	吸引	寻找新的方法来为消费者提供独特的价值	乐购、联合利华、万事达
	衡量	数字技术使推广活动变得可衡量和可问责	搜索引擎

资料来源:*Driving Digital Strategy A Guide to Reimagining Your Business*

软件是数字化转型的关键。对于工业企业来说,对软件和转型技术的投资与企业估值之间存在着关联。软件为数字化转型提供动力,必要性与紧迫性推动了创新,整个生命周期年复一年地迭代加速。许多领先的公司已经在这条路径上赛跑了一段时间,但最好的组织明白,成功的、持续的转型不仅依赖于正确的技术,而且还依赖于授权正确的人去指导、解释和利用这些技术。工作场所、工作方法和劳动力可能都需要改变,如果做得好,这可以成为竞争优势的一个强大来源。

市场变化的信号和打造卓越竞争力的目标一直激励着领导者,数字冠军企业的共同点是明确起点。一个好的数字化转型需要组织将变革与一些外部市场或客户信号联系起来，而这个起点是至关重要的。创新领导者需要关注外部可以塑造其行业地位的市场信号，无论是特定的市场、客户、竞争对手，还是一些新的颠覆性要素。

9.2.2　数字化冠军企业转型的变革管理

如前所述，数字化转型的领导者首先要确定迫使他们变革的关键商业信号是什么，他们以这些信号为基础，而不完全是以自己的观点来确定组织内部必须改变什么以及如何改变。改变要注重以下几点：

- 强调差异化的业务成果。公司定义了理想的结果，强调了公司如何识别和应对这些外部市场信号的速度和准确性。这为需要改变的对象提供了愿景期待。
- 目标的透明性。有了基于外部的变革愿景，领导层传达的转型目标是透明的。
- 激励机制的一致性。通过重新调整激励机制与愿景，转型领导者可以奖励转型的行为。这成为重新调整工作文化的关键步骤。

当领导者们开始变革的旅程时，他们很快就会认识到他们没有所有的答案。但好处是，领导者们一旦开启变革旅程，就会积极扩大他们的智慧来源，新的机会和方案往往会超越他们的历史认知和手头的资源，不断扩大的同行群体也总是会提供回报价值。例如，一家公司在同行的交流中获得了支持，在数据管理和安全方面取得非凡的飞跃，作为回报，它提供了大量关于管理高分布式基础设施转型方式的前沿知识。还有，张忠谋在台湾建立行业新模式的代工厂之后，需要把英特尔发展成客户，他在业务开始之前说服英特尔给予了大量的生产指导，虽然他们也在激烈竞争，但数字化同行群体能够在竞争中共同提升服务能力，同时也为彼此带来了更多的客户。英特尔的建厂原先采取精确复制的模式（Fab Alignment），即在同一制程工艺水平上，新厂就按原厂一模一样的方式来建立，包括厂房、设备、操作规程等。台积电不仅学会了这套方法，而且还把硬件环境的复制模式用到了通过AI来沉淀先进芯片制程的复杂控制的算法模型上，从而可以在不同的工厂之间完成最先进和成熟制程工艺控制能力的复制迁移（Fab Matching）。

对大多数工业企业来说，转型作为一个不断变化和调整的过程，对于持续稳定的运营组织仍然是非常抽象的，大家并不清楚具体应该做些什么。有鉴于此，领导者专注于识别和发展那些最初的数字化转型核心能力，这些能力将明确支持更具优势的竞争力。因此，这些公司通常已经建立了一些远远领先于同行的特定能力。事实上，他们可能仍有某些方面的业务与其他公司相比显得落后，但并不影响独有优势的发挥。这就是现在数字化转型的本质，创新的小块区域发生了新的数字化能力，这些能力将汇总起来建立完全转型的组织。

有两个主要问题可以让工业企业的领导者们辗转难眠。第一个问题是保持一个有竞争力的人才梯队，第二个是可持续发展。对于工业企业来说，可持续性与企业和行业的生存能力有关，它基于根深蒂固和相互交织的社会经济、政治和文化根基。好在来自部分数字冠军企业的反馈是，AI 在衡量和实现可持续发展目标方面可以发挥重要作用。大家一致认为，AI 将彻底改变工业企业的运作方式，以提高可持续发展的能力，应该说这一概念也延伸到了供应链中。能源效率、减排、泄漏检测、采购、废料和废物以及类似问题都被认为是 AI 可以改善可持续发展的地方。一些人还注意到 AI 将在投资方面发挥作用，因为工业公司面临着巨大的压力，需要重新审视其业务和运营的各个方面。在董事会的责任方面，AI 正在取代人类，通过巨大的数据来跟踪可持续性。AI 产生的结果被用来将政策、投资和资源转向更可持续的商业模式和技术。

9.2.3　英特尔、台积电与三星的创新转型案例

尽管半导体、电子和制药在数字成熟度方面排名很高，但同样受到整个智能行业共性问题的困扰，持续的产业价值链中断、全球芯片短缺和工业脱碳将继续影响这些数字化领域，制造业将不得不继续灵活应对这些挑战。

1. 英特尔

英特尔认为，数字化转型突破了技术基础所需的界限——智能、敏捷性、性能、安全性和弹性。工业 4.0 正在改变业务运营，将 IT 和 OT 系统融合到共享的智能计算平台中，从而消除数据孤岛并提供更深入的洞察以及更大的灵活性和控制力。英特尔一边在推进各行各业的数字化转型，一边也在不断推进自身的数字化创新转型。

英特尔作为一家在美国的公司，在欧洲和其他地区面临的挑战太大，无法孤立地解决，因此需要一种新的方法。英特尔提出了一个新的创新模式，即开放式创新 2.0，简称 OI2。OI2 的核心是共享价值和共享愿景的概念。迈克尔·波特和马克·克莱默提出了共享价值的理念，即公司从优化短期财务业绩转向优化公司业绩和社会条件，换言之，增加公司和其所在社会的共享价值。波特和克莱默的思想对如何应对欧洲所面临的挑战有着深远的影响。OI2 是一种范式，也关注创造共享价值、可持续繁荣和改善人类福祉。OI2 的目标是为民间、企业、学术界和政府市场同时创造价值。麻省理工学院的 Michael Schrage 评论说：" 创新不是创新者的创新，而是客户的采用 "。这句话完美地描述了思维方式的转变，这是 OI2

的一个标志。在一次关于创新的采访中,Schrage 继续说:"美国创新的真正故事是关于那些采用发明,从而将它们从单纯的发明转变为全面创新的人们"。当顾客成为价值的共同创造者,成为创新过程的积极主体,而不仅仅是一个被动的对象时,创新就发生了。用 Schrage 的话说,发明 + 采用 = 创新。

在由国家网信办和浙江省政府共同举办的 2021 年世界互联网大会乌镇峰会上,英特尔的 CEO 帕特·基辛格表示,英特尔正着手探究四种可能为人类所用的"超能力",它们是重塑行业数字化转型的核心,能够帮助企业加快前进步伐,推动创新、探索和增长。四种超能力如下:

- 普适计算:人类与世界互动的一切都涉及计算机技术,计算能力正渗透到人类生活的方方面面,是现有设备和新兴终端的技术交互点。
- 泛在的连接:将所有人、所有事都连接在一起。
- 从云端到边缘的基础设施:在云端为联网计算数据创建了一个平台,可以无限扩容,并通过智能边缘无限延伸。
- AI:智能无处不在,将无限数据转化为可执行的洞察。

每种超能力都令人惊叹,如果加以联合,彼此的能力在相互加持下强化放大,能创造出巨大的潜能。它们也正在从根本上改变人类感知技术力量的方式,甚至改变我们与个人计算机、设备、家用器具以及汽车的交互方式,而半导体是推动此类数字化发展的基础性技术。为了设计和开发世界上更为强大的芯片,以及用于智能系统和设备连接所需的软件工具,英特尔建立了一个由超过 30 万台计算机组网的超算中心(图 9-1),超过 5 万名工程师连接到云端,利用这些庞大的算力平台进行创作。

图 9-1　英特尔的超算中心
资料来源:Toggle

对于英特尔自己的智能工厂来说，也是充分运用了这四种超能力。英特尔的半导体制造流程每天 24 小时都在运行。对于英特尔 IT 部门来说，数字化是产生、存储和处理数据的技术，转型是对组织的日常业务进行根本性的改变，从生产的产品和服务的类型到如何提供这些产品和服务，数字化转型就利用数据技术包括数据的计算技术来实现日常业务各个维度的转型升级。

英特尔工厂一直在积极利用技术进步来改善制造工艺和改进制造过程。自动化技术在英特尔的工厂中已经使用了几十年，通过部署广泛的物联网和预测分析解决方案，从而缩短产品上市时间，提高资源利用率，提升良率和降低成本。而目前，英特尔正在向工程自动化转型，他们投资了大量的智能设备，将传感器安装在任何需要进行数据采集的地方，使以前在难以触及的监测地点上获得重要数据变得唾手可得。基于传感器的数据获取，英特尔又创建了数据可视化工具，为工厂的工程师们提供数字生产仪表盘，这上面可以区分和凸显关键错误和非关键错误，显示制造设备运行好坏的状态，以及哪些地方尚存提高效率的机会与可能，最大限度地提高设备的可用性和利用率，更重要的是让工程师们将注意力集中在更重要的事务和问题上，从而做出更具价值的重要改进决策。英特尔使用先进的分析方法来处理每个工厂每天超过 50 亿个数据点，这使工程师能够在 30 分钟内就能获取重要信息，而不是之前的 4 个小时。工程师再不需要理会数据本身，而是在系统分析这些数据之后直接获取了业务洞察力。

如图 9-2 所示，大数据的管理不是一个具体的技术而是一个过程——数据生命周期管理。数据生命周期管理模型中包括了相应的问题及需要数字化转型部门找到答案，包括数据的格式是什么？数据包含的业务知识是什么？存储的要求是什么？数据的写入和检索速度需要多快？做出正确决策需要多大的数据量？数据需要保存多久？等等。在这些数据分析的步骤中，变量之间的相关性被发现，这种整合性提供了在数据集之间无缝移动的能力，可以运用并深入到特定的项目分析中。当然随着工厂工艺越发复杂，这一过程也将越具挑战，数据化创新转型的持续发展根本停不下来。

围绕物联网和可连接性对制造业务进行数字化改造，从根本上改变了英特尔日常业务的运行方式。英特尔专注于将数据洞察直接与解决问题的工程师相连，强调解决方案的设计而不是提取数据。数字孪生和模拟有助于优化工厂的产出，它不仅仅是一种技术，更是建立一个全面的解决方案，从人机接口到内容、到操控甚至反向控制。对英特尔来说，是人、文化和技术的结合，决定了数字化转型的成功。

图 9-2 英特尔工厂的数据生命周期管理

资料来源:Enterprise IOT Insights

2. 台积电

随着大数据的出现,台积电逐渐转向以信息为导向的创新,并基于"人人都是决策者"的理念改革其决策过程,以提高其反应时间和战略决策的质量。它还建立了一个从"虚拟制造"到"开放式创新"平台的 IC 设计生态系统。正如数字转型的加速使半导体在人们的生活中更加普遍和重要一样,它也使人们关注半导体行业的内部创新。台积电通过与合作伙伴的积极合作,在工艺技术、EDA、IP 和设计方法上进行协作、开发和优化,促进了创新。该公司在社会治理方面的得分也很高,并不断改善其排放和资源使用,推进环保工作。

转型是通过持续的创新来完成的,为了应对快速发展的半导体产业,台积电自成立以来一直致力于建立一个高度鼓励创新的工作场所。台积电的创新管理框架分为三部分,分别是内部创新能量的积累、实现创新价值和跨学科合作创新。

(1)内部创新能量的积累包括三个方面,即创意论坛、全面质量卓越和创新会议、企业社会责任奖。创意论坛涉及运营、研发、质量和可靠性、组织规划和财务等组织。为了确保产品质量和客户满意度,台积电努力改进质量体系和方法。2020 年,质量和可靠性组织在全公司范围内举行了全面质量卓越和创新会议(TQE)、培训计划,以及关于实验设计、统计制程控制、测量技术、机器学习和质量审计的质量改进项目。这些项目旨在深化台积电员工的问题解决能力。台积电已连续多年举办 TQE,这是一种公众认可的奖励机制。2020 年,作为 TQE 的一个新方法,优秀项目的知识共享平台已经创建。目前有超过 240 个被 TQE 认可的项目在该平台上发布。

(2)实现创新价值部分包括技术领先、知识产权保护、智能精密制造。相关案例包括创新案例虚拟设计环境(VDE)、产学研合作的新模式、高效的危险品检测机制、智能技术文件导航系统、提高 EUV 能源效率、生物处理系统、全程可追溯的废弃物管理、烟囱排放基线管理机制等。

- 创新案例虚拟设计环境（VDE）。台积电公司推出了校园快梭计划（University Shuttle Program），与大学教授和学生分享其工艺技术，积极在学术界和工业界之间架起桥梁。2020年，台积电公司扩大了原本只为客户准备的云端虚拟设计环境（VDE）的架构。在消除了信息安全方面的顾虑后，大学现在可以通过VDE远程访问台积电的先进技术工艺数据库，以支持集成电路设计方面的研究和教学。这一创新的云端解决方案极大地帮助大学首次直接跨入N16 FinFET技术，比之前使用的40纳米和28纳米工艺技术领先两三代。斯坦福大学电子工程系马克·霍洛维茨博士领导的研究团队率先采用VDE研究N16 FinFET技术的深度神经网络的AI加速器芯片。2020年12月，研究团队通过VDE向台积电传输了IC布局设计，并完成了磁带输出。通过校园快梭计划，该集成电路设计在实际的硅片上得以实现，这是学术界通过台积电校园快梭计划创造的第一个N16 FinFET芯片，它大大推动了AI研究。同时，另一个长期合作伙伴加州大学洛杉矶分校的研究团队也开始通过台积电VDE研究基于N16 FinFET工艺技术的射频电路，该研究将在杰出教授张懋中的指导下进行。

- 智能技术文件导航系统。随着技术类型的不断增加，截至2020年，TSMC Online提供了超过12000个技术文件。在现有的复杂二进制索引树中，客户经常在路径上迷路或犯错。随着技术的日益复杂和文件大小的增加，下载文件需要更长的时间。2020年，台积电的客户服务组织、业务发展组织和企业IT组织共同合作，改造TSMC Online数据结构，推出智能技术文件导航系统，帮助客户更快地获取新产品设计所需的技术文件。为了确保该系统在推出时是健全的，客户服务组织和业务发展组织参考了用户反馈，从客户的角度获取技术文件的使用和分类方式，使用二维矩阵表来取代现有的二进制索引树，并加强过滤和搜索功能。在企业IT组织的支持下，TSMC Online也在信息安全的前提下开放了云下载服务。通过新的TSMC Online数据结构和智能技术文件导航系统，客户将看到一个文件地图，帮助他们轻松找到任何文件；同时，云服务也将大幅提高技术文件的下载速度。智能技术文件导航系统在2021年3月开始分阶段推出，该系统预计将减少70%的搜索时间，并将下载速度提高3~10倍。

（3）跨学科合作创新包括两项内容：开放式的创新平台与世界级的研发机构合作，第二项又包括大学研究中心、产学研联合开发项目、博士生奖学金、先进集成电路设计项目等。

- 大学研究中心。台积电公司与台湾一流大学合作建立了研究中心，并专门设立研究基金，鼓励大学教授开展突破性的半导体研究项目。研究中心在努力开发半导体器件、材料科学、制造工艺和IC设计等前沿技术的同时，也在培养半导体研究方面的人才。2020年，超过215名教授和2800名电子工程、物理学、材料科学、化学工程和机械工程的优秀学生加入台积电的大学研究中心。
- 产学研联合开发项目。台积电公司与多所大学合作，推动联合开发项目。各种创新研究课题涵盖了晶体管、导体、材料、模拟和设计方面的技术。2020年，台积电公司与25所大学的89位教授合作开展了86个产学研联合开发项目，并提交了超过157项美国专利申请。
- 博士生奖学金。2020年，台积电公司创立了博士生奖学金，并在课程中扩大了半导体和集成电路布局设计课程的范围。公司还举办了台积电 X 微软 Careerhack 等活动，不断激发行业的创新动力。
- 先进集成电路设计项目。随着5G、AI和高性能计算领域设计应用的快速发展，IC设计的复杂性也随之上升。为了跟上推动5纳米和更先进技术发展的摩尔定律，晶圆制造技术要无缝地满足客户的IC设。为了确保终端产品在功率、性能和面积方面的竞争力，台积电在培养精通设计和技术协同优化的顶级IC设计和布局人才方面处于行业领先地位。

表9-2提供了一个台积电整体的创新战略管理框架，从中我们可以了解创新绝不仅仅是一个理念或一系列活动，技术的创新与商业的创新始终是融为一体的，而具体的落地也有多个执行体系。虽然绝大部分公司因为实力不允许，可能无法像台积电这样开展创新转型的全面版图，但至少可以选择一些小领域先行动起来。

表9-2 台积电的创新战略管理框架

创新维度		内容
创新战略、目标与成果		● 技术领先。持续的投资和对前沿技术的开发，以保持台积电在半导体产业的技术领先地位。可持续地评估整个产品生命周期中每个阶段对环境和社会的影响，为客户提供低环境、低碳和低水足迹的产品 ● 知识产权保护、专利保护：继续加强专利组合，使专利申请与公司的研发资源保持同步，确保所有的研究成果得到充分保护。商业机密保护：通过商业机密登记和管理，记录和巩固公司有竞争力的商业机密的应用，加强业务运营和知识产权创新
创新管理框架	创新价值	作为专用集成电路代工的技术领导者，台积电与客户合作进行产品创新，与学术机构合作进行人才创新，与供应商合作进行绿色创新。多年来，台积电推动了全球技术的持续进步，带来了便捷的数字生活方式的普及

续表

创新维度		内　容
创新管理框架	鼓励创新	台积电举办了年度创意论坛比赛，涵盖运营、研发、质量和可靠性、企业规划组织和财务等方面的主题；并有来自基层、持续改进团队、全面质量改进和创新会议的建议
	创新合作	● 开放式创新平台 ● 与世界级的研发机构合作 ● 台积电大学项目 ● 大学研究中心（集成电路设计竞赛和课程、校园快梭计划）
	创新方法	● 技术领先 ● 知识产权保护 ● 智能精密 ● 制造业
领先的技术和创新的集成电路代工服务		台积电研发机构的工作重点是使公司能够不断为客户提供率先上市的领先技术和设计方案，以帮助他们在当今竞争激烈的市场环境中取得产品成功
研发投入		台积电在 2019 年继续扩大研发规模。全年研发总支出为 29.59 亿美元，比上年增长 4%，占公司总收入的 8.5%。研发团队已发展到 6534 人，比上年增长 5%
知识产权		强大的知识产权组合加强了台积电的技术领先地位。截至 2019 年，台积电的专利组合在全球已达 39000 多项，以确保公司的技术领先地位和最大利润
制造更先进、更节能的电子产品		台积电在提供下一代领先技术的专用晶圆工厂中一直处于领先地位。通过台积电的制造技术，客户的设计得以实现，其产品被广泛用于各种应用。这些芯片为现代社会的进步做出了重大贡献
产品生命周期的环境/社会影响的考虑		● 台积电根据产品生命周期，包括产品设计、原材料开采、生产和运输、产品制造和运输、使用和废物处理等，考虑、明确和比较每个阶段的环境影响，以提高产品的环境友好性 ● 2019 年，台积电完成了对台湾所有制造工厂的产品生命周期、碳排放和水足迹的评估。公司还通过了 ISO14040、ISO14067 和 ISO14046 认证。在努力减少其产品的环境足迹方面，台积电正继续在全公司范围内实施温室气体减排、节能和节水、废物最小化和可重复使用周期及防止污染。公司还积极要求并协助其上游和下游的供应链伙伴投资类似的举措
人才培养		人才培养是台积电战略方向中的关键部分。为了帮助培养半导体产业的高素质人才，台积电设立了"台积电博士生奖学金"，每年提供 50 万元的奖学金，为期 5 年，并由台积电的高级管理人员提供指导，分享最新的技术和行业趋势。截至 2021 年 10 月，总共有 49 名学生获得了该奖学金
创新展示与教育		台积电的创新博物馆将探讨台积电及其创新的商业模式如何在集成电路设计和产品应用方面加速创新。这些创新推动了集成电路在现代世界的普及，同时极大地改善了我们的生活。在这里，也可以了解到台积电如何为全球集成电路创新做出贡献

资料来源：根据台积电官网资料整理

3. 三星[①]

在过去的十年中，三星的成功已被广泛认可。三星是世界上最大的电视生产商和第二大手机制造商，也是最大的闪存制造商。三星拥有多达 26 万名员工，14 家上市公司，在 67 个国家拥有 470 个办事处和设施。

共同的愿景和最高管理层的承诺是创新转型氛围的重要组成部分。在创建这样的组织时，如果领导者不致力于行动，创新就不可能在一个公司里系统化。高层管理人员的角色示范是创新和非创新组织的主要区别之一。此外，员工应该认识到公司的目标与他们的创新努力相一致。三星公司在 20 世纪 90 年代末应用的新管理信念是"将我们的人力资源和技术用于创造卓越的产品和服务，从而为更好的社会作出贡献"。这一信息鼓励公司的每一位员工以成为全球卓越生产者的明确目标进行创新。

其次是建立与创新匹配的组织架构。创新型组织往往具有有机结构的特点，具有开放和动态的系统。起初，减少组织层和缩减规模是为了控制成本。信息技术使用的增加，如电子邮件、内部博客、共享数据库，也产生消除中间管理层的需要。这带来的影响包括对市场的反应速度更快，竞争力更强，更加灵活，并减少各部门之间的流程。这不仅是组织结构的变化，也是决策过程的变化。为了避免延误和支持快速创新，应该将决策权下放给创新团队。只有在创新过程的检查站或关口才需要高层管理人员的批准。此外，创新不适合多层次的等级制度，因为新的想法和激进的创新如果必须通过许多审批，被拒绝的可能性就很大。

关键人物的引入是公司转型的新生主力军。为了实现公司创新的目标，三星需要来自技术和商业背景的世界级人力资源。它的战略不仅是要创造一个人们信任和钦佩的品牌，而且要成为一个人们渴望加入的公司。为了促进这种突破性的研发，三星设立了全球目标，以吸引世界各地最聪明的人的注意，并留住他们。这些人将学习为期一周的韩语日常会话强化课程，关于公司历史、理念和文化的定向培训，以及由三星高级管理人员讲授的一般管理技能。除了拥有发展创新能力的最佳人选，三星还有一个机制来识别组织中的关键人物，如项目负责人、推动者、想法倡导者。例如，在三星半导体部门，90 名经理被组织成小组，并被分配通过使用乐高积木来建造新设备。工具只是简单的乐高积木，但在这个实验中创造的设备必须具有功能性。这项活动需要创造力和团队合作，让管理人员了解到每个成员在团队中扮演的角色。谁是推动者，谁是支持者，谁是想法产生者，

[①] MBA Knowledge Base, *Case Study: Samsung's Innovation Strategy*.

谁是批判性思维者，都会被确定下来。

在建立创新氛围方面，三星公开奖励那些在创新文化中脱颖而出的主要行动者和促进创新价值的人，这说明了一个公司对其创新的承诺，并通过让员工为他们的成功感到自豪来产生激励。通过使用信息技术进行创意管理，提高了产品和流程的改进率，因为创意的贡献是可追溯的。它打开了整个公司的沟通，促进了分享和创造的文化。思想的发展和讨论不仅是纵向的，而且是横向的，营造了创新的氛围。在三星电子引入知识管理解决方案后，组织氛围发生了变化。员工们变得更有信心，对变化更有反应，并渴望创新。论坛和博客也是知识共享的地方，在这里，自动奖励系统被执行。所推出的产品的盈利能力被选为创新绩效指标。三星也是一个学习型的组织。员工的知识和技能分享带来了创新的表现。三星已经确定了在创建学习型组织方面的两个主要挑战，即知识发现和知识共享。在过去，由于缺乏知识管理，出现了一些问题，例如：由于管理不善而失去了有价值的知识，或者重复同样的失败。为了解决这些问题，三星引入了组织机制和技术解决方案来促进创新进程。

首先，三星安排了头脑风暴时间，以便在创新过程的任何步骤中捕捉和传播想法。这不仅适用于新产品开发过程，也适用于解决复杂问题或业务改进。每周两个小时的跨职能团队会议在有高大窗户、无线网络、大屏幕电视、小吃和饮料的房间里展开，旨在促进创新过程。这种舒适的环境有助于创新人员相互交流和分享想法。

其次，在全公司范围内引入了简单而强大的博客，以鼓励知识共享和发现。该博客帮助员工理解和讨论想法，从而不断扩展以前的知识。

第三，建立了知识仓库，将可编码的关键知识储存起来，供整个三星公司使用。为了存储经验教训，项目经理们接受了关于如何收集知识和收集什么知识的培训，并得到了包括许多有用程序的项目管理手册，如如何写结案报告、如何创建和存储项目模型、如何进行行动后审查。为了控制铺天盖地的信息，警报系统会将新存储的知识通知员工，这些知识可能对他们的工作有帮助。

总的来说，三星已经成功地从当地的低质量制造商转变为一个生产令人钦佩的时尚消费电子产品的品牌。公司的业绩已经证明，三星在过去十年中已经走到了正确的方向。经过重新配置团队工作的做法，三星的组织已经变得灵活和有机，从而有能力发展创新能力。

9.3 半导体产业工业 4.0 转型的框架应用

政府、私营企业以及行业协会一直高度关注工业 4.0，并自 2010 年起加大投资，2011 年 1 月，德国联邦政府推出工业 4.0 并将其列入"未来项目"。德国国家科学与工程院于 2017 年 4 月发布了《工业 4.0 成熟度指数：管理公司数字化转型》（*Industrie 4.0 Maturity Index: Managing the Digital Transformation of Companies*）。该报告提出了一套六阶模型，清晰说明了工业 4.0 与数字化的区别，以及工业 4.0 到底要做什么。图 9-3 展示了工业 4.0 的进化过程，工业 3.0 时代实现了计算化与网络化，工业 4.0 需要通过数字科技实现工业的可视化与透明化，从能够了解现状到理解现状，从防患于未然到最终实现自治（自我控制与优化）。

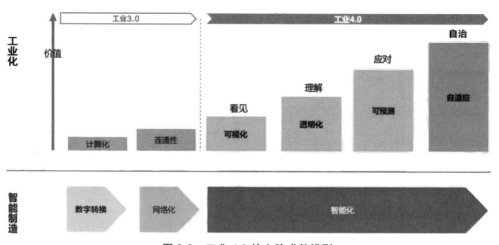

图 9-3　工业 4.0 的六阶成熟模型

资料来源：*Industrie 4.0 Maturity Index: Managing the Digital Transformation of Companies*

同样在 2017 年，全球不同地区的多个组织先后提出基于工业 4.0 的成熟度评估模型与发展规模的工具套件。这里就包括经典的"德国莱茵 TÜV 工业 4.0 成熟度模型九宫格"和新加坡经济发展局（EDB）提供的"工业智能成熟度指数（SIRI）"。

9.3.1　TÜV 工业 4.0 成熟度模型九宫格

依据德国工业 4.0 的基本三大要素（体系、程序和产品），结合德国莱茵 TÜV 的三大核心（人文、技术和环境），德国莱茵 TÜV 建立了包含九个单元的工业 4.0 成熟度模型，如表 9-3 所示，其中每个单元涉及欧洲和国际上的相关标准和法规，很好地细化了德国工业 4.0 对于企业发展的每个细节。这个模型可以用于评估，和全球其他成熟模型一样，它可以帮助企业分析与同类企业相比所处的位置及差距，从而明确发展的方向并制定相关的策略。

表 9-3　德国莱茵 TÜV 工业 4.0 成熟度模型

维度	人文	技术	环境
体系	组织	结构（IT 和 OT）	生态系统
程序	劳动者	程序研究	价值链
产品	定制化设计	技术要求	生态设计

资料来源：德国莱茵 TÜV 公司

该模型重点内容如下：

- 体系＋人文＝组织。该单元围绕工业 4.0 的组织设计和空间方面的背景信息展开，有关法律、市场和其他监管要求、实践中的最佳组织架构信息。涉及的标准有 ISO 9000 系列（ISO 9001、SA 8000、ISO 26000）。内容包含：战略和目标；总体规划和设计；精益管理；工作组织设计、角色和义务、技能和资质、报酬、权利和津贴等。

- 体系＋技术＝结构。结构包括 ITIL、CMMl、CO-BIT、PMBOK、PRINCE2、ISO/IEC 20000、ISO 21500、ISO/IEC 38500、TOGAF、ISO 27001、ISO 27002。涉及 IT 管理系统、系统的可靠性、网络安全、LoT 的隐私权、IloT 工业大数据、云计算、智能设计、集成技术、信息及嵌入式等技术和内容。

- 体系＋环境＝生态系统。生态系统涉及供应链的管理、自动系统集成、智能化物流管理、可持续性管理、能耗管理等。涉及标准有 ISO 14001、RoHS、ISO 44001、ISO 50001 等。

- 程序＋人文＝劳动者。减少人为错误，提高生产力、安全性和舒适性，特别关注人与感兴趣的事物之间的相互作用。该单元特别考虑健康安全和生产力这两大要素。涉及标准有 ISO 45001、EN ISO 26800、EN ISO 6385、EN 614、EN 9241-5 等。

- 程序＋技术＝程序研究。所有的制造程序主要都是由机器执行，因此程序的优化和可靠成为一个重要环节。其中需要重点考核的是 MES/MOM、CApp、CAM、智能物流车间、虚拟生产、传感器和 ID 技术。同时远程操作与维护、生产可视化、程序控制及工业机器人也都是评估的对象。

- 程序＋环境＝价值链。价值链为一端到另一端的增值活动集合，为客户、利益相关者或最终用户创建一个良好的整体结果。它包括产品生命周期管理和生命周期评估两个方面。前者是指从产品设计到制造，再到维修和退役，对产品的整个生命周期进行的管理过程；后者是指评估从原料提取到材料加工、制造、分销、使用、维修、维护、处理或回收，对产品生命所有阶段的影响。涉及标准为 ISO 14040、ISO 14044 等。

- 产品＋人文＝定制化设计。定制化设计是先分析和设想用户可能喜欢的产品的所有特点，然后验证并修正他们在实际使用中对设计的反馈。它包括两个方面：安全性及高品质（用户满意度）。所谓安全性旨在确保用户安全的所有因素和特性，而高品质（用户满意度）是指达到用户对产品满意为目标的所有因素和产品特性。

- 产品＋技术＝技术要求。这一单元是指保证产品技术性能和市场监管要求的所有技术要求。它包括兼容性和性能两个方面。所谓兼容性是在市场上使用的所有规格产品都可以找到配件和便于安装；性能是指与同类产品相比，它有更好的质量。目前考核的是 CAD 和 CAE 技术。

- 产品＋环境＝生态设计。所有设计要求避免对产品产生负面的生态影响，确保产品的可重复使用、可回收及降解等性能，同时也具有使用耐久的特点。

德国莱茵 TÜV 工业 4.0 成熟度模型的实施基于神经网络的评估网络模型建立，利用 MATLAB 关于机器深度学习工具包，建立自己的三层评估网络模型，在输入层选择 9 个节点，然后选择 15 个隐含层节点进行。其评估结果分成 5 类，从 1 到 5 产品生产的整体离理想模型越来越近，同时还能根据计算分类结果来追溯之前的因素，以供企业参考改进和完善。

9.3.2　EDB 工业智能成熟度指数

2022 年 2 月，世界经济论坛发布了《全球工业智能成熟度指数倡议——2022 年制造业转型洞察报告》，报告显示：2022 年，最成熟的三个行业是半导体、电子和制药业。尽管处于领先位置，但这三大行业并没有避开当今的挑战，如价值链破坏、全球芯片短缺和工业脱碳等。这些大趋势将重塑全球制造业格局，这些领先行业的行业必须积极面对这些挑战。报告的另一个关键洞见是，领先于数字化曲线的公司都非常关注工厂/车间的连接性，这些活动对在第四次工业革命中取得成功至关重要。

工业智能成熟度指数（The Smart Industry Readiness Index，SIRI）是首个衡量全球制造业现状的国际项目，由国际工业转型中心（INCIT）管理。来自 30 个国家的近 600 家制造企业的数据揭示了新的趋势，并确定了那些处于领先地位的行业。SIRI 包括一套框架和工具，以帮助制造商开始、扩大和维持其数字化转型之旅。全球生产价值链的重塑正在刺激制造业更加专注和紧迫地拥抱数字化,其动机不仅是潜在的效率收益,还是运营的弹性。正在进行的数据革命进一步推动了这种新的驱动力,决策者越来越期望关键的商业承诺、计划和干预措施能够得到大数据的支持。为了协助制造商踏出转型的第一步,新加坡经济发展局(EDB)在2017年11月推出SIRI及相应的评估矩阵,重点如下。

- 与德国莱茵TÜV工业4.0成熟度模型的九宫格不同,SIRI的三大板块来自于工业4.0的基本模块:流程、技术和组织,如图9-4所示,旨在充分激发工业4.0的潜能。
- 三大基本模块由八大支柱支持,八大支柱代表企业必须重视的关键方面,以做好应对未来的准备。
- 三大基本模块和八大支柱分为16个维度,企业可以从这些评估领域来衡量自身目前的工业4.0设施是否已经准备就绪。

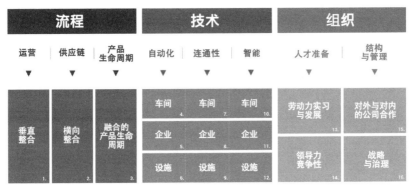

图9-4 工业智能成熟度指数框架

资料来源:新加坡经济发展局

SIRI列出了四个步骤,供企业在其工业4.0转型中考虑:

- 学习工业4.0的关键概念。它旨在提高企业对工业4.0关键概念的理解水平,并在个人、业务部门和合作伙伴之间建立一种共同语言。
- 评估其设施的当前状态。有了对工业4.0的共同理解,公司可以使用16个维度来评估其设施的当前状态。基于每个维度,公司可以检查目前的流程、系统和结构。应该注意的是,虽然所有的维度都应该被考虑,但每个维度的相对重要性会有所不同,这取决于公司的需求和它所处的行业。
- 构建一个全面的转型路线图。该指数就像一个检查表,以确保所有的构件、支柱和维度都被考虑在内。它还可以作为一个逐步改进的指南,在每个维度中的不同等级划分了向更高等级发展所需的中间步骤。这有助于企业识别高影响力的举措,并制定强有力的实施路线图,明确界定阶段、目标和时间表。

- 交付和维持转型举措。一旦公司制定了其转型路线图,该指数也可以作为一个有效的蓝图,公司可以用它来衡量和完善其在多年内的工业4.0举措。

为了协助企业设计工业4.0路线图,新加坡经济发展局制定了SIRI下的工具,即优先排序矩阵。优先排序矩阵是一种管理规划工具,可帮助公司识别高度优先的工业智能指数维度,使之对企业发挥最大影响。该工具是在合作伙伴麦肯锡公司(McKinsey & Company)、西门子(Siemens)、SAP和TÜV南德意志集团(TÜV SÜD)的支持下开发的,并于2019年4月1日在德国汉诺威工业博览会(Hannover Messe)上发布。优先排序矩阵是全球第一个工业4.0自我诊断工具,能够帮助全球各行各业的大小企业决定如何启动、规模化且实现持续的工业4.0转型。该工具将16个工业智能指数维度分解为6个渐进的成熟阶段。企业能够通过该评估矩阵衡量自身目前的成熟度,并对标其他知名公司,以此找出转型中的潜在落差。

作为一个管理规划工具,优先排序矩阵汇集了四个输入维度,每个输入维度都反映了TIER框架①考虑的关键原则,以进行整体的优先排序,其目的是帮助公司量化识别高优先级的指数维度,在这些维度上的改进将带来最大的收益。四个输入维度如下:

- 评估矩阵分数。评估矩阵分数帮助企业确定其生产设施在16个指数维度上的当前工业4.0成熟度水平(从0级到5级不等)。评估矩阵分数是优先排序矩阵的第一项输入,因为它是企业衡量潜在变化的影响和跟踪其转型进展的基准。使用评估矩阵分数也为企业提供了一种共同的语言,用于制定其数字化转型路线图的目标。

- 收入-成本画像。收入-成本画像是指一个公司的利润和损失类别的细分占其整体收入的百分比。这些信息对于优先排序矩阵是非常重要的,因为它促使公司更加重视对关键成本有更大影响的指数维度。

- 关键绩效指标(KPI)。它是用来评估一个公司在实现其关键业务目标和战略指令方面的成功或有效性的措施。优先排序矩阵的第三项输入要求公司以最能反映其期望的未来定位和业务成果的方式对关键绩效指标进行排

---

① TIER框架提供了一个概念性的结构,是以下原则的首字母缩写:现状(State)、最大的财务影响(Impact To Bottom Line)、关键商业目标(Essential Business Objectives)、广泛的对标(References To The Broader Community)。

序。当公司明确了对长期成功至关重要的结果时，他们就能更好地确定相关的指数维度以集中投资。优先排序矩阵考虑的关键绩效指标被分为三类：效率、质量和保证、速度和灵活性。
- 与一流企业的接近程度。优先排序矩阵的最后一项输入是公司与一流企业的接近程度。最佳级别被定义为在制造商中处于最高的性能水平，是其他公司期望达到或超越的基准。了解并与同类最佳企业进行比较是很重要的，原因有二。首先，知道最佳同类是什么样子可以帮助公司对什么是可实现性有更好的认识。市场上的每一项工业4.0技术或解决方案从财务的角度来说并非都是必须采购的。即使在目前商业上可行的技术和解决方案中，许多也往往超出了一个典型制造商成为行业领先者的需要。通过认识一流企业所取得的成就，公司会有一个更现实的参考点，能够更好地设定务实的目标和愿望。其次，通过将自己的设施与一流企业进行比较，制造商能够更好地确定他们最落后的方面，而这些方面往往是具有最大改进空间的领域。在某些方面已经达到一流水平的公司仍然可以发现这些信息的作用。

图 9-5 是基于工业智能成熟度指数的优先排序矩阵示例。

在如上的案例结果中，公司需要集中资源和注意力的领域有三个：
- 车间连接；
- 车间智能化；
- 战略和治理。

对"战略和治理"的改进将使公司能够在组织内制定一个更有条理的计划，这样它就可以设计一个行动计划，帮助它识别改进的机会。提高"车间连接"和"车间智能化"的成熟度，将使公司在计划和调度能力方面更加有效，这反过来将有助于优化其原材料和消耗品的管理。

TIER 框架和优先排序矩阵通过为制造商提供一个数据驱动的方法来确定重点领域的优先级，从而帮助企业增强信心，并减少不确定性。

9.3.3　IMPLUS 工业 4.0 成熟度自评

除了德国莱茵和新加坡经济发展局提供的豪华套件，也有一些是简易的在线评估工具，虽然这些工具并不能深层次反映出工业4.0的细节，但至少便于行业的初学者学习和了解工业4.0的概念与维度。IMPLUS 就在其官网提供了这项工具，如图 9-6 所示。这项"工业 4.0 成熟度"研究是由德国工程联合会（VDMA）的 IMPULS 基金会委托，由 IW Consult（科隆经济研究所的子公司）和亚琛工业

输入	过程						技术						组织			
	纵向整合	横向整合	完整生命周期	车间自动化	企业自动化	设施自动化	车间连接	企业连接	设施连接	车间智能化	企业智能化	设施智能化	生产力学习和开发	领导能力	企业合作	战略和治理
评估矩阵分数	1	1	1	1	2	2	0	3	2	0	2	2	1	1	2	1
收入-成本画像权重	1.85	1.80	1.35	1.95	1.60	1.45	2.15	0.95	1.85	2.00	1.65	1.80	1.85	1.55	2.10	2.15
KPI权重	1.85	1.80	1.35	66.00	46.00	33.00	50.00	46.00	37.00	68.00	55.00	25.00	60.00	56.00	68.00	62.00
与一流企业的接近得分	41.00	38.00	35.00	3.00	2.00	1.00	3.00	2.00	1.00	3.00	2.00	1.00	3.00	4.00	2.00	3.00
等级																
0																
1							242			245			200	208		220
2	102	92	64	174			145		10	184	54	14	150	104	86	120
3	68	62	43	58	22	7	48	13	10	184	54	14	50	52	43	60
4	34	31	43	58	22	7	48	9	7	122	54	14	50	35	43	60
5	34	31	21	58	22	5	32			61	27	7				

影响价值=KPI权重×收入-成本画像权重×与一流企业的接近得分×评估矩阵分数

图 9-5 基于工业智能成熟度指数的优先排序矩阵示例

资料来源：新加坡经济发展局

大学工业管理研究所（FIR）进行。

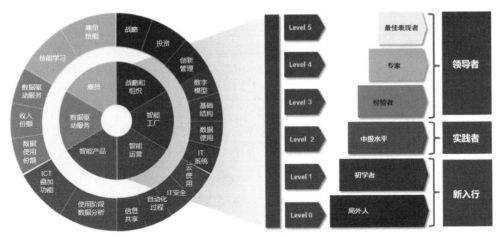

图 9-6　面向企业的工业 4.0 成熟度的在线自测工具
资料来源：IMPLUS

"在线自我评估工具"中，用户将被要求回答一系列有关企业实施工业 4.0 的问题。完成在线自测需要大约 15 分钟。在线自测分为六个方面，每个方面都包含不同的问题：

- 战略和组织。工业 4.0 在公司的战略中确立和实施的程度如何？
- 智能工厂。公司在多大程度上拥有基于网络物理系统的数字化集成和自动化生产？
- 智能运营。公司的流程和产品在多大程度上实现了数字化建模，并能够通过 ICT 系统和算法在虚拟世界中进行控制？
- 智能产品。公司的产品在多大程度上可以用信息技术进行控制？使其有可能与价值链上更高层次的系统进行交流和互动？
- 数据驱动的服务。公司在多大程度上提供了数据驱动的服务？
- 员工。公司是否拥有实施工业 4.0 概念所需的技能？

这六个维度被用来开发成一个衡量工业 4.0 成熟度的六级模型。6 个级别（0～5 级）中的每一个级别都包括必须满足的最低要求，以完成该级别的测评。0 级是局外人——那些在计划或实施工业 4.0 活动方面什么都没做或做得很少的公司。5 级是最佳表现者——那些已经成功实施所有工业 4.0 活动的公司。

除了行业分类，还可以选择公司的规模作为额外的比较标准。公司在完成并提交问卷后，会收到一封电子邮件，其中包含个性化评估结果，这可以被用来制定一个行动计划的建议方案，以提高公司的工业 4.0 成熟度。

结　语

全球半导体产业格局正处于巨变之中，在过去三十年中，美国失去了73%的半导体制造份额，现在已经落后三代，他们正通过多项举措重新夺回领先的制造地位。而欧盟正在投资打造领先的半导体生态系统来升级数字经济与维护数字主权，除了聚焦于前沿研究和关键技术的IMEC和ASML之外，欧盟也在打造基于5G时代的自动化半导体工厂。韩国和日本也都有自己的半导体产业的发展战略规划，而俄罗斯也吹响了半导体芯片独立自主研发的号角。当我们看到上海临港那一片片拔地而起的楼群与繁忙的集装箱车队，"东方芯港"作为我国典型的芯片自主可控的产业基地，已充分展现了这种决心、势头与锋芒。按目前各省市集成电路规划的数据进行不完全统计，到2025年我国集成电路产业将达到3万亿元人民币规模（仅临港就将达到1000亿元）。按照我国在过去多年每年进口约2万亿元人民币的芯片规模，未来我国将从综合层面达到芯片70%自给率的战略目标。

半导体集成电路在成就"数智"辉煌的同时，其面临的挑战依然是前所未有的。例如，从客户要求来看，为确保品质和溯源，客户已不满足于只获得芯片制造过程信息，而是需要包括材料来源、制造设备情况在内的完整"产品谱系"。而在量产实务中的挑战更是不少：根据Kalypso[①]近期的一项研究，近一半的半导体不能满足上市时间的要求。其中只有45%的半导体产品的推出符合其最初的推出日期；超过60%的半导体设计需要至少一次的重新规划；而只有59%的半导体设计计能够投入生产。我们知道，当半导体产品错过了最佳的上市时间窗口，收入和利润就会同步大幅缩水——晚3个月进入市场会导致收入减少27%，而晚6个月收入就会骤降47%。在成本方面，超过40%的半导体开发项目超过了计划预算。造成这种状况的原因有很多，例如工程环境没有跟上设计要求的复杂性、组件的重复使用率极低、产业内并购造成系统的数据孤岛、设计数据的爆炸性增长导致系统重负及运行性能的下降、制造厂商缺乏从需求到设计再到验证的可追溯性而引发重新规划、现有IP的重复使用忽略了整体设计的关键要求等。

这些共性的问题一方面需要通过硬性途径来解决，包括土地、厂房、材料、设备、工艺等；另一方面需要通过软性途径来解决，包括半导体工业软件体系的

---

① Kalypso提供战略、软件、硬件和分析方面的专业知识，对半导体产业做了大量研究并提供了相关洞见。

扩展、新一代智能电子设计工具、智能而非传统 SPC 或 APC 的计量工具、定制化的智能制造软件等。而这二者又不约而同地走到一起。作为半导体制造设备厂商，无论是出于为客户提供更为先进、精密的产品与服务的要求，还是出于建立自己的、更为健壮的商业模式和技术垄断的考虑，制造设备本身将成为第一道智控中心，这样的好处显而易见，通过内部智控就可直接优化当前站点的生产，而不再依赖外在的智控。当然，它的局限性也很明显——不同的设备只负责自己的制造环节，整厂的成本控制、产能达成、良率提升、安防保障、环保达标等综合性 KPI 还是需要依赖系统性的工业软件来管控。所以，除了设备的智能化，智造软件作为工业软件的一个尖端子集，一方面将以独立认证的商业模式继续前行（也可以通过云端的方式来部署实现），另一方面也可以部署在边缘端实现应用。那么综合来看，智能软件将至少可以从设备端、边缘侧和云端来部署应用。就如同台积电通过基于产线的 Inline ADC 和基于云端的 Cloud based ADC 双管齐下，进一步提升了产品良率，加上生产设备的智控系统实际上已经完成了"机边云"三位一体的智能管控。

  硬性途径也好，软性途径也罢，对于资本与科技高度密集的半导体集成电路产业来说，产业是一切发展的基础，人才是一切发展的关键。产业人才的发展，一方面是尽可能引进稀缺的顶尖人才，另一方面是培养已有人才。当 2020 年 12 月国务院学位委员会、教育部发布《关于设置"交叉学科"门类、"集成电路科学与工程"和"国家安全学"一级学科的通知》时，集成电路人才培养就已经被提到了前所未有的新高度。而早在 2017 年，国务院就印发了《新一代人工智能发展规划》，指出要进一步完善 AI 领域学科布局，设立 AI 专业，推动 AI 领域一级学科建设，尽快在试点院校建立 AI 学院，增加 AI 相关学科方向的博士、硕士招生名额。AI 方向人才的提前培养正好为集成电路所用，在交叉学科的新门类中融合发展。

  期望本书的出版也能够加入这一教育的行列，从一个新的视角，尽量贴合产业实践去阐明全球半导体征程与智能制造的前沿成果。也期望您在阅读和思考之后，能够将本书内化成自己的知识，进而转化为产业智慧与发展力量，为实现我国半导体强国梦添砖加瓦！

  谨以此书献给在半导体时代继续同行的我们！

李海俊

2022 年 11 月

致 谢

感谢为本书出版共同努力的亲朋好友：尹志尧、田果、王世权、陈明、漆滔、汪靖宜、李金龙、王桂花、李庚龙。

作者